U0928637

经济管理实验实训系列教材

商业银行
业务实验教程

Experimental Practice Courses of Commercial Bank

主　编　许世琴
副主编　骆志芳

西南财经大学出版社
Southwestern University of Finance & Economics Press

图书在版编目(CIP)数据

商业银行业务实验教程/许世琴主编．—成都:西南财经大学出版社，2013.4(2017.7 重印)

ISBN 978-7-5504-1014-5

Ⅰ.①商… Ⅱ.①许… Ⅲ.①商业银行—银行业务—高等学校—教材 Ⅳ.①F830.33

中国版本图书馆 CIP 数据核字(2013)第 066370 号

商业银行业务实验教程

主　编:许世琴

副主编:骆志芳

责任编辑:李特军

助理编辑:林　伶

封面设计:杨红鹰

责任印制:封俊川

出版发行	西南财经大学出版社(四川省成都市光华村街 55 号)
网　　址	http://www.bookcj.com
电子邮件	bookcj@foxmail.com
邮政编码	610074
电　　话	028-87353785　87352368
照　　排	四川胜翔数码印务设计有限公司
印　　刷	四川森林印务有限责任公司
成品尺寸	185mm×260mm
印　　张	16
字　　数	365 千字
版　　次	2013 年 4 月第 1 版
印　　次	2017 年 7 月第 3 次印刷
印　　数	3001—4000 册
书　　号	ISBN 978-7-5504-1014-5
定　　价	30.00 元

总 序

高等教育的任务是培养具有创新精神和实践能力的高级人才。“实践出真知”，实践是检验真理的唯一标准，也是知识的重要源泉。大学生的知识、能力、素养不仅来源于书本理论与老师的言传身教，更来源于实践感悟与体验。大学教育的各种实践教学环节对于培养学生的实践能力和创新能力尤其重要，实践对于大学生成长至为关键。

随着我国高等教育从精英教育向大众化教育转变，客观上要求高校更加重视培养学生的实践能力。以往，各高校主要通过让学生到企事业单位和政府机关实习的方式来训练学生的实践能力。但随着高校不断扩招，传统的实践教学模式受到学生人数多、岗位少、成本高等多重因素的影响，越来越无法满足实践教学的需要，学生的实践能力的培养越来越得不到保障。有鉴于此，各高校开始探索通过校内实验教学和校内实训的方式来缓解上述矛盾，而实验教学也逐步成为人才培养中不可替代的途径和手段。目前，大多数高校已经普遍认识到实验教学的重要性，认为理论教学和实验教学是培养学生能力和素质的两种同等重要的手段，二者相辅相成、相得益彰。

相对于理工类实验教学而言，经济管理类专业实验教学起步较晚，发展滞后。在实验课程体系、教学内容（实验项目）、教学方法、教学手段、实验教材等诸多方面，经济管理实验教学都尚在探索之中。要充分发挥实验教学在经济管理类专业人才培养中的作用，需要进一步深化实验教学研究和推进改革。加强实验教学基本建设的任务更加紧迫。

重庆工商大学作为具有鲜明财经特色的高水平多学科大学，高度重视并积极探索经济管理实验教学建设与改革的路径。学校经济管理实验教学中心于2006年被评为“重庆市高校市级实验教学示范中心”，2007年被确定为“国家级实验教学示范中心建设单位”。经过多年的努力，我校经济管理实验教学改革取得了一系列成果，按照能力导向构建了包括学科基础实验课程、专业基础实验课程、专业综合实验课程、学科综合实验（实训）课程和创新创业课程五大层次的实验课程体系，真正体现了“实验教学与理论教学并重、实验教学相对独立”的实验教学理念，并且建立了形式多样、以过程为重心、以学生为中心、以能力为本位的实验教学方法和考核评价体系。努力做到实验教学与理论教学结合、模拟与实战结合、教学与科研结合、专业教育与创业教育结合、学校与企业结合、第一课堂与第二课堂结合，创新了开放互动的经济管理实验教学模式。

为进一步加强实验教学建设，展示我校实验教学改革成果，由学校经济管理实验教学指导委员会统筹部署和安排，计划陆续出版“经济管理实验教学系列教材”。本套教材力求体现以下几个特点：一是系统性，该系列教材将涵盖经济学、管理学等大多数学科专业的“五大层次”实验课程体系，有力支撑分层次、模块化的经济管理实验教学体系；二是综合性，该系列教材将原来分散到若干门理论课程的课内实验项目整合成一门独立的实验课程，尽量做到知识的优化组合和综合应用；三是实用性，该系列教材所体现的课程实验项目都经过反复推敲和遴选，尽量做到仿真，甚至全真。

感谢该系列教材的撰写者。该系列教材的作者们普遍具有丰富的实验教学经验和专业实践经历，个别作者甚至是来自相关行业和企业的实务专家，希望读者能从中受益。

毋庸讳言，编写经济管理实验教材是一种具有挑战性的开拓与尝试，加之实践本身还在不断地丰富与发展，因此本系列实验教材可能会存在一些不足甚至错误，恳请同行和读者批评指正。我们希望本套系列教材能够推动我国经济管理实验教学的发展，能对培养具有创新精神和实践能力的高级专门人才尽一份绵薄之力！

重庆工商大学校长、教授、博士生导师

柳佳缔

2011 年 5 月 10 日

前言

为了适应社会和用人单位的需要，越来越多的高校将金融本科人才培养目标定位于复合型、应用型的人才培养。如何培养应用型金融人才，培养目标的变化对人才培养模式提出了新的课题，即加强实践性教学是其有效途径。传统的金融专业实践教学场所主要依赖金融机构提供，但是金融机构尤其是商业银行由于经营的谨慎性和保密性要求，对接收实习学生均感负担沉重，致使金融专业学生到毕业时都无法进行真正的实践。实习学生即便到了金融机构，也不可能深入金融机构的各个运行环节，实践教学环节流于形式。因此，在学校建立模拟银行实验室，通过实验教学环节，让学生在人为创造的模拟实践环境下，巩固课堂所学的理论，提高理论学习的兴趣及在实践中应用的能力，对复合型、应用型金融人才培养目标的实现显得尤为重要。

为了满足高等院校应用型金融人才培养的需要，我们编写了《商业银行业务实验教程》一书。本书从当前银行具体业务入手，结合上海硕研信息科技发展有限公司开发的商业银行实验室教学平台，通过操作界面，一步一步详细讲解银行业务的操作过程，力求使学生比较容易地通过该门课程的学习，全面掌握银行业目前的实务操作技能，缩短学校与职场之间的距离。

本书共有四篇十二章内容，即商业银行业务实验的基础篇、商业银行个人业务实验篇、商业银行对公业务实验篇和商业银行综合管理篇。基础篇主要介绍商业银行实验教学需要的硬件环境和软件环境、银行业务操作需要掌握的基本技能及银行操作的基本流程，商业银行个人业务实验篇主要介绍商业银行针对个人开展的活期储蓄存款、定期储蓄存款、个人贷款和个人特殊业务等具体业务的操作，公司业务篇主要介绍商业银行针对企事业单位开展存款业务、贷款业务、结算业务等具体业务的操作，综合管理篇主要介绍商业银行的综合管理、查询、报表打印等业务的具体操作。

本书的侧重点是商业银行柜台业务模拟实验，其内容涵盖了商业银行的绝大部分业务，使用的软件与目前银行使用的软件区别不大，具有很强的实用性。本书重在培养经济管理类专业学生的岗位工作技能、实际操作能力，可作为大学本、专科金融、会计、投资、保险、国际贸易等专业的实践性教材，也可以作为学完商业银行经营学之后的实际操作指导教材，还可以作为银行新招员工的培训教材。

本书由三位专业教师共同编写完成，具体分工是：第一章、第三章、第四章、第五章和第六章由许世琴副教授负责完成，第二章、第七章、第八章和第九章由骆志芳教授负责完成，第十章、第十一章和第十二章由李虹老师负责完成。全书的统稿工作由许世琴和李海燕负责完成。本书由编委会委员毛跃一教授主审，毛教授还给予了许多宝贵的意见，在此一并表示诚挚的感谢！

由于商业银行业务的复杂性和参编人员水平有限，可能在许多地方考虑不是很周全；甚至出现错误遗漏等问题，需要在教学和使用中不断地改正和完善，希望广大的读者提出宝贵的批评与建议，我们一定虚心接受并积极改进，在此，向读者表示真诚的感谢！

重庆工商大学财政金融学院　**许世琴**

2012 年 11 月

目 录

第三篇　商业银行对公业务实验

第四篇　商业银行综合管理篇

第一篇
商业银行业务实验基础

商业银行业务实验基础篇的主要内容包括商业银行业务实验平台、商业银行业务实验基本技能和商业银行业务实验准备三大模块。

第一章　商业银行业务实验平台

商业银行业务实验需要为学生提供较为真实的操作环境，搭建一个与商业银行相似的实验平台，使学生在掌握理论知识的同时熟悉银行业务的实际操作过程，掌握一些操作技能，培养商业银行真正需要的实用人才。商业银行业务实验平台主要包括商业银行业务实验运行环境、商业银行业务实验材料等。

第一节　商业银行业务实验运行环境

建造一个高仿真的实验运行环境是商业银行业务实验的必备条件。商业银行业务实验运行环境一般包括两个方面：硬件环境和软件环境。

一、商业银行业务实验运行的硬件环境

（一）商业银行业务实验的场地布置

1. 商业银行实验场地的区域布置

根据商业银行业务经营的需要，商业银行实验场地应该明显地区分为三个区域，即中央银行区域、商业银行区域、客户区域，其中商业银行区域还应分割成2~3个营业网点，以便模拟银行与客户、银行与银行、银行与中央银行之间的业务往来。

2. 商业银行柜台的布置

商业银行区域的布置主要是营业柜台的设计。整个商业银行区域要用柜台与客户区域进行隔离，并对商业银行实行柜员制，将该区域分为四个不同的柜员组，即前台柜员组、前台综合柜员组、前台主管柜员组、事后监督柜员组。

前台柜员组。该柜员组设置多个营业柜台，并明确标明1、2、3……每一个营业柜台要有一台电脑、一台打印机、一台检伪点钞机、计算器、各类印章、点钞纸等。该柜员组对外受理各项储蓄、出纳、会计业务及有关代理业务，办理柜台扎账、打印账单、核对库存现金、重要空白凭证和有价单证，收检业务用章，在后台综合柜员的监督下，办理交接手续，由5~10人组成。

前台综合柜员组。该柜员组主要负责对前台柜员组送交的各类业务记账凭证、票据、单、折等进行复核、印鉴验印的复核，负责各柜员营业用现金的内部调剂和现金的领用、上缴，并做好登记，监督前台柜员的交接、扎账及其他特殊业务的办理，编制营业日、月、季、年度报表，由5~10人组成。

前台主管柜员组。该柜员组主要负责检查监督综合柜员日常核算工作，确保账账、账证、账表相符，定期和不定期检查钱箱现金、有价单证和重要空白凭证，监督综合柜员领交现金情况，定期核对内部往来账等，由3~5人组成。

事后监督柜员组。主要负责对前一天会计业务凭证进行审核、按日装订凭证、业务数据资料和各类账簿报表等，由3~5人组成。

3. 商业银行业务流程挂图

在商业银行实验室的四周将主要的业务流程图挂上。这些业务流程挂图包括：

①商业银行组织结构图；

②商业银行业务经营范围图；

③现金收入、付出核算操作程序和方法图解；

④不同情况下的转账支票核算操作程序和方法图解；

⑤银行汇票结算操作程序和方法图解；

⑥信用证核算操作程序及方法图解；

⑦银行贷款业务操作流程及方法图解等。

（二）商业银行业务部的设置

为了模拟商业银行同一网点间的业务、不同网点之间的业务、不同商业银行之间的业务以及商业银行与中央银行之间的业务，商业银行业务实验的硬件环境至少要设置1个中央银行网点、2~3个商业银行营业网点、多个企业客户组和个人客户组。根据商业银行内部组织结构的需要，每一个商业银行网点内部设置业务部和营业部。

商业银行业务部内部设置可以有多种形式，根据业务类别的不同，商业银行的业务部主要有公司业务部、个人业务部、国际业务部、信用卡业务部等几个部门。

公司业务部。商业银行内部设置的专门为企事业单位客户提供服务的部门，主要开展企事业单位的存款、贷款、结算、代理等业务，该部门由1~2人组成。

个人业务部。商业银行内部设置的专门为个人客户提供服务的部门，主要开展个人存款、贷款、个人理财等业务，该部门由1~2人组成。

国际业务部。商业银行内部设置的专门针对国际交往中的企业或个人提供存款、贷款等业务的部门，由1~2人组成。

信用卡业务部。商业银行内部设置的专门从事与银行卡有关业务的部门，由1~2人组成。

二、商业银行业务实验的软件环境

商业银行业务实验软件系统通常分为单机版和网络版两个版本。单机版主要用于分步教学，使学生熟悉每个环节的操作过程，以便全面掌握银行的业务流程，从而适应不同工作岗位的需要；网络版主要用于商业银行综合实验的操作，可以让学生扮演商业银行实际工作中的各种角色，分工合作，模拟商业银行业务经营的全过程。

本书以上海硕研信息科技发展有限公司开发的《硕研商业银行实验室教学平台》软件系统为例，概要介绍商业银行实验室教学软件的主要功能。本软件包括管理员、教师和学生，所有的系统用户都有自己的账号和密码，需要通过登录的认证过程才可以进入硕研商业银行，登录以后不同类型的用户进入各自不同的操作画面。如图 1.1：

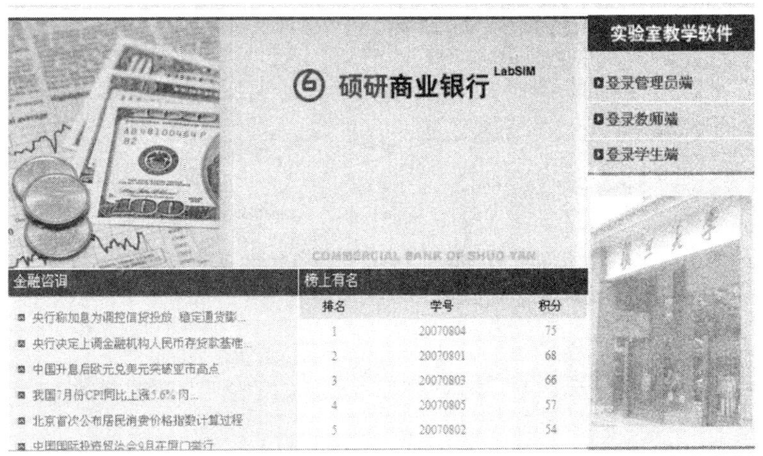

图 1.1

（一）管理员登录端

管理员登录初始用户名：admin，初始密码：1。如图 1.2：

图 1.2

管理员登录后会出现一个包含了信息中心、教师管理、角色权限和系统管理的界面，管理员可以进行相应的操作。

1. 信息中心

（1）个人设定。主要功能是设定管理员的相关信息。具体操作步骤：点击“信息中心”→“个人设定”，在个人设定画面，录入管理员的相关信息。**注意：人员编号由系统生成**，点击保存。如图 1.3：

图 1.3

（2）新闻发布。主要用于管理员在登录界面的首页发布相关公告，可对已发布公告进行编辑，删除的操作。操作步骤：点击界面上方的[新增]，可新增发布新闻公告，然后点击[保存]；点击界面上方的[查询]，可查询已发布的公告，如果需要编辑，可直接点击[选择]，对该新闻进行修改和编辑，然后点击[保存]；所发布的公告在登录首页以滚动方式出现，如果不需要某公告出现，则可点击[删除]。如图 1.4：

图 1.4

（3）课件管理。主要功能是用于管理员上传相关的课件，可对已上传课件进行查看和删除。操作步骤：点击界面上方的[课件上传]，可上传课件；点击[查看]，可查看已上传的课件，如果需要删除，可直接点击[删除]。如图 1.5：

图 1.5

2. 教师管理

教师管理的主要功能是管理员新增和删除教师信息。操作步骤：点击界面上方的[新增]，可新增实验指导老师的信息，然后点击[保存]；如果需要删除某一条信息，可选中该条信息，点击[删除]。如图 1.6：

图 1.6

3. 角色权限

（1）角色管理。主要功能是对参与实验的人员类型进行新增和删除。软件预设了三种人员类型，即管理员、实验老师、实验学生。操作步骤：点击界面上方的新增，可新增不同角色的信息，然后点击保存；如果需要删除某一条信息，可选中该条信息，点击删除；如果需要修改某一条信息，可选中该条信息，点击选择，进行相应的操作。如图 1.7：

图 1.7

（2）权限分配。主要是对人员管理中新增的所有类型的人员分配权限。操作步骤：点击角色列表中的一条信息，然后点击权限分配，系统提供默认的权限，也可自行勾选，然后点击界面上方的保存。如图 1.8：

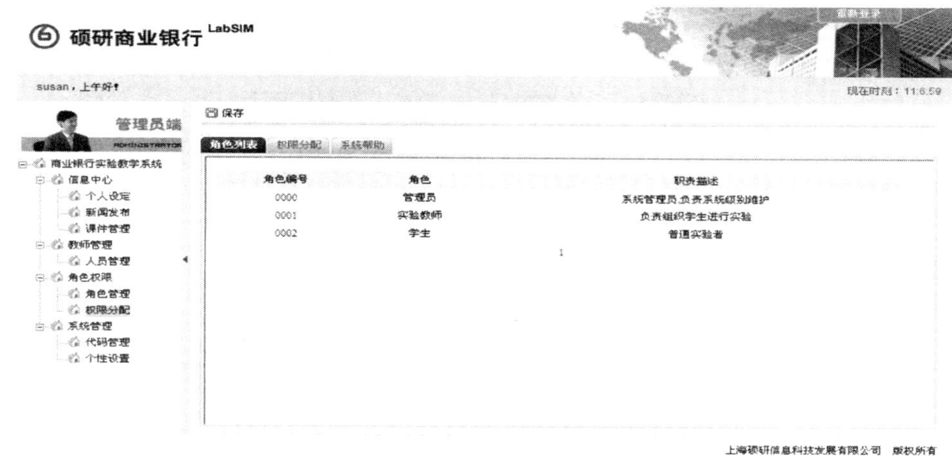

图 1.8

4. 系统管理

（1）代码管理。主要功能是对软件的代码进行维护。**注意：不建议随意改动代码，否则程序容易混乱，导致不能正常执行。**操作步骤：点击界面上方的新增，可增加新代码的信息，然后点击保存；如果需要删除某一个代码息，可选中该条信息，点击删除；如果需要修改某一个代码信息，可选中该条信息，点击选择，进行相应的修改。如图 1.9：

图 1.9

（2）个性设置。主要功能是将软件首页上的学校图案更改为本校的校徽，或者是其他你认为非常适合的图案。操作步骤：点击浏览，选中本地保存的图片文件，即可替换，也可进行删除操作。如图 1.10：

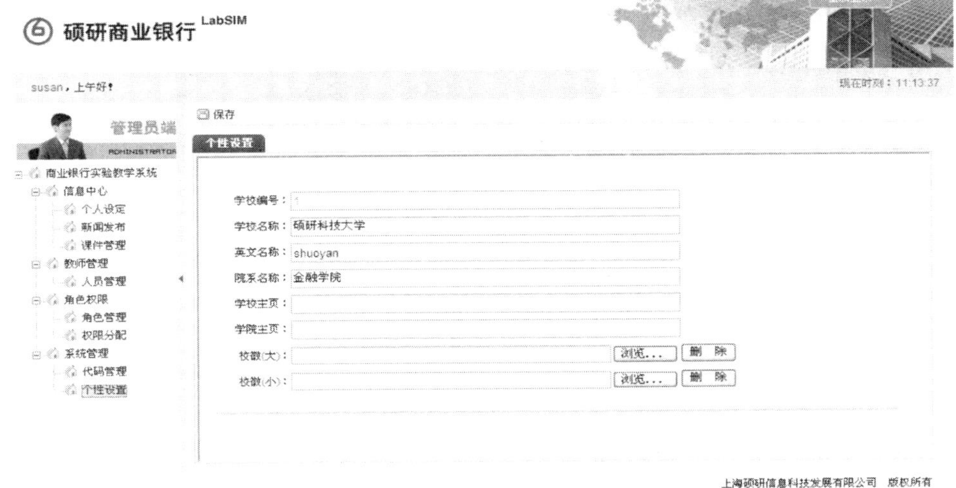

图 1.10

（二）教师登录端

教师登录初始用户名：teacher，初始密码：1。如图 1.11：

图 1.11

教师登录端分为三个主要功能模块：教师管理、总行管理和综合查询。教师管理主要负责学生管理或成绩统计等相关功能，总行管理主要是维护软件中学生端所有业务模块中涉及的重要参数的管理，综合查询是老师履行总行的功能，对所有学生即所有机构的操作结果所做的业务查询，如全辖的会计报表、科目日结单、各种登记簿等的查询。

1. 教师管理模块

教师管理模块只要负责学生管理或成绩统计等相关功能。主要包括信息中心、班级管理、学生管理、实验管理和成绩管理等具体的内容。

（1）信息中心。包括教师的个人设定、新闻发布和课件管理三部分。

个人设定。主要功能是设定指导老师的相关信息。操作步骤：点击“信息中心”→“个人设定”，在个人设定画面，录入老师的相关信息。**注意：人员编号由系统生成，点击保存**。如图 1.12：

图 1.12

新闻发布。主要用于教师在登录界面的首页发布相关公告，可对已发布公告进行编辑，删除的操作。操作步骤：点击界面上方的[新增]，可新增发布新闻公告，然后点击[保存]；点击界面上方的[查询]，可查询已发布的公告，如果需要编辑，可直接点击[选择]，对该新闻进行修改和编辑，然后点击[保存]；所发布的公告在登录首页以滚动方式出现，如果不需要某公告出现，则可点击[删除]。

课件管理。主要用于教师上传相关的课件，可对已上传课件进行查看和删除。操作步骤：点击界面上方的[课件上传]，可上传课件；点击[查看]，可查看已上传的课件，如果需要删除，可直接点击[新闻删除]。

（2）班级管理。主要功能是对实验的班级进行新增和删除。点击界面上方的[新增]，可新增不同班级的信息，然后点击[保存]；如果需要删除某一条信息，可选中该条信息，点击[删除]。如图 1.13：

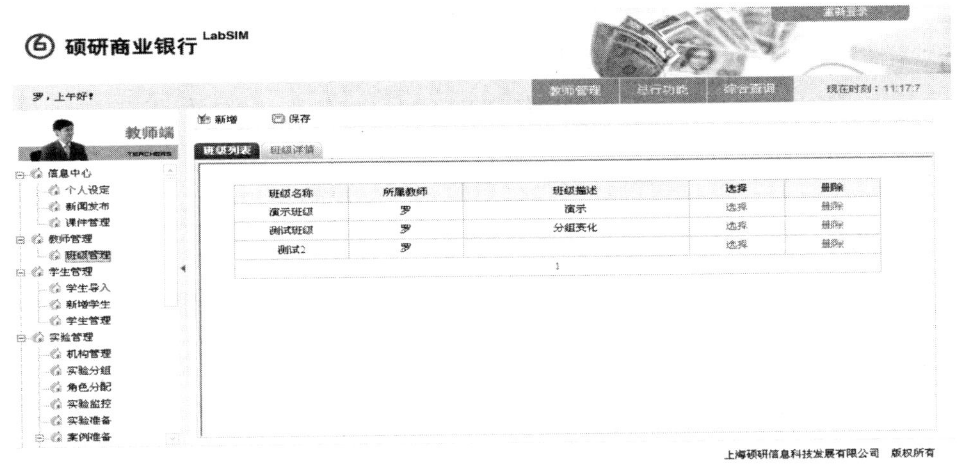

图 1.13

（3）学生管理。包括学生导入、新增学生以及学生管理三个方面的内容。

学生导入。主要功能是从 Excel 格式文件中，对参与实验的学生的信息按班级批量导入。操作步骤：在学生导入界面，选择导入班级名称，选择导入文件夹，然后点击界面上方的[导入]。注意：Excel 文件格式及先后排序为：学生姓名、所属班级、联系电话、学生学号、学生说明。如图 1.14：

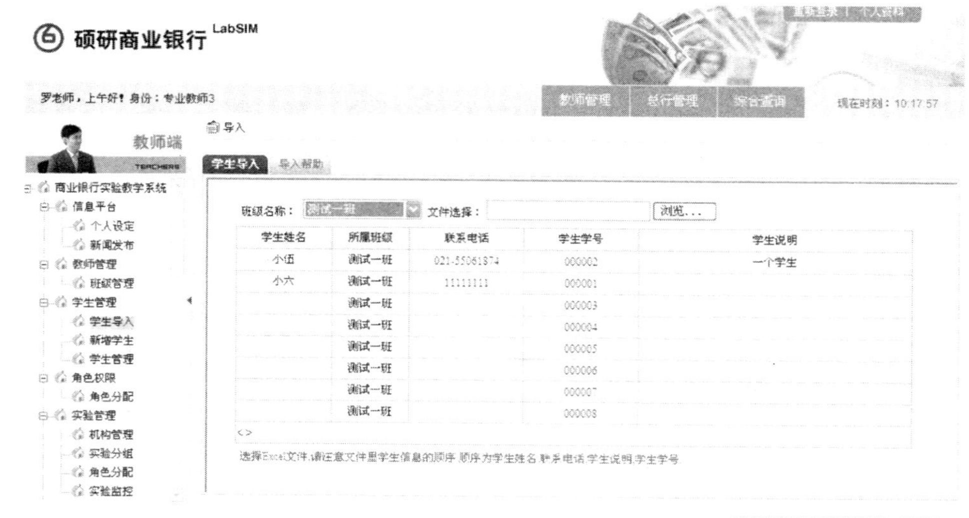

图 1.14

新增学生。主要功能是新增实验学生，可批量新增和单个新增。操作步骤：点击批量新增，输入起始学号后，点击右方的执行，点击上方的保存；如果点击单个新增，然后点击上方的保存。如图 1.15：

图 1.15

学生管理。主要功能是编辑已增的学生的信息。操作步骤：在学生列表中，点击某一条信息，然后点击学生详情，即可以进行相关信息的编辑，最后点击界面上方的保存。如果要删除某些学生，可点击界面上方的全部删除，即可将已选中的若干条信息全部删除。如图 1.16：

图 1.16

（4）试验管理。这一部分主要包括机构管理、实验分组、角色分配、实验监控、实验准备、案例准备、财务分析管理。

机构管理。如果进行实验分组，不同分组将被命名为同一银行系统的不同机构，该功能即是完成新增和修改机构信息的管理。操作步骤：点击界面上方的新增，在机构名称、邮编、地区、银行类型项进行输入和选择后，系统自动生成机构码，全国联行号、交换行号的学生分配角色，然后点击保存。如果需要删除某一条信息，可在机构列表中选中该条信息，点击删除。如图 1.17：

图 1.17

实验分组。主要功能是对选中的班级进行实验分组。操作步骤：选中班级，输入分组个数，点击提交。如图 1.18：

图 1.18

角色分配。主要功能是教师对实验的学生进行学生角色的分配。操作步骤：点击界面上方的新增，可按班级来为所选中的学生分配角色，然后点击保存。如图 1.19：

图 1.19

实验监控。主要功能是教师对某班、某个小组、某个学生所进行的实验过程进行监控。操作步骤：选择班级、小组和学生，可查看到该学生的实验过程，点击[选择]，即可看到该学生的具体的实验结果。如图 1.20：

图 1.20

实验准备。这是非银行业务，只作为软件运行的一种应急操作，教师可通过此操作完成对全部实验学生的统一签退业务，以保证实验的顺利进行。操作步骤：选择班级，点击[签退]，即可完成该班级的统一签退。

案例准备。主要功能是教师可自行新增综合案例，或修改系统已提供的综合案例，分为案例设置和案例管理两个内容。案例设置操作：如果点击[执行]，则关闭综合案例，学生端只能看到单项案例模式；如果打开综合案例，则学生端的单项案例模式关闭，处于综合案例模式下。案例管理操作：教师可根据案例类型、案例状态、案例分值等选项筛选出满足需要的案例进行修改，也可[删除]和[新增]案例。点击每条案例后的方框，即为选中该案例。已选中案例即为已向学生端释放的案例。未选中的案例，学生端不能查看和操作。如图 1.21：

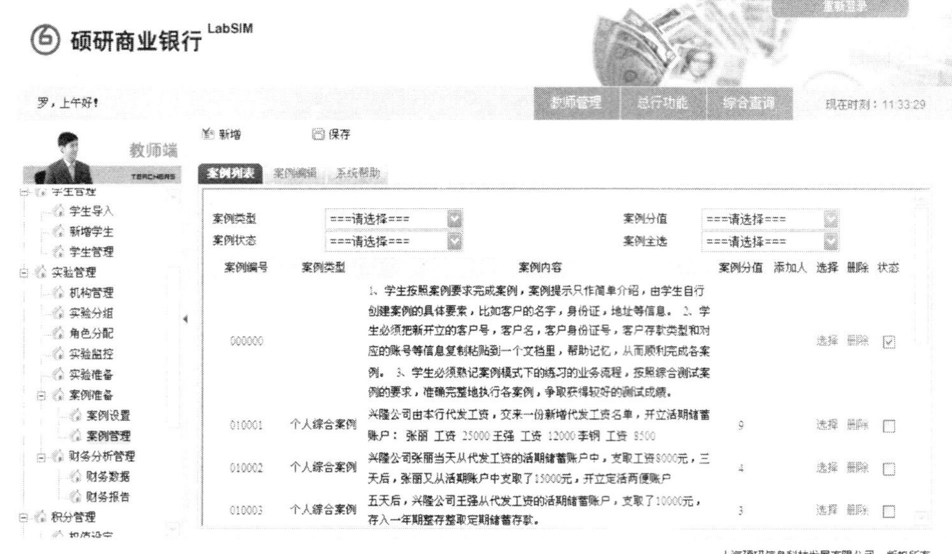

图 1.21

财务分析管理。教师可根据教学的需要，对学生端的“财务分析”模块所采用的数据进行编辑，同时可查看到同学提交的财务分析报告。教师可选择要编辑的相关报表，对系统提供的模拟数据进行编辑，以提供学生财务分析所需要的基础数据；在财务报告列表中，教师可查看学生提交的财务报告，并且可修改财务报告的模板。如图 1.22：

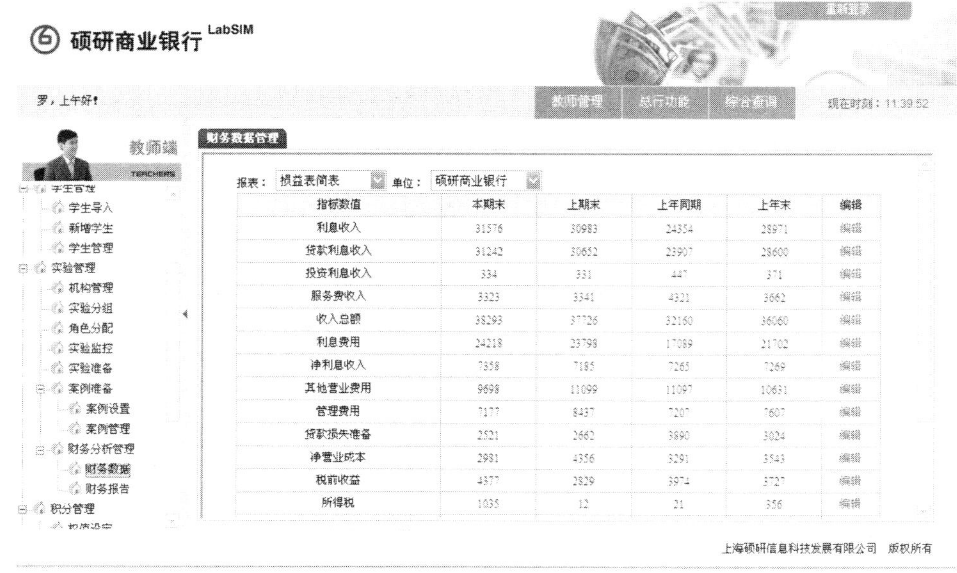

财务数据管理

报表：损益表简表　单位：硕研商业银行

指标数值	本期末	上期末	上年同期	上年末	编辑
利息收入	31576	30983	24354	28971	编辑
贷款利息收入	31242	30652	23907	28600	编辑
投资利息收入	334	331	447	371	编辑
服务费收入	3323	3341	4321	3662	编辑
收入总额	38293	37726	32160	36060	编辑
利息费用	24218	23798	17089	21702	编辑
净利息收入	7358	7185	7265	7269	编辑
其他营业费用	9698	11099	11097	10631	编辑
管理费用	7177	8437	7207	7607	编辑
贷款损失准备	2521	2662	3890	3024	编辑
净营业成本	2981	4356	3291	3543	编辑
税前收益	4377	2829	3974	3727	编辑
所得税	1035	12	21	356	编辑

图 1.22

（5）积分管理。这一部分主要包括权值设定、分值设定、评分准则三部分。

权值设定。教师可从学生所操作的业务种类和业务总量两个指标来进行实验考核，对两项指标在考核中希望所占的比重进行设定。操作步骤：在业务种类和业务总数中分别输入相应的权值，然后点击[保存]。如图 1.23：

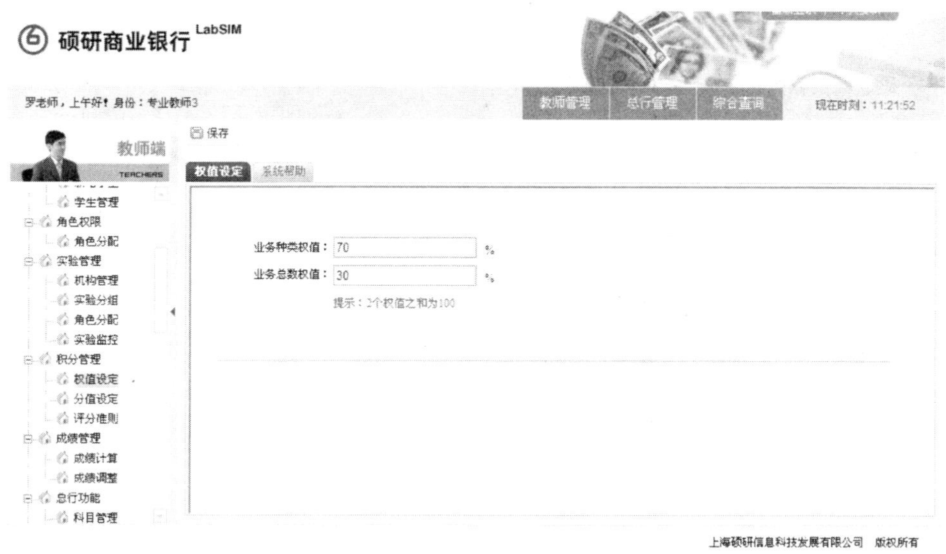

图 1.23

分值设定。教师可对每项业务操作设定分值，系统默认为一项一分，但如果偏重考核某些业务，也可对该业务增加设定分值。操作步骤：在[积分设定]中，系统默认为每选业务一分，如果调整单项积分，可选中该项业务，在业务处理和票据审核两项输入相应的分值，然后点击[保存]。如图 1.24：

图 1.24

评分准则。教师可从学生所操作的业务种类和业务总量两个指标来设定考核评分标准。操作步骤：在业务种类和业务总数中分别输入相应的积分值，然后点击保存。如图 1.25：

图 1.25

（6）成绩管理。成绩管理包括对学生实验成绩的计算和成绩调整两部分。

成绩计算。教师可计算学生一段时间的实验成绩。操作步骤：在成绩计算中，选中班级名，选择考核的起始日期，然后点击界面上方的计算，对所选中班级的成绩进行计算；在成绩明细中，选中班级名和学生姓名，选择考核的起始日期，然后点击界面上方的查询，可查询单个学生的成绩明细；对已计算出的成绩，可点击界面上方的生成按钮，即可将学生成绩导出。如图 1.26：

图 1.26

成绩调整。教师可根据学生表现，对每次计算出的学生实验成绩进行手动单个调整和批量调整。操作步骤：在成绩调整中，进行手动单个学生成绩的调整。选中班级名、作业序号，系统会自动显示最后一次成绩计算的期数。作业序号也可选择全部，即将每期计算的成绩显示出来，可对每个学生的成绩手动调整；在批量调整中，选中班级名，作业序号系统默认为最后一期，输入加分值，即可批量完成成绩调整；在对已计算出的成绩，可点击界面上方的生成按钮，即可将学生成绩导出。如图 1.27：

图 1.27

（7）实验分析。这一部分包括对学生实验统计和业务实验统计两部分。

学生实验统计。教师可对一段时间内的单个班级或单个学生实验情况利用表格、饼形图、柱状图、曲线图等工具进行统计分析。操作步骤：选择不同的统计工具，如在学生试验统计中，选中班级名/学生名，选择统计分析起始日期，然后点击统计，对所选中班级/学生的实验情况进行列表统计；分别选择界面上方的[饼形图分析]、[柱状图分析]、[曲线图分析]，按统计条件选择后，分别可得到相应的统计分析结果。如图 1.28：

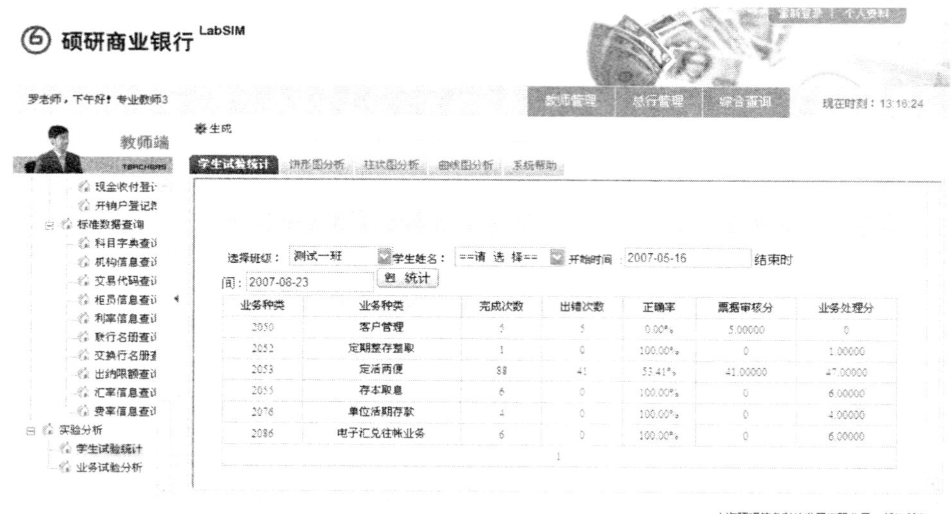

图 1.28

业务实验统计。教师可针对单个班级在一段时间内对单项业务的实验情况进行统计分析，以考核学生对单项业务的理解程度。操作步骤：选择单项业务，然后选择班级和考核的开始时间，即可得出单个班级单项业务的统计结果；点击界面上方的[生成]，可导出已生成的统计结果。如图 1.29：

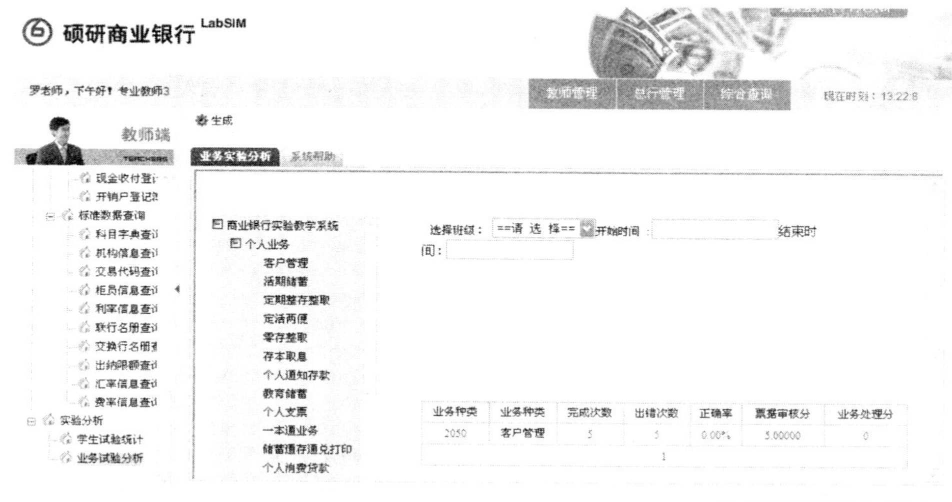

图 1.29

2. 总行管理

总行管理主要是维护软件中学生端所有业务模块中涉及的重要参数的管理。包括科目管理、机构管理、柜员管理、汇率管理、利率管理、收费管理、交易码管理以及授权管理等内容。

（1）科目管理。总行可对会计科目进行新增和删除。操作步骤：点击[新增]，输入除科目号以外的项目，点击[保存]。如果要删除，在[科目列表]中，选中某条信息，点击[删除]。如图 1.30：

图 1.30

（2）机构管理。总行可对本银行系统内的各机构进行新增和删除。操作步骤：如果要新增机构，点击[新增]，输入机构名称、邮政编码、银行类型和地区，其余项目系统自动生成，然后点击[保存]。如果要删除，在[机构列表]中选中某条信息，点击[删除]。如图 1.31：

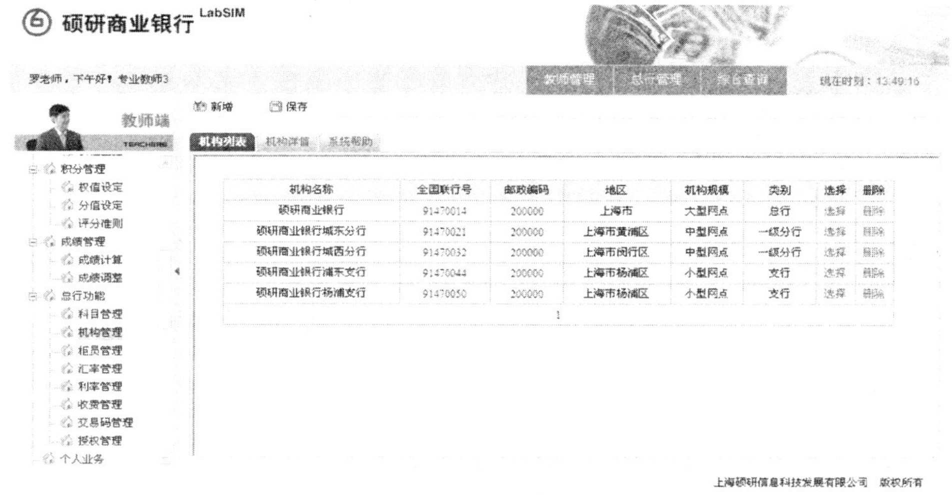

图 1.31

（3）柜员管理。总行可对本银行系统内各个机构的柜员进行新增和删除，主要适用于分组实验情况。操作步骤：如果要新增柜员，点击[新增]，选择除状态外的其他项目，即完成对一个机构柜员的新增，然后点击[保存]。如果要删除，在[柜员列表]中选中某条信息，点击[删除]。如图 1.32：

图 1.32

（4）汇率管理。总行可对汇率进行更新维护。操作步骤：在[汇率列表]中选择某条信息，点击[选择]，可对所选择的币种的汇率进行更改维护。然后点击界面上方的[保存]。如图 1.33：

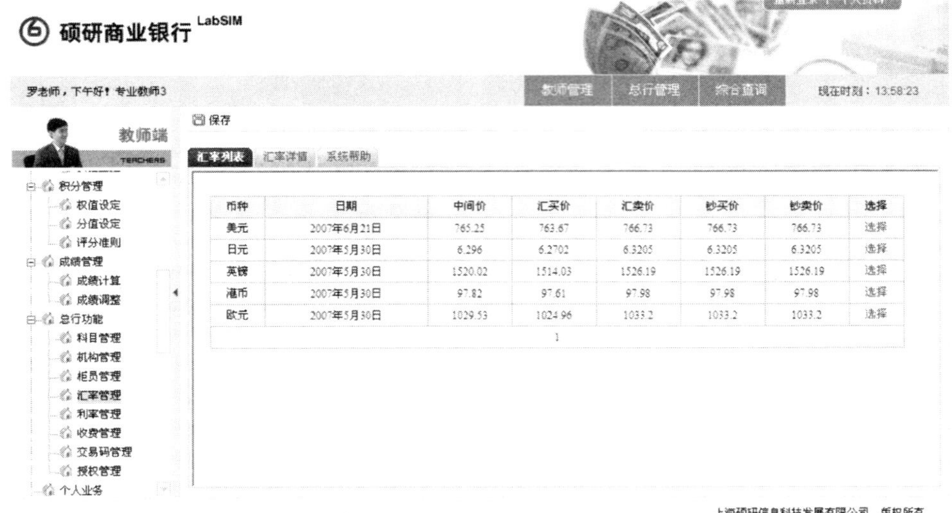

图 1.33

（5）利率管理。总行可对利率进行更新维护。操作步骤：在[利率列表]中选择某条信息，点击[选择]，可对所选择的币种的利率进行更改维护。然后点击界面上方的[保存]。如图 1.34：

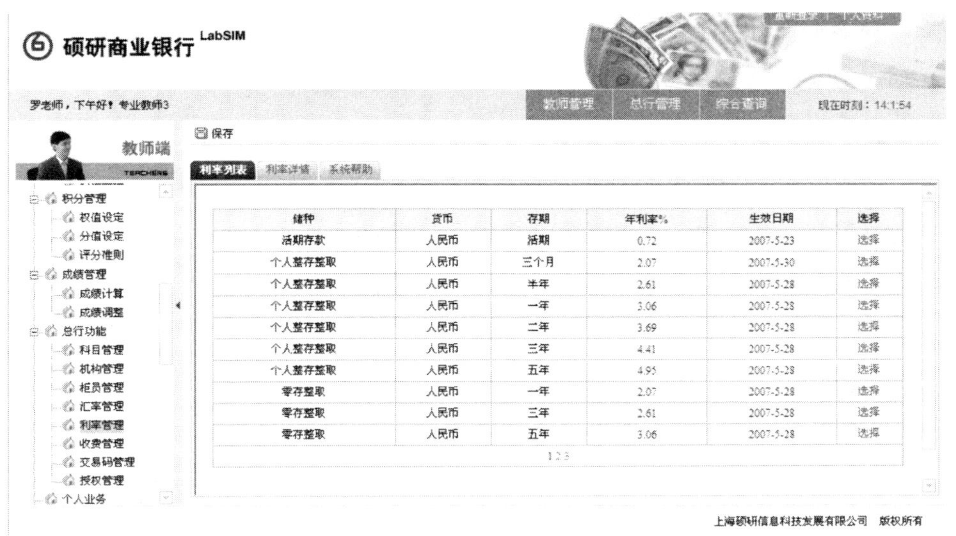

储种	货币	存期	年利率%	生效日期	选择
活期存款	人民币	活期	0.72	2007-5-23	选择
个人整存整取	人民币	三个月	2.07	2007-5-30	选择
个人整存整取	人民币	半年	2.61	2007-5-28	选择
个人整存整取	人民币	一年	3.06	2007-5-28	选择
个人整存整取	人民币	二年	3.69	2007-5-28	选择
个人整存整取	人民币	三年	4.41	2007-5-28	选择
个人整存整取	人民币	五年	4.95	2007-5-28	选择
零存整取	人民币	一年	2.07	2007-5-28	选择
零存整取	人民币	三年	2.61	2007-5-28	选择
零存整取	人民币	五年	3.06	2007-5-28	选择

图 1.34

（6）收费管理。总行可对收费项目进行更新维护。操作步骤：在[收费列表]中选择某条信息，点击[选择]，可对所选择的收费项目进行更改维护，然后点击界面上方的[保存]。如图 1.35：

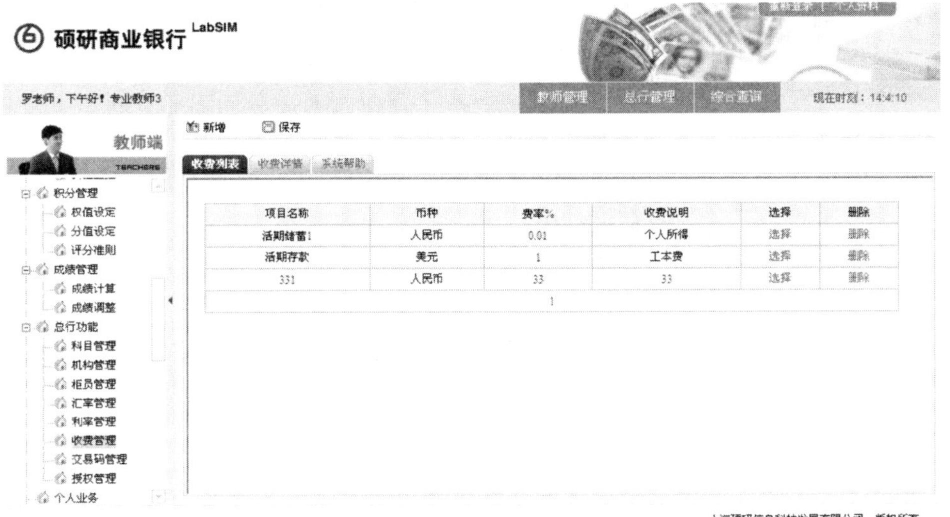

项目名称	币种	费率%	收费说明	选择	删除
活期储蓄1	人民币	0.01	个人所得	选择	删除
活期存款	美元	1	工本费	选择	删除
331	人民币	33	33	选择	删除

图 1.35

（7）交易码管理。总行可对交易代码进行更新维护。操作步骤：在[交易代码列表]中选择某条信息，点击[选择]，可对所选择的交易代码项目进行更改维护。然后点击界面上方的[保存]。如图 1.36：

图 1.36

（8）授权管理。总行可对交易代码进行更新维护。操作步骤：在[权限列表]中选择某条信息，点击[选择]，可对所选择的权限项目进行更改维护。然后点击界面上方的[保存]。如图 1.37：

图 1.37

3．综合查询

综合查询是老师履行总行的功能，对所有学生即所有机构的操作结果所做的业务查询，如全辖的会计报表、科目日结单、各种登记簿等的查询。

（1）各种登记簿查询

钱箱登记簿查询。总行可对单个柜员的钱箱进行查看。操作步骤：选择机构名，输入柜员名，点击查询，可查询该柜员的钱箱信息。

票箱登记簿查询。总行可对单个柜员的票箱进行查看。操作步骤：选择机构名，输入柜员名，点击查询，可查询该柜员的票箱信息。

柜员授权登记簿查询。总行可对单个机构的授权情况进行查看。操作步骤：选择机构名，选择起始时间，点击查询，可查询该机构的授权信息。

挂失/解挂登记簿查询。总行可对单个机构的挂失/解挂情况进行查看。操作步骤：选择机构名，选择起始时间，点击查询，可查询该机构的挂失/解挂信息。

冻结/解冻登记簿查询。总行可对单个机构的冻结/解冻情况进行查看。操作步骤：选择机构名，选择起始时间，点击查询，可查询该机构的冻结/解冻信息。

现金收付登记簿查询。总行可对单个机构的现金收付情况进行查看。操作步骤：选择机构名，选择币种，点击查询，可查询该机构的现金收付情况。

开销户登记簿查询。总行可对单个机构的开销户情况进行查看。操作步骤：选择登记簿名，选择起始日期，点击查询，可查询该机构的开销户情况。

（2）标准数据查询

科目字典查询。总行可对全辖的会计科目进行查看。操作步骤：输入单个或多个查询条件，可进行会计科目的单一查询或组合查询，点击查询。

机构信息查询。总行可对全辖的机构进行查看。操作步骤：输入单个或多个查询条件，可进行单一查询或组合查询，点击查询。

交易代码查询。总行可对全辖的交易代码进行查看。操作步骤：输入单个或多个查询条件，可进行单一查询或组合查询，点击查询。

柜员信息查询。总行可对全辖的柜员信息进行查看。操作步骤：输入单个或多个查询条件，可进行单一查询或组合查询，点击查询。

利率信息查询。总行可对利率信息进行查看。操作步骤：输入单个或多个查询条件，可进行单一查询或组合查询，点击查询。

联行名册查询。总行可对全辖的联行号信息进行查看。输入单个或多个查询条件，可进行单一查询或组合查询，点击查询。

交换行名查询。总行可对全辖的交换号信息进行查看。操作步骤：输入单个或多个查询条件，可进行单一查询或组合查询，点击查询。

出纳限额查询。总行可对全辖的出纳权限限额信息进行查看。操作步骤：输入币种，可进行单一查询，点击查询。

汇率信息查询。总行可对汇率信息进行查看。操作步骤：输入日期，可进行单一查询，点击查询。

费率信息查询。总行可对费率信息进行查看。操作步骤：输入单一或多个查询条件，可进行单一查询或组合查询，点击查询。

（三）学生登录端

学生登录，用户名：学生学号，初始密码：111111。如图 1.38：

图 1.38

1. 功能模块

学生端主页面设有个人业务、对公业务、综合管理、财务分析、交易代码及流程汇总六个主要功能模块。个人业务包括个人各项存贷款业务、个人特殊业务及其他业务；对公业务包括单位各项存贷款业务、同城结算业务、电子汇兑业务等对公业务；综合管理包括柜员管理、现金管理、重要空白凭证管理及各项综合查询业务；财务分析包括 CAMEL 分析指标、国内银行常用分析、杜邦分析、财务报告等业务；交易代码包括全部业务操作的交易代码；流程汇总包括主要业务操作的流程图。

2. 其他信息

学生端主页的右上方设置有柜员暂退、信息中心和综合案例三个按钮，学生可在业务操作中，因需要而点击柜员暂退功能，退到登录界面；学生可在信息中心中发布信息和下载课件；学生可通过选择案例类型和案例分值来选择自己要完成的综合案例。

学生端主页的下方将显示钱箱信息、业务代码、当前案例以及放弃案例等信息。钱箱信息将动态显示该柜员钱箱里的现金和重要空白凭证的收付及余额情况，点击详细按钮，可看到收付的详细信息；业务代码表示柜员可通过输入某业务的交易代码，直接切换到该业务界面，系统自动显示该业务名称；点击当前案例按钮，可查看到柜员当前所操作案例的提示凭证，如果将鼠标轻放在按钮上，则显示所操作的当前案例的交易代码流程；放弃案例按钮主要是针对一些案例操作中出现的特殊情况，如对一个已销户/冻结的账户进行再操作，就会使案例无法执行下去，这样就不能再做其他的业务，因此，允许点击放弃案例按钮。如图 1.39：

图 1.39

第二节 商业银行业务实验材料

为了给学生提供较为真实的操作环境，使学生在掌握理论知识的同时熟悉银行业务的实际操作过程，改变其知识结构，培养商业银行真正需要的适用人才，商业银行实验教学平台还需要提供各类实验材料。

一、业务凭证

业务凭证按照编制的程序和用途分为原始凭证和记账凭证。原始凭证是业务发生时取得的，如收到的联行报单、他行签发的银行汇票、银行本票、银行存单、客户签发的支票等。记账凭证是以原始凭证为依据，将会计分录记于其上，并经过会计处理的凭证。商业银行实验教学按照银行业务的要求设置以下一些业务凭证：

（一）基本凭证

基本凭证是商业银行根据原始凭证和经济事项自行编制的具有通用格式的传票。

通常有 8 种：现金收入传票、现金付出传票、转账借方传票、转账贷方传票、特种转账借方传票、特种转账贷方传票、表外科目收入传票和表外科目付出传票。除了特种转账借方凭证和贷方凭证用于记载并弥补特定凭证的不足之外，其余 6 种凭证均用于银行内部资金和财务费用及表外业务的核算。

（1）现金收入（付出）传票。发生银行内部现金收付业务时，使用现金收入传票和现金付出传票，记账员凭以记账，出纳员凭以收付现金。如表 1.1：

表 1.1

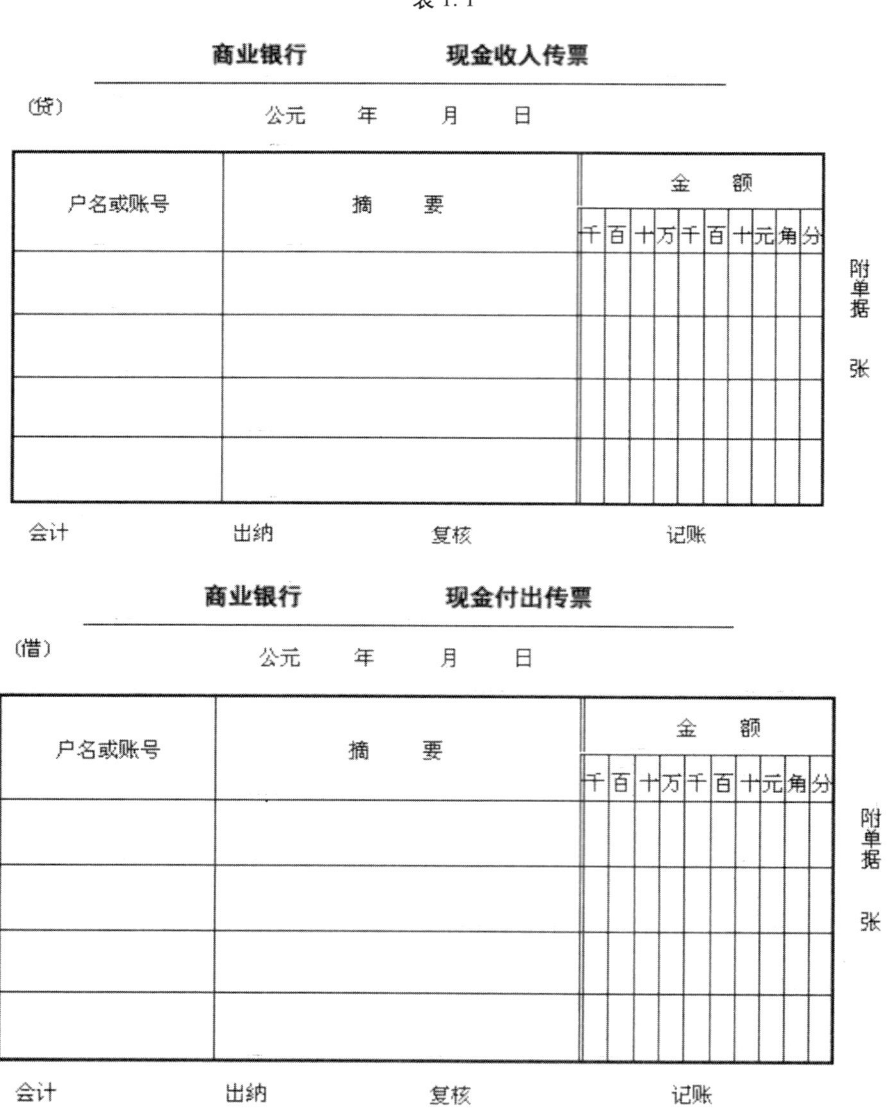

商业银行　　　　现金收入传票

（贷）　　　　公元　　年　　月　　日

户名或账号	摘　　要	金　　额									
		千	百	十	万	千	百	十	元	角	分

附单据　　张

会计　　　　出纳　　　　复核　　　　记账

商业银行　　　　现金付出传票

（借）　　　　公元　　年　　月　　日

户名或账号	摘　　要	金　　额									
		千	百	十	万	千	百	十	元	角	分

附单据　　张

会计　　　　出纳　　　　复核　　　　记账

（2）转账借方（贷方）传票。发生银行内部转账业务时，应同时编制借（贷）方传票，记账员凭以登记有关借、贷账项。如表 1.2：

表 1.2

商业银行转账借方传票

年　月　日

科目	（借）	对方科目：

户名或账号	摘　要	金　额										
		亿	千	百	十	万	千	百	十	元	角	分

附单据　张

会计　出纳　复核　记账

商业银行转账贷方传票

年　月　日

科目	（贷）	对方科目：

户名或账号	摘　要	金　额										
		亿	千	百	十	万	千	百	十	元	角	分

附单据　张

会计　出纳　复核　记账

（3）特种转账借方（贷方）传票。银行发生转账业务时，涉及外单位的资金收付，银行主动代为收款进账或扣款时，使用特种转账借（贷）方传票。如表 1.3：

表 1.3

商业银行特种转账借方传票

年　　月　　日

收款单位	全称				付款单位	全称			
	账号或地址					账号或地址			
	开户银行		行号			开户银行		行号	
金额	人民币（大写）						千百十万千百十元角分		
原凭证金额		赔偿金			科目（借）______				
原凭证名称		号码			对方科目（贷）_____				
转账原因	银行盖章				会计	复核	记账		

附件　张

商业银行特种转账贷方传票

年　　月　　日

收款单位	全称				付款单位	全称			
	账号或地址					账号或地址			
	开户银行		行号			开户银行		行号	
金额	人民币（大写）						千百十万千百十元角分		
原凭证金额		赔偿金			科目（贷）______				
原凭证名称		号码			对方科目（借）_____				
转账原因	银行盖章				会计	复核	记账		

附件　张

（4）表外科目收入（付出）传票。表外业务使用表外收入（付出）传票，业务发生或增加时，编制表外收入传票；业务完成销记或减少时，编制表外科目付出传票。如表 1.4：

表 1.4

商业银行表外科目收入传票

年　　月　　日

表外科目（收入）________

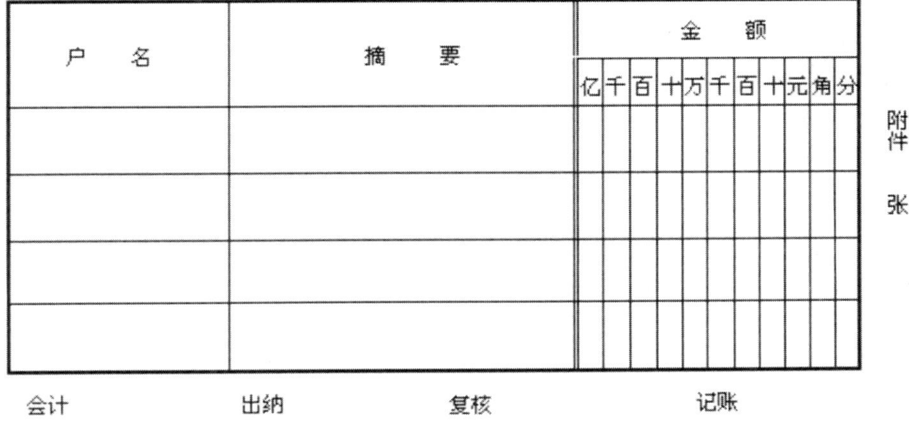

户　名	摘　要	金　额										
		亿	千	百	十	万	千	百	十	元	角	分

附件　张

会计　　出纳　　复核　　记账

商业银行表外科目付出传票

年　　月　　日

表外科目（付出）________

户　名	摘　要	金　额										
		亿	千	百	十	万	千	百	十	元	角	分

附件　张

会计　　出纳　　复核　　记账

（二）特定凭证

特定凭证是商业银行根据各种业务的特殊需要而设置的专用凭证。一般由单位填制并提交，或者通过联行以及票据交换提回。这种凭证大多采用多联式，由相关单位使用，据以处理业务和账务。如各种结算凭证、贷款凭证、国库凭证、联行凭证等。各种特定凭证的格式各不相同。

按照表面形式的不同，可分为单式凭证和复式凭证。单式凭证即一笔业务涉及的借方科目和贷方科目分别填制在不同的凭证上；复式凭证即一笔业务涉及的所有借方科目和贷方科目，都在一张凭证上反映。银行会计大多采用单式凭证。

按照内容不同，特定凭证可以分为存款业务凭证、贷款业务凭证、外汇业务凭证、票据结算凭证、银行内部使用凭证及其他特定凭证等。

（1）存款业务凭证。用于单位和个人办理定期、活期存款业务，包括现金缴款单、协议存款凭证、单位定期存单、储蓄存款凭证、储蓄取款凭证、各类储蓄存款（单）折、凭证式国债收款凭证等。

（2）贷款业务凭证。用于单位和个人向银行办理借款业务，主要包括借款凭证、贴现凭证、消费信贷借款凭证、个人贷款抵（质）押凭证、个人定期储蓄存单小额质押借款凭证等。

（3）外汇业务凭证。用于单位、个人办理外汇结算、外汇存款业务，主要包括外汇汇票、外汇买卖凭证、外汇兑换凭证等。

（4）票据结算凭证。用于单位、个人办理支票、银行汇票、银行本票、汇兑、委托收款、信用卡等票据结算业务。由客户填写或机打的凭证主要有进账单、现金支票、转账支票、银行汇票申请书、银行承兑汇票等。

（5）银行内部使用凭证。用于银行柜员办理内部账务、特殊业务等，主要包括调整账户信息通知单、错账冲正借贷方凭证、辖内往来借贷方凭证、汇总业务凭证等。

（6）其他特定凭证。主要包括挂失申请书、收费凭证、代付费业务委托书等中间业务所使用的凭证。

二、各类银行账簿

银行账簿按照用途可分为序时账、分类账和登记簿。序时账按照业务发生的时间先后顺序进行记载。分类账按照核算程序不同分为总分类账（总账）和明细分类账（分户账）。此外，为了弥补账户记载的不足，对一些需要登记备查但账簿又无法记载的事项，还另设登记簿登记。

（一）序时账

银行的序时账主要有现金收入日记簿和现金付出日记簿，是逐笔、序时记载和控制现金收付数字的账簿，也是现金收付的明细记录。每天业务终了，银行要结计出现金收入、付出合计数，再计算出现金结存数，并以实际现金库存数核对相符。如表1.5。

（二）总分类账

总分类账按照科目立户记载，总括说明各科目的增减变化情况。银行的总账包括科目日结单、日计表及总账。

（1）科目日结单。科目日结单是监督明细账户发生额，轧平当天账务的重要工具。每日营业终了，将同一科目的所有传票分现金传票和转账传票，分别加计现金收入传票、付出传票的合计数，并分别填入科目日结单现金部分的贷方和借方，然后分别加

表 1.5

现金收入日记薄

年　　月　　日

组柜名称：

凭证号码	科目代号	户名或账　号	计划项目代号	金　额（位数）	凭证号码	科目代号	户名或账　号	计划项目代号	金　额（位数）
	合计（或过次）					合计（或过次）			

复核　　　　　　　　　　出纳

计转账借方传票、贷方传票的合计数，并分别填入科目日结单转账部分的借方和贷方，注明传票张数，最后分别将该科目借方、贷方的现金、转账两部分合计计算出来，填入日结单最后一行，将传票按顺序排列附在科目日结单之后。现金科目的日结单根据一般科目的日结单中现金部分编制。将当天一般科目的日结单现金部分分借方和贷方计算合计数，然后反方向填入现金科目日结单中。现金科目日结单后不附传票。各科目日结单的借方发生额合计数与贷方发生额合计数必须加总平衡。如表 1.6：

表 1.6

商业银行(　　)

科目日结单

年　　月　　日

凭证种类	借　方		贷　方	
	传票张数	金　额（位数）	传票张数	金　额（位数）
现　金				
转　账				
合　计				

附件　　张

事后监督　　　　　　　　复核　　　　记账　　　　制单

(2) 总账。总账是按货币，分科目设立的账簿，是各科目的总括记录，主要作用是统驭分户账，同时也是编制会计报表的依据。根据科目日结单登记总账，一个科目每月一张账页，启用账页时，账首各栏：科目代号、科目名称、年月时间、上年底余额、本年累计发生额、上月底余额等都应填写，并核对正确。每日营业终了，根据各科目日结单的借方、贷方合计数登记入总账各科目同一行的借方、贷方发生额栏中，并计算出余额。对于单方向反映余额的科目，余额是将上日余额加减当日发生额求得，对于借、贷双方反映余额的科目，总账余额应根据各分户账分别计算出借方余额合计和贷方余额合计，分别登入总账余额的借、贷方，不得轧差登记总账余额。如表 1.7：

表 1.7

商业银行(　　)

总　账

科目代号：________

科目名称：________

年　月	借　方 （位数）	贷　方 （位数）
上年底余额		
本年累计发生额		
上月底余额		
上月底累计未计息积数		

日　期	发生额		余额		核对盖章
	借　方（位数）	贷　方（位数）	借　方（位数）	贷　方（位数）	复核员
1 ~ 10天小计 11 ~ 16 17 ~ 20天小计 21 30 31					
月　计					
自年初累计					
本期累计计息积数					
本期累计未计息积数					

会计　　　　复核　　　　　　记账

（3）日计表。日计表的主要作用是轧平当日全部账务，全面反映当日各科目借方、贷方发生额和余额。日计表是根据总账各科目当日发生额和余额编制的，每个营业日编制一张日计表。编制方法是将会计科目按科目代号顺序排列于日计表中，然后将各科目总账的当日借、贷方发生额合计数及余额填入日计表中；当日没有发生额的科目，按上日余额填入日计表，不得遗漏。最后，计算出所有科目借方、贷方发生额合计数，两者应平衡。如表1.8：

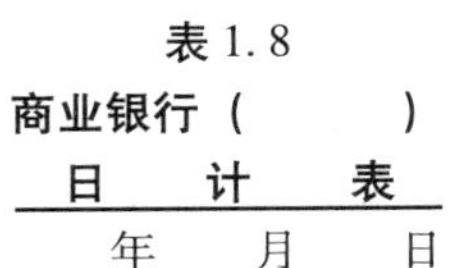
表1.8

商业银行（　　　）

日　计　表

年　月　日　　　　　　　　共　页第　页

科目代号	科目名称	本日发生额		余　额	
		借方	贷方	借方	贷方
	合计				

会计　　　　　　复核　　　　　　制表

（三）明细分类账

明细分类账是对每个会计科目所含内容分户详细记录的账簿，核算和反映开户单位和银行各种资金的增减变动情况，具体分为以下几种：

1. 分户账

分户账是明细核算的主要账簿，是总账各科目的详细记录，也是与单位对账的依据。分户账中分别设置甲、乙、丙、丁四种账簿格式。

（1）甲种账。设有借方、贷方发生额和余额三栏，适用于不计息或使用余额表计息的账户，以及商业银行内部财务核算的账户。如表1.9：

表1.9

（甲种账）　　　　**XX行**

XX账

货币：　　　　　　　　领用凭

户名：　　　　账号：　　证记录

年		摘要	凭证号码	对方科目	借 方	贷 方	借或贷	余额	复核盖章
月	日				（十亿位）	（十亿位）		（十亿位）	

会计　　　　　　记账

（2）乙种账。设有借方、贷方、余额、积数四栏，适用于在账面上加计积数，并计算利息的账户。如表 1.10：

表 1.10

(乙种账)　　XX 行

XX 账

户名：　　货币：　　领用凭

账号：　　利率：　　证记录

年		摘要	凭证号码	对方科目	借方	贷方	借或贷	余额	天数	积数	复核盖章
月	日				（十亿位）	（十亿位）		（十亿位）		（十亿位）	

（3）丙种账。设有借方、贷方发生额和借方、贷方余额四栏，适用于借、贷双方反映余额的存贷往来账户。如表 1.11：

表 1.11

(丙种账)　　XX 行

XX 账

货币：　　领用凭　　存　　利率

户名：　　账号：　　证记录　　欠

年		摘要	凭证号码	对方科目代号	发生额		余额		复核盖章
月	日				借方	贷方	借方	贷方	
					（十亿位）	（十亿位）	（十亿位）	（十亿位）	

（4）丁种账。设有借方、贷方发生额、余额和销账日期四栏，适用于逐笔销账的一次性业务，并兼有分户核算作用的账户。如表 1.12：

表 1.12

(丁种账) ______XX 行

______XX 账

户名： 账号： 货币：

年		摘要	起息日	凭证号码	借方	销账	贷方	借或贷	余额	复核
月	日				（十亿位）	日期	（十亿位）		（十亿位）	盖章

会计 记账

2. 余额表

余额表是核对总账与分户账余额和计算利息的重要工具，是明细核算的重要组成部分。余额表包括计息余额表和一般余额表两种。计息余额表适用于计息科目，一般单位的存、贷款业务凡用甲种账户记载的，均可使用计息余额表计息。一般余额表不适用于计息科目。如表 1. 13、表 1. 14：

表 1.13

______XX行

______计息余额表

货币：

户名： 账号： 年 月 日

户名及账号 余额 日期											复核 盖章
	位数	位数	位数	位数	位数	位数	位数	位数	位数	位数	
1~10 10天小记 11~20 20天小记 21~31											
本月合计											
至上月底未计息积数											
应加应减积数											
至本月底累计未计息积数											
结息时计息利息数											

会计 复核 记账

表 1.14

XX行

一般余额表

科目：

货币： 利率： 年 月 日

户名及摘要	金 额（十亿位）	户名及摘要	金 额（十亿位）

会计 复核 记账

3. 登记簿

登记簿是记录特定业务事项或控制凭证和实物的重要账簿，在会计核算中起辅助作用。商业银行的登记簿种类很多，主要有以下几种登记簿：

（1）重要空白凭证登记簿。这类登记簿是控制和反映重要空白凭证、银行空白卡、已打未发卡、没收卡、作废卡、网上银行开户证书及密码的领取、发放、作废等业务事项的明细账簿。所有重要空白凭证必须纳入表外科目核算，以“一份一元”为记账单位，所有重要空白凭证的领入、发出、使用、作废、上缴、出售、检查、核对、交接等事项必须在摘要栏注明清楚。

（2）库存现金登记簿。库存现金登记簿是记载库存现金余额情况的重要账簿。库存现金登记簿包括日期、主要事由、现金收入或付出的发生数、现金调出或调入情况、本日库存数、款项交接过程中的当事人等。

（3）印章保管使用登记簿。其是所有重要业务印章及有关印模的领用、使用、交接、上缴、销毁的序时登记簿，是明确责任的重要账簿，适用于记载已用和备用的所有重要业务印章。

（4）柜员登记簿。其是记载柜员岗位变动及柜员其他相关信息的变化情况的重要账簿。

（5）挂失登记簿。其是用来记载存折、票据、信用卡、贷记卡和密码的挂失，由受理挂失行凭“挂失止付通知书”填写。

（6）开销户登记簿。其是记载各类账户的开户、销户的登记簿，是反映账户管理情况的账簿，按单位活期存款、单位定期存款、通知存款等分别账号序号连续登记。

（7）差错事故登记簿。用来记载业务处理过程中和事后监督过程中发现的业务柜员差错事故情况。

（8）退票登记簿。其是序时记载受理票据、交换提入票据做退票处理或提出票据被退回等情况登记簿，是事后查阅和填报有关报表的重要账簿。

三、银行报表

银行的会计报表可分为商业银行系统内业务会计报表和商业银行统一会计报表两大类。

（一）商业银行系统内业务会计报表

系统内业务会计报表是由各商业银行的总行根据业务特点和管理需要设置的会计报表系列，主要包括日计表、月计表、业务状况报告表等。

（1）日计表。日计表的主要作用是轧平当日全部账务，全面反映当日各科目借方、贷方发生额和余额。日计表是根据总账各科目当日发生额和余额编制的，每个营业日编制一张日计表。

（2）月计表。月计表是按月编制的会计报表。银行月计表主要用以反映当月银行业务、财务活动情况。基层营业行处每月终了，根据各科目总账的上月末余额，当月发生额和月末余额编制。表上各栏收方和付方合计数均应各自相等。基层行处编制的月计表，除供本行分析研究当月的业务、财务活动情况之用外，一般都要按照规定的时间和程序，逐级汇总上报上级主管行。

（3）业务状况报告表。业务状况报告表是用来反映全年业务活动情况的会计报表，是根据决算日结转损益后各科目的总账编制的。将总账各科目的上年末余额、本年累计发生额和本年末余额分别记入业务状况报告表的相关栏内。

（二）商业银行统一会计报表

根据我国新颁布的《金融企业会计制度》，商业银行的财务报表主要包括三部分，即主表、附表和附注。其中，主表包括资产负债表、损益表和现金流量表。此外有些上市银行还要有股东权益变化表。附表包括利润分配表、资本及各项准备情况表、分部报表、资本充足率计算表。其他有关附表包括损益明细表、应收及应付利息情况表、固定资产明细表、税金解缴表、营业费用明细表等。会计报表附注是为便于报表使用者理解报表的内容而对报表的编制基础、编制依据、编制原则和方法及主要内容等所做的进一步说明、补充或解释。

四、银行业务印章

（1）业务公章。业务公章用于对外出具存款证明、资信证明、委托调查报告、签发单位定期存单、协议存款证明、余额对账单、业务电报、挂失回单、止付通知等需要加盖公章的重要单证或报表。该印章由营业机构配备，由总会计或业务主管保管。

（2）现金收（付）讫章。现金收讫章用于现金收入凭证及现金进账回单；现金付讫章用于现金付款凭证。

（3）转讫章。转讫章用于已转账的转账凭证、回单、付款通知或其他会计凭证。

（4）联行专用章。联行专用章用于签发联行往来凭证、联行往账、来账报告表以及联行划转清单等。

（5）结算专用章。结算专用章用于办理票据的贴现、转贴现和再贴现业务；发出、收到和办理委托收款、托收承付结算凭证；发出信汇结算凭证及结算业务的查询查复等。该印章按办理对公结算业务的营业网点配备，由业务主管保管。

（6）汇票专用章。汇票专用章用于签发全国银行汇票、银行承兑汇票及承兑商业汇票；办理承兑汇票转贴现和再贴现时的背书等。该印章按办理银行汇票的营业网点配备，由业务主管保管。

（7）本票专用章。本票专用章用于签发银行本票。

（8）同城票据交换章。同城票据交换章用于银行间票据交换的代收、代付业务。

（9）受理他行票据专用章。受理他行票据专用章用于受理开户单位在存入他行票据时，签盖进账回单，该章必须刻有“他行票据、收妥抵用”字样。

（10）个人名章。个人名章用于已经办理和记载的各种单证、凭证、账簿和报表。

五、银行专用点钞机和点钞纸

为了建立一个全仿真的模拟银行，实验室在做银行业务实验时需要配备专用的点钞机，同时需要一些用于收支的点钞纸。

1. 银行专用点钞机

银用专用点钞机是外观及体积与台式点钞机一样，其不同的是银行专用点钞机的性能要求比较高，辨伪性能要求全智能或5星级以上，鉴伪的功能决定了银行只能选购高质量的点钞机。货币的防伪、造假技术都在不断提高，而且银行专用点钞机对这些要求更高，这就要求点钞机生产企业不仅对现有两种技术有深刻的理解、充分的应对能力，而且要长期跟踪技术的发展，拥有足够的技术积累以应对目前流通中的各个时期、各个版本的伪钞。

点钞机

点钞纸

2. 点钞纸

点钞纸又叫练功券，是银行学习练习技能和技术比赛而专门印制的纸币代用品。把钞票点得又快又准，是金融系统员工的一项基本功。既然是基本功，就得经常练习，但是如果把人民币拿出来让员工反复地点，一是要占用流动资金，二是容易损坏人民币。

第二章 商业银行业务实验基本素质及技能

第一节 商业银行业务人员基本素质

一、商业银行业务人员服务礼仪

（一）商业银行服务礼仪的含义及作用

商业银行服务礼仪是指银行业的全体从业人员在工作岗位、待人接物、处理问题等时应当遵守的服务规范。通过一定的必要的程序来律己服务别人的过程。学习银行服务礼仪的根本目的是使银行从业人员在规范的服务基础上，灵活地运用服务技巧，掌握基本的服务沟通技巧，在服务沟通中做好服务，从而提高全员的个人素养和综合素质，增强服务意识，增加银行的市场竞争力。具体作用表现为：

1. 银行服务礼仪有利于提高银行职员的综合素质

礼仪是在人们生活和社会交往中约定俗成的，人们可以根据各式各样的礼仪规范，正确把握与外界的人的交往尺度，合理地处理好人与人的关系。这有利于银行职员增进人际交往、营造和谐友善气氛，有利于合理处理好银行与客户的关系。

2. 银行服务礼仪有利于塑造银行良好的形象

在社会活动中，交谈讲究礼仪可以变得文明；举止讲究礼仪可以变得高雅；穿着讲究礼仪可以变得大方；行为讲究礼仪工作人员可以变得美好。这有利于塑造职业形象，增进员工的士气，塑造公司形象，创造良好的效益。

3. 银行服务礼仪有利于对人们的社会行为进行一定的约束

礼仪一经制定和推行，便成为社会的习俗和社会行为规范。任何一个生活在某种礼仪习俗和规范环境中的人，都自觉或不自觉地受到该礼仪的约束，礼仪有利于促进社会文明的进步。

（二）商业银行服务礼仪的主要内容

商业银行服务礼仪的内容主要包括银行前台服务人员、柜台人员、大堂经理等人员的自身素质、工作态度、为人处世等方面礼节和仪式上的提升。主要包括仪容仪表礼仪、服饰礼仪、仪态礼仪、交谈礼仪、社交礼仪等方面。

1. 仪容仪表礼仪

仪容即人的容貌，是个人仪表的重要组成部分，它由发式、面容、颈部等要素所构成。仪表指人的外表，包括人的容貌、姿态、服饰和个人卫生等方面，它是人的精神面貌的外观。要求：①头发：洁净、整齐，无头屑，不梳奇异发型。男性不留长发，女性不留披肩发，也不用华丽头饰。②眼睛：无眼屎，无睡意，不充血，不斜视；眼镜端正、洁净明亮；不戴墨镜或有色眼镜。③耳朵：内外干净。女性不戴耳环。④鼻子：鼻孔干净，鼻毛不外露。⑤胡子：刮干净或修整齐，不留长胡子，不留八字胡或其他怪状胡子。⑥嘴：牙齿整齐洁白，口中无异味，会客时不嚼口香糖等食物，女性不用深色或艳丽口红。⑦脸：洁净，无明显粉刺；女性施粉适度，不留痕迹。⑧手：洁净。指甲整齐，不留长指甲；不涂指甲油，不戴结婚戒指以外的戒指。

2. 服饰礼仪

服饰礼仪的基本要求：①选择正装：正式、实用、规范、制作精良、外观整洁、讲究文明、穿着得当、忌过分裸露；②胸部、腹部、腋下、大腿是公认的身着正装时不准外露的四大禁区。特别正式的场合，脚趾与脚跟同样不得裸露。忌过分透薄、忌过分瘦小、忌过分艳丽，饰品适宜。

男士基本要求：不求华丽、鲜艳。着西装八忌：①西裤过短；②衬衫放在西裤外；③不扣衬衫扣；④西服袖子长于衬衫袖；⑤领带太短；⑥西服上装都扣上（双排扣西服除外）；⑦西服的衣、裤袋内鼓鼓囊囊；⑧西服配便鞋。鞋子：光亮、有形、保养。袜子：着深色或与西服颜色相类似的袜子。

女士基本要求：女士着西装时要注意“六不”。①套装不允许过大或过小；②不允许衣扣不到位；③不允许不穿衬裙；④不允许内衣外穿；⑤不允许随意搭配；⑥不允许乱配鞋袜。套装的穿法：长度适宜、穿着到位、考虑场合、协调装饰、兼顾举止、裤子与裙长以适中为原则。短裙穿长袜，长裤着短袜。尽量不穿着无袖的衣服。不穿着凉鞋、运动鞋或露趾的拖鞋。佩饰少而精。

3. 仪态礼仪

站姿。男士的基本站姿：身体立直，抬头、挺胸、收腹，下颌微收，双目平视，两腿分开，两脚平行，宽不过肩，双手自然下垂贴近腿部或交叉于身后。女士的基本站姿：身体立直，抬头、挺胸、收腹，下颌微收，双目平视，两脚成“V”字形，膝和脚后跟尽量靠拢，两脚尖张开距离为两拳，双手自然放下或交叉。

坐姿。男士基本坐姿：上体挺直、胸部挺起，两肩放松、脖子挺直，下颌微收，双目平视，两脚分开、不超肩宽、两脚平行，两手分别放在双膝上。女士的基本坐姿：可以两腿并拢，两脚同时向左放或向右放，两手相叠后放在左腿或右腿上。也可以两腿并拢，两脚交叉，置于一侧，脚尖朝向地面。

蹲姿。一脚在前，一脚在后，两腿向下蹲，前脚全着地，小腿基本垂直于地面，后脚跟提起，脚掌着地，臀部向下。

行姿。行走时，双肩平稳，目光平视，下颌微收，面带微笑。手臂伸直放松，前后自然摆动，行步速度，一般是男士 108～110 步/每分钟，一般是女士每分钟 118～120 步/分钟。

举止禁忌：①在众人之中，应力求避免从身体内发出的各种异常的声音。②公共场合不得用手抓挠身体的任何部位。③公开露面前，须把衣裤整理好。④参加正式活动前，不宜吃带有强烈刺激性气味的食物，以免口腔产生异味，引起交往对象的不悦甚至反感。⑤在公共场所里，高声谈笑、大呼小叫是一种极不文明的行为，应避免。⑥对陌生人不要盯视或评头论足。⑦在公共场合不要吃东西。⑧遵守公共场所的规则。⑨感冒或其他传染病患者应避免参加各种公共场所的活动，以免将病毒传染给他人，影响他人健康。⑩在公共场所，时刻注意自己的体态语。

4. 交谈礼仪

迎宾用语类：您好；请进；这是我的名片，请指教；欢迎光临、请坐。

友好询问类：谢谢，请问您怎么称呼，我能帮您做点什么，请问您是第一次来吗，是随便看看还是想买什么？

交谈禁忌：①不得以任何借口顶撞讽刺、挖苦、嘲弄客人，不得与客人争辩，更不允许举止鲁莽和语言粗俗，不管客人态度如何都必须以礼相待，不管客人情绪多么激动都必须保持冷静。②称呼客人时，要多称呼客人的姓氏，用“某先生”或“某小姐或女士”；不知姓氏时，要用“这位先生”或“这位小姐或女士”。③几人在场，在与对话者谈话时涉及在场的其他人时，不能用“他”指他人，应称呼其名或“某先生”或“某小姐或女士”。④无论任何时刻从客人手中接过任何物品，都要说“谢谢”；对客人造成的任何不便都要说“对不起”；将证件等递还给客人时应予以致谢，不能将证件一声不响地扔给客人或是扔在桌面上。⑤客人讲“谢谢”时，要答“不用谢”或“不用客气”，不得毫无反应。⑥如确有急事或接电话而需离开面对的客人时，必须讲“对不起，请稍候”，并尽快处理完毕；回头再次面对客人时，要说“对不起，让你久等了”，不得一言不发就开始服务。⑦如果要与客人谈话，要先打招呼；如正逢客人在与别人谈话时，不可凑前旁听；如有急事需立即与客人说时，应趋前说“对不起，打扰一下可以吗？我有急事要与这位先生商量”，如蒙客人点头答应，应表示感谢。⑧谈话中如要咳嗽或打喷嚏时，应说“对不起”，并转身向侧后下方，同时尽可能用手帕遮住。⑨客人来到公司时，应讲“欢迎您光临”；送客时应讲“请慢走”或“欢迎您下次光临”。⑩说话时语调要自然、清晰、柔和、亲切、热情，不要装腔作势，音量要适中。⑪客人或同事相互交谈时，不可随便插话，特殊需要时必须先说“对不起，打扰您”。⑫对客人的疑惑问题或要求应表现充分关心，并热情地询问，不应以工作忙为借口而草率应付。⑬客人提出过分要求时，应耐心解释，不可发火、指责或批评客人，也不得不理睬客人，任何时候都应不失风度，并冷静妥善地处理。⑭全体员工在公司内遇到客人、上级、同事时应主动打招呼问候。⑮做到讲“五声”，即迎客声、称呼声、致谢声、致谦声、送客声；禁止使用“四语”，即蔑视语、烦躁语、否定语和斗气语。⑯凡进入房间或办公室，均应先敲门，征得房内主人的同意方可进入。未经主人同意，不得随便翻阅房内东西（文件）。在与上级交谈时未经批准，不得自行坐下。

5. 社交礼仪

握手：握手时间应在2~3秒，或4~5秒；握手力度不宜过猛或者毫无力度；注视对方并面带微笑。

礼貌用语：学会使用“十字文明礼貌用语”：请、您好、对不起、谢谢、再见，其中用得最多的是“请”和“谢谢”。记住：在我们的工作和生活中“请”字不离口、

"谢"字随身走。我们的每一天都要在爽朗的寒暄中开始，必须学会问候语："早上好、您好、您早"，同时也要注意学会使用抱歉语"对不起！请原谅！"但是道歉一定要及时。

交谈中的礼貌礼节：①交谈时态度要诚恳，自然、大方，语言要亲切，表达得体，不能东张西望或做其他事和做不必要的小动作。千万不能用暴力指向客户。②要注意听取对方的谈话，用耐心鼓励的目光让对方说话，自己不断地用"啊、噢、对、是的"等语音来陪衬；不要轻易打断对方或插话，应学会使用"对不起我插一点"或"对不起请让我打断一下"。如话还没听明白就下结论，只能让用户觉得是一种粗鲁、无理的表现。③同时接待几位客户一定要照顾到在场的每一位，注意礼貌礼节，不可长时间只关注一人，冷落了他人。④碰到客户投诉发生争执时，应保持冷静，不能得罪客户，不说伤害客户的词语，不可强词夺理，不能说刺伤客人的语言，切忌语言垃圾（脏话、粗话，伤人的恶语），与客户保持适当的距离。总之，与客户交谈时将心比已，调换角色，尊重他人。

二、商业银行业务人员职业道德

银行员工职业道德修养提升是银行员工培训教育的一项长期而艰巨的任务。银行员工职业道德就是同银行工作人员的职业活动紧密联系的符合银行特点要求的道德准则、道德情操与道德品质的总和，它既是对银行职员在职业活动中行为的要求，同时又是银行业对社会所负的道德责任和义务。

（一）银行员工提升职业道德修养的必要性

职业道德修养是一种职业规范，受社会普遍的认可；职业道德修养是长期以来自然形成的；职业道德修养没有确定形式，通常体现为观念、习惯、信念等；职业道德修养依靠文化、内心信念和习惯，通过员工的自律实现；职业道德修养大多没有实质的约束力和强制力；职业道德修养的主要内容是对员工义务的要求；职业道德修养代表了不同企业可能具有不同的价值观；职业道德修养承载着企业文化和凝聚力，影响深远。

1. 职业道德对于银行职员工作的约束性

银行职业道德是银行人员在工作中的行为规范，对于银行这样的特殊行业，职业道德对员工的工作具有约束性，避免银行人员在工作中因为私利而损坏客户的利益，甚至是银行的形象。

2. 诚实守信是从事金融工作的行业基本要求

为了构建金融行业的良好环境，为了给客户提供优质的服务，有效地提升银行的服务质量，银行人员应该遵循诚实守信的原则，遵守"为人民服务"的服务承诺，最大限度地满足人民群众的金融服务需求。

（二）银行员工应该具备的职业道德修养

1. 爱岗敬业，忠于职守

爱岗敬业是作为职场工作人员的最为基本的要求，也是最基本的工作奉献精神。

爱岗敬业是一个人生存和寻求发展的基础，也是企业长存的基础。所以，银行想要在世界金融业中不断地发展并且壮大，需要每一位工作人员都忠于职守，爱自己的岗位，爱自己的部门，爱自己所在的单位。

2. 遵守法规，依法办事

依法行政是当前和今后一个时期依法治国的重要组成部分，是新时期建设法治社会的中坚力量。作为金融机构，银行职员在推进依法行政，提高依法办事能力方面具有重要的作用。银行的领导干部更需要坚实的思想基础，增强干部法律意识和政策把握能力。通过领导干部不断加强法律知识的学习，不断加强宣传教育力度，全面提高银行工作人员的法律知识水平和依法行政能力。

3. 廉洁奉公，不谋私利

廉洁奉公，不谋私利是银行职业的重要特征，也是衡量会计人员职业道德的基本尺度。银行工作是各方面利益分配的关键，只有在银行工作中坚持原则，不谋私利，一心为公，才能处理好各方面的利益关系。银行工作天天要与“钱”、“物”打交道，如果没有廉洁奉公的品质和良好的职业道德，就可能经不住金钱的诱惑，还可能走上犯罪的道路。因此，银行人员必须以廉洁奉公、不谋私利作为自己的行为准则，敢于抵制揭发各种损公利私的不良行为和不正之风，大胆维护国家的财经纪律及企业的规章制度。

4. 认真服务，耐心服务

认真服务，耐心服务是银行人员职业道德规范的时代要求。随着改革的进一步深化和经济发展的不断加快，银行工作的服务功能日益受到人们的普遍关注。从工作的角度，对投入产出进行可行性论证，积极为领导出谋划策，参与单位工作，统筹兼顾，科学运作，努力提高服务水平、服务质量和服务效率，为改善单位内部管理，提高经济效益服务。

5. 保守秘密，诚实可信

保守秘密，诚实可信是银行工作人员职业道德规范的基本要求。在市场竞争日益残酷的今天，银行人员必须对银行内部信息和商业秘密严格保密，不得外传，这是银行职业道德的基本要求。同时，银行人员还要尽最大的努力，围绕单位经济运行的总体目标，在对外交往和商品交易的过程中切实做到诚实可信，履行承诺。

6. 实事求是，客观公正

实事求是，客观公正是每个银行从业人员应该具备的职业品质。银行是国家经济的重要组成部分，银行工作的首要职能就是对各项工作进行客观公正的服务。而公正的本质则体现为合理性，对一些特殊事项的处理必须坚持公正合理的原则，这不仅是职业道德规范的要求，也是个人品德的体现。因此，银行人员在工作中必须以实事求是的精神和客观公正的态度，完整、准确、如实地工作，不隐瞒歪曲，不弄虚作假。

三、商业银行基本法律制度

银行主要业务法律规定，包括存款业务、贷款业务和其他业务等方面的基本法律规定。

（一）存款业务的法律规定

根据2003年12月27日第十届全国人民代表大会常务委员会第六次会议《关于修改〈中华人民共和国商业银行法〉的决定》中第三章第二十九条商业银行办理个人储蓄存款业务，应当遵循存款自愿、取款自由、存款有息、为存款人保密的原则。对个人储蓄存款，商业银行有权拒绝任何单位或者个人查询、冻结、扣划，但法律另有规定的除外。第三十条对单位存款，商业银行有权拒绝任何单位或者个人查询，但法律、行政法规另有规定的除外；有权拒绝任何单位或者个人冻结、扣划，但法律另有规定的除外。第三十一条商业银行应当按照中国人民银行规定的存款利率的上下限，确定存款利率，并予以公告。第三十二条商业银行应当按照中国人民银行的规定，向中国人民银行交存存款准备金，留足备付金。第三十三条商业银行应当保证存款本金和利息的支付，不得拖延、拒绝支付存款本金和利息。

（二）贷款和其他业务的法律规定

根据2003年12月27日第十届全国人民代表大会常务委员会第六次会议《关于修改〈中华人民共和国商业银行法〉的决定》中第四章第三十四条商业银行根据国民经济和社会发展的需要，在国家产业政策指导下开展贷款业务。第三十五条商业银行贷款，应当对借款人的借款用途、偿还能力、还款方式等情况进行严格审查。商业银行贷款，应当实行审贷分离、分级审批的制度。第三十六条商业银行贷款，借款人应当提供担保。商业银行应当对保证人的偿还能力，抵押物、质物的权属和价值以及实现抵押权、质权的可行性进行严格审查。经商业银行审查、评估，确认借款人资信良好，确能偿还贷款的，可以不提供担保。第三十七条商业银行贷款，应当与借款人订立书面合同。合同应当约定贷款种类、借款用途、金额、利率、还款期限、还款方式、违约责任和双方认为需要约定的其他事项。第三十八条商业银行应当按照中国人民银行规定的贷款利率的上下限，确定贷款利率。第三十九条商业银行贷款，应当遵守下列资产负债比例管理的规定：（一）资本充足率不得低于百分之八；（二）贷款余额与存款余额的比例不得超过百分之七十五；（三）流动性资产余额与流动性负债余额的比例不得低于百分之二十五；（四）对同一借款人的贷款余额与商业银行资本余额的比例不得超过百分之十；（五）国务院银行业监督管理机构对资产负债比例管理的其他规定。本法施行前设立的商业银行，在本法施行后，其资产负债比例不符合前款规定的，应当在一定的期限内符合前款规定。具体办法由国务院规定。第四十条商业银行不得向关系人发放信用贷款；向关系人发放担保贷款的条件不得优于其他借款人同类贷款的条件。前款所称关系人是指：（一）商业银行的董事、监事、管理人员、信贷业务人员及其近亲属；（二）前项所列人员投资或者担任高级管理职务的公司、企业和其他经济组织。第四十一条任何单位和个人不得强令商业银行发放贷款或者提供担保。商业银行有权拒绝任何单位和个人强令要求其发放贷款或者提供担保。第四十二条借款人应当按期归还贷款的本金和利息。借款人到期不归还担保贷款的，商业银行依法享有要求保证人归还贷款本金和利息或者就该担保物优先受偿的权利。商业银行因行使抵押权、质权而取得的不动产或者股权，应当自取得之日起二年内予以处分。借款人到期不归还信用贷款的，应当按照合同约定承担责任。第四十三条商业银行在中华人民共和国境内不得从事信托投资和证券经营业务，不得向非自用不动产投资或者向非银行金融机构和企业投资，但国家另有规定的除外。第四十四条商业银行办理票据承兑、汇兑、委托收款等结算业务，应当按照规定的期限兑现，收付入账，不得压单、压票或者违反规定退票。有关兑现、收付入账期限的规定应当公布。第四十五条商业银行发行金融债券或者到境外借款，应当依照法律、行政法规的规定报经批准。第四十六条同业拆借，应当遵守中国人民银行的规定。禁止利用拆入资金发放固定资产贷款或者用于投资。拆出资金限于交足存款准备金、留足备付金和归还中国人民银行到期贷款之后的闲置资金。拆入资金用于弥补票据结算、联行汇差头寸的不足和解决临时性周转资金的需要。第四十七条商业银行不得违反规定提高或者降低利率以及采用其他不正当手段，吸收存款，发放贷款。第四十八条企业事业单位可以自主选择一家商业银行的营业场所开立一个办理日常转账结算和现金收付的基本账户，不得开立两个以上基本账户。任何单位和个人不得将单位的资金以个人名义开立账户存储。第四十九条商业银行的营业时间应当方便客户，并予以公告。商业银行应当在公告的营业时间内营业，不得擅自停止营业或者缩短营业时间。第五十条商业银行办理业务，提供服务，按照规定收取手续费。收费项目和标准由国务院银行业监督管理机构、中国人民银行根据职责分工，分别会同国务院价格主管部门制定。第五十一条商业银行应当按照国家有关规定保存财务会计报表、业务合同以及其他资料。第五十二条商业银行的工作人员应当遵守法律、行政法规和其他各项业务管理的规定，不得有下列行为：（一）利用职务上的便利，索取、收受贿赂或者违反国家规定收受各种名义的回扣、手续费；（二）利用职务上的便利，贪污、挪用、侵占本行或者客户的资金；（三）违反规定徇私向亲属、朋友发放贷款或者提供担保；（四）在其他经济组织兼职；（五）违反法律、行政法规和业务管理规定的其他行为。第五十三条商业银行的工作人员不得泄露其在任职期间知悉的国家秘密、商业秘密。

第二节 商业银行业务实验基本技能

一、基本的书写技能

银行、单位和个人填写的各种票据和结算凭证是办理支付结算和现金收付的重要依据，直接关系到支付结算的准确、及时和安全。票据和结算凭证是银行、单位和个人凭以记载账务的会计凭证，是记载经济业务和明确经济责任的一种书面证明。因此，填写票据和结算凭证，必须做到标准化、规范化，要素齐全、数字正确、字迹清晰、不错漏、不潦草，防止涂改。

（一）数字书写的基本要求

1. 书写清楚，容易辨认

书写数字时，字迹必须清晰、工整，一目了然。各个数字应有明显的区别，以免混淆。为了使银行核算工作达到迅速、准确，数字书写必须力求流畅、美观和规范。

2. 采用三位分节制

数字的整数部分，采用国际通用的“三位分节制”，从个位向左每3位数用分节号“，”分开。例如12，345，677。

3. 书写规范

阿拉伯数字应一个一个地写，自上而下，先左后右，不要连写；每1个数字都要占1个位置，每个位置代表各种不同的单位。数字所在位置表示的单位，称为“数位”。数位按照个、十、百、千、万的顺序，由小到大，从右到左排列；写数和读数的习惯，都是从大到小，从左到右的。斜度以60度为宜；高度以账表格的二分之一为准。除7和9上低下半格的1/4，下伸次行上半格的1/4之外，其余数字都要靠在底线上。6的竖上伸至上半格的1/4处。0字不要有缺口；从有效数最高位起，以后各格必须写完。

（二）大小写金额书写的基本要求

1. 中文大写金额数字标准：壹、贰、叁、肆、伍、陆、柒、捌、玖、拾、佰、仟、万、亿、元、角、分、零、整（正）。

2. 中文大写金额用正楷或行书书写：如果金额书写中使用繁体字，如億、萬等，也应受理；中文大写金额要紧接着“人民币”字样填写，“人民币”与数字之间不得留有空隙；有关“整”字的用法，数字到元为止的，在元之后，用“整” （或者“正”）字，例如：壹仟陆佰玖拾伍元整；到角、分位的不写“整”，例如：壹仟陆佰玖拾伍元三角柒分；壹拾几的“壹”字，不得遗漏；银行需要填列大写金额的凭证均属重要凭证；凡是重要凭证大小写金额填写错误时不能更改，应另行填制新凭证。

3. 小写金额要位数准确：书写清楚，容易辨认，各个数字应有明显的区别；书写流畅，力求规范。阿拉伯小写金额数字前均应填写小写人民币符号“￥”。阿拉伯小写金额数字中有“0”时，分以下几种情况：

（1）中间有“0”时，中文大写要写“零”。例如：￥1305.60应写为“人民币壹仟叁佰零伍元陆角”。

（2）万位或元位是“0”，或者中间有连续有几个“0”，万位或元位也是“0”，但仟位、角位不是“0”时，中文大写可以写一个“零”，也可以不写“零”。例如：￥1350.14应写为“人民币壹仟叁佰伍拾元零壹角肆分”，或写为“人民币壹仟叁佰伍拾元壹角肆分”。

又例如：￥103000.50应写为“人民币壹拾万零叁仟元伍角”，或写为“人民币壹拾万零叁仟元零伍角”。

（3）角位是“0”而分位不是“0”时，中文大写应写“零”。例如：￥1305.04应写为“人民币壹仟叁佰零伍元零肆分”。

（三）票据日期书写的基本要求

1. 票据的出票日期必须使用中文大写数字来书写。用小写的，银行不予受理。大写日期未按要求规范填写的，银行可受理，但由此造成损失的，由出票人自行承担。

2. 为防止变造票据的出票日期，应按以下要求书写：

（1）月的写法规定：1月、2月前加“零”，如1月，写作“零壹月”。11月、12月前加“壹”，如11月，写作“壹拾壹月”。10月前加“零壹”，写作“零壹拾月”。

（2）日的写法规定：1日至10日、20日、30日前加“零”，如30日，写作“零叁拾日”。11日至19日前加“壹”，如11日，写作“壹拾壹日”。

二、点钞技能

（一）单指单张点钞法

用一个手指一次点一张的方法叫单指单张点钞法。这种方法是点钞中最基本也是最常用的一种方法，使用范围较广，频率较高，适用于收款、付款和整点各种新旧大小钞票。这种点钞方法由于持票面小，能看到票面的四分之三，容易发现假钞票及残破票，缺点是点一张记一个数，比较费力。具体操作方法：

1. 持票

左手横执钞票，下面朝向身体，左手拇指在钞票正面左端约四分之一处，食指与中指在钞票背面与拇指同时捏住钞票，无名指与小指自然弯曲并伸向票前左下方，与中指夹紧钞票，食指伸直，拇指向上移动，按住钞票侧面，将钞票压成瓦形，左手将钞票从桌面上擦过，拇指顺势将钞票向上翻成微开的扇形，同时，右手拇指、食指作点钞准备。

2. 清点

左手持钞并形成瓦形后，右手食指托住钞票背面右上角，用拇指尖逐张向下捻动钞票右上角，捻动幅度要小，不要抬得过高。要轻捻，食指在钞票背面的右端配合拇指捻动，左手拇指按捏钞票不要过紧，要配合右手起自然助推的作用。右手的无名指将捻起的钞票向怀里弹，要注意轻点快弹。

3. 记数

与清点同时进行。在点数速度快的情况下，往往由于记数迟缓而影响点钞的效率，因此记数应该采用分组记数法。把10作1记，即1、2、3、4、5、6、7、8、9、1（即10），1、2、3、4、5、6、7、8、9、2（即20），以此类推，数到1、2、3、4、5、6、7、8、9、10（即100）。采用这种记数法记数既简单又快捷，省力又好记。但记数时机默记，不要念出声，做到脑、眼、手密切配合，既准又快。

（二）单指多张点钞法

点钞时，一指同时点两张或两张以上的方法叫单指多张点钞法。它适用于收款、付款和各种券别的整点工作。点钞时记数简单省力，效率高。但也有缺点，就是在一指捻几张时，由于不能看到中间几张的全部票面，所以假钞和残破票不易发现。

这种点钞法除了记数和清点外，其他均与单指单张点钞法相同。

1. 持票

同单指单张。

2. 清点

清点时，右手食指放在钞票背面右上角，拇指肚放在正面右上角，拇指尖超出票面，用拇指肚先捻钞。单指双张点钞法，拇指肚先捻第一张，拇指尖捻第二张。单指多张点钞法，拇指用力要均衡，捻的幅度不要太大，食指、中指在票后面配合捻动，拇指捻张，无名指向怀里弹。在右手拇指往下捻动的同时，左手拇指稍抬，使票面拱起，从侧边分层错开，便于看清张数，左手拇指往下拨钞票，右手拇指抬起让钞票下落，左手拇指在拨钞的同时下按其余钞票，左右两手拇指一起一落协调动作，如此循环，直至点完。

3. 记数

采用分组记数法。如：点双数，两张为一组记一个数，50 组就是 100 张。

（三）多指多张点钞法

多指多张点钞法是指点钞时用小指、无名指、中指、食指依次捻下一张钞票，一次清点四张钞票的方法，也叫四指四张点钞法。这种点钞法适用于收款、付款和整点工作，这种点钞方法不仅省力、省脑，而且效率高，能够逐张识别假钞票和挑剔残破钞票。

1. 持票

用左手持钞，中指在前，食指、无名指、小指在后，将钞票夹紧，四指同时弯曲将钞票轻压成瓦形，拇指在钞票的右上角外面，将钞票推成小扇面，然后手腕向里转，使钞票的右里角抬起，右手五指准备清点。

2. 清点

右手腕抬起，拇指贴在钞票的右里角，其余四指同时弯曲并拢，从小指开始每指捻动一张钞票，依次下滑四个手指，每一次下滑动作捻下四张钞票，循环操作，直至点完 100 张。

3. 记数

采用分组记数法。每次点四张为一组，记满 25 组为 100 张。

（四）扇面式点钞法

把钞票捻成扇面状进行清点的方法叫扇面式点钞法。这种点钞方法速度快，是手工点钞中效率最高的一种。但它只适合清点新票币，不适于清点新、旧、破混合钞票。

1. 持钞

钞票竖拿，左手拇指在票前下部中间票面约四分之一处。食指、中指在票后同拇指一起捏住钞票，无名指和小指拳向手心。右手拇指在左手拇指的上端，用虎口从右侧卡住钞票成瓦形，食指、中指、无名指、小指均横在钞票背面，做开扇准备。

2. 开扇

开扇是扇面式点钞的一个重要环节，扇面要开得均匀，为点数打好基础，做好准备。其方法是：以左手为轴，右手食指将钞票向胸前左下方压弯，然后再猛向右方闪动，同时右手拇指在票前向左上方推动钞票，食指、中指在票后面用力向右捻动，左手指在钞票原位置向逆时针方向画弧捻动，食指、中指在票后面用力向左上方捻动，右手手指逐步向下移动，至右下角时即可将钞票推成扇面形。如有不均匀地方，可双手持钞抖动，使其均匀。

打扇面时，左右两手一定要配合协调，不要将钞票捏得过紧，如果点钞时采取一按十张的方法，扇面要开小些，便于点清。

3. 点数

左手持扇面，右手中指、无名指、小指托住钞票背面，拇指在钞票右上角 1 厘米处，一次按下五张或十张；按下后用食指压住，拇指继续向前按第二次，以此类推，同时左手应随右手点数速度向内转动扇面，以迎合右手按动，直到点完 100 张为止。

4. 记数

采用分组记数法。一次按 5 张为一组，记满 20 组为 100 张；一次按 10 张为一组，记满 10 组为 100 张。

5. 合扇

清点完毕合扇时，将左手向右倒，右手托住钞票右侧向左合拢，左右手指向中间一起用力，使钞票竖立在桌面上，两手松拢轻墩，把钞票墩齐，准备扎把。

（五）扎钞

点钞完毕后需要对所点钞票进行扎把，通常是 100 张捆扎成一把，分为缠绕式和扭结式两种方法。

1. 缠绕式

临柜收款采用此种方法，需使用牛皮纸腰条。其具体操作方法如下：

（1）将点过的钞票 100 张墩齐。

（2）左手从长的方向拦腰握着钞票，使之成为瓦状（瓦状的幅度影响扎钞的松紧，在捆扎中幅度不能变）。

（3）右手握着腰条头将其从钞票的长的方向夹入钞票的中间（离一端 1/3 至 1/4 处）从凹面开始绕钞票两圈。

（4）在翻到钞票原度转角处将腰条向右折叠 90 度，将腰条头绕捆在钞票的腰条转两圈打结。

（5）整理钞票。

2. 扭结式

考核、比赛采用此种方法，需使用绵纸腰条。其具体操作方法介绍如下：

（1）将点过的钞票 100 张墩齐。

（2）左手握钞，使之成为瓦状。

（3）右手将腰条从钞票凸面放置，将两腰条头绕到凹面，左手食指、拇指分别按住腰条与钞票厚度交界处。

（4）右手拇指、食指夹住其中一端腰条头，中指、无名指夹住另一端腰条头，并合在一起，右手顺时针转 180 度，左手逆时针转 180 度，将拇指和食指夹住的那一头从腰条与钞票之间绕过、打结。

（5）整理钞票。

三、假钞识别技能

（一）人民币的一般防伪措施

钞票纸张是特殊的纸，100 元券面积为 165mm ×77mm，50 元券 160mm ×77mm，10 元券 155mm ×70mm，5 元券 150mm ×70mm，2 元券 145mm ×63mm，1 元券 140mm ×63mm。

1. 纸质

印制人民币的纸张使用的是纤维较长的棉、麻为主的印钞专用纸。其特点是：用料讲究，工艺特殊，预置水印。

2. 水印

水印是制造印钞纸时采用的特殊防伪手段。它是利用纸纤维的不均匀堆积，形成明暗层次不同的图案或图形。人民币的水印有固定部位水印、白水印和满版水印等。固定部位水印是指在钞票上某一固定位置的水印，仰光透视，立体感很强；白水印是一种迎光透视、透光性很强的图案；满版水印指整张钞票上都散布有水印。

3. 制版

人民币的制版，除使用我国传统的手工制版外，还采用了多色套版印制钞票图纹的胶印和凹印接线技术，以及正背面图案高精度对印技术。

4. 油墨

印制人民币使用的是特殊配方油墨。使用这种油墨多次套版印制的人民币，色泽鲜艳，色调协调，层次清晰。在大额人民币上，还采用了无色荧光油墨、磁性油墨、光变油墨面额数字等主动防伪技术。

5. 印刷

人民币印刷采用了较为先进的凹版印刷技术，油墨厚，用手触摸有凹凸感，防伪性能强。

6. 安全线

人民币使用了金属安全线、缩微文字安全线、开窗式安全线等防伪技术。

（二）假人民币的种类

假人民币包括伪造的人民币和变造的人民币两种。

1. 伪造的人民币

伪造的人民币是指仿照人民币的图案、形状、色彩等，采用各种手段制作的假人民币。主要有：机制假币、拓印假币、彩色复印假币和手工描绘或手工刻版印制的假币。

2. 变造的人民币

变造的人民币是指在真币的基础上或以真币为基本材料，通过挖补、剪接、涂改、拼凑、移位、揭层、重印等办法加工处理，使原币改变数量、形态，达到以少变多的目的，实现升值的假货币。主要有：拼凑变造币、揭页变造币等。

（三）真假人民币的辨别方法

识别人民币纸币真伪，通常采用“一看、二摸、三听、四测”的方法。

1. 眼看法

（1）看水印：看钞票的水印是否清晰，有无层次和有无浮雕的效果。

第五套人民币 100 元和 50 元人像水印

第五套人民币 20 元花卉水印

第五套人民币 10 元花卉水印

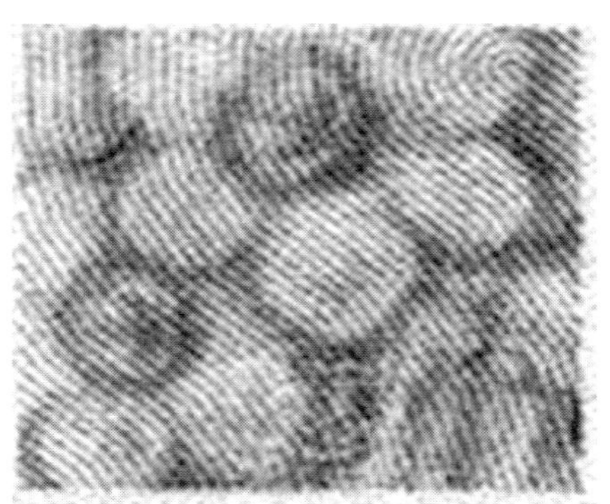

第五套人民币 5 元花卉水印

（2）看安全线：看有无安全线。

100 元安全线

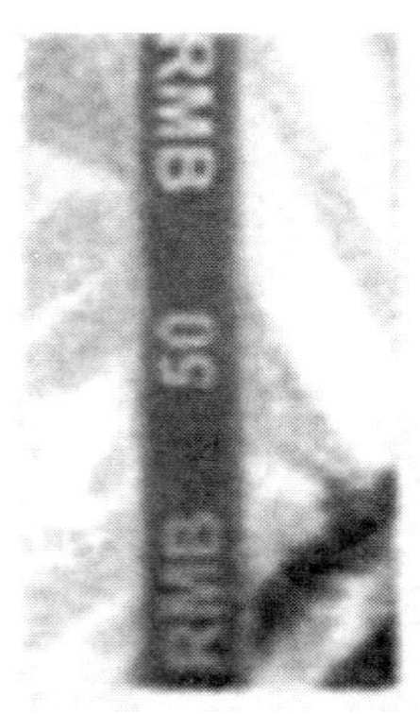

50 元安全线

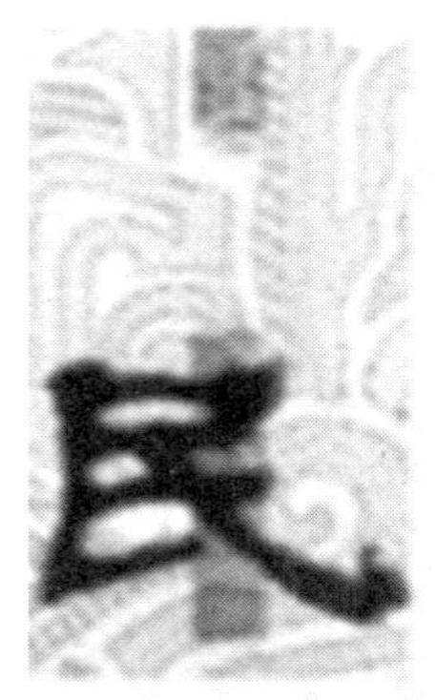

20 元安全线

10 元安全线

5 元安全线

（3）看光变油墨：看采用光变油墨印刷技术的面额数字是否会变色。

100 元光变油墨印刷

50 元光变油墨印刷

（4）看票面图案：看票面图案是否清晰，色彩是否鲜艳，多色接线图文的颜色相接处是否平稳过渡，有无搭接的痕迹，对接图案是否可以对接上。

第五套人民币纸币的阴阳互补对印图案

（5）看凹印部位图案：看凹印部位图案是否均由点线构成。雕刻凹版印刷技术广泛应用于第五套人民币的毛泽东头像、中国人民银行行名、面额数字、盲文标记等处。特点是：图文线条精细、层次丰富、立体感很强，用手触摸有明显的凹凸感。

（6）用放大镜放大看：用 5 倍以上放大镜观察票面，看图案线条、缩微文字是否清晰干净。真币的花纹、线条粗细均匀，图案清晰，色彩鲜艳，颜色协调，层次分明；而假币则线条凌乱，粗细不一，图案色彩层次暗淡不清，水印呆板、失真、模糊、无立体感。

隐形面额数字：第五套人民币的隐形面额数字印在钞票正面的右上方。面对光源，将钞票置于与眼睛接近平行的位置，做 45 度或 90 度旋转，可以看到。

胶印缩微文字：第五套人民币的 5 种纸币都含有胶印缩微文字，它们分别位于 100 元、50 元、10 元和 5 元券的正上方，20 元券的正面右侧和下方以及背面图案中。

第五套人民币 100 元微缩文字

第五套人民币 50 元微缩文字

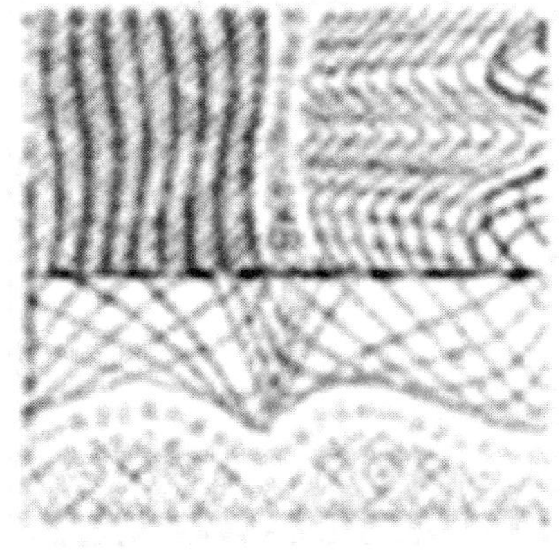

第五套人民币 20 元微缩文字

第五套人民币 10 元微缩文字

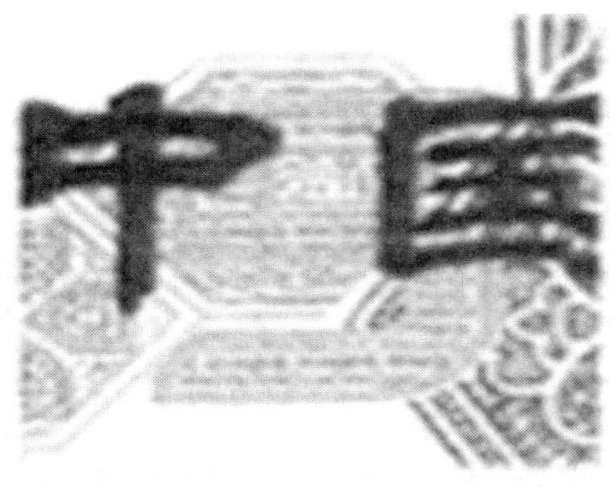

第五套人民币 5 元微缩文字

硬币：第五套人民币的硬币包括 1 元、5 角、1 角三种。正面铸有“中国人民银行”、面额数字的中文和拼音字母以及发行年号。背面为“中国人民银行”的拼音字母及花卉图案。

2. 手摸法

（1）摸是否有凹凸感：摸人像、盲文点、中国人民银行行名等处是否有凹凸感。第五套人民币纸币各券别正面主景均为毛泽东头像，采用手工雕刻凹版印刷工艺，形象逼真、传神，凹凸感强，易于识别。

手工雕刻头像

（2）摸纸币质量：摸纸币是否薄厚适中，挺括度好。一是触摸票面上凹印部位的线条是否有凹凸的感觉，如摸人像、盲文点、中国人民银行行名等处；二是触摸感觉纸质厚薄及挺括程度。真币纸张坚挺，厚薄适中，在特定部位有凹凸感；而假币一般纸质薄，挺括程度差，表面光滑无凹凸感。

3. 耳听法

真币的纸张，具有挺括、耐折、不易撕裂的特点。手持钞票用力抖动、手指轻弹或两手一张一弛轻轻对称拉动，能听到清脆响亮的声音；而假币由于制造设备落后，印刷的光洁度、挺拔度都不如真币好，因此声音比较沉闷。

4. 检测法

借助一些简单的工具和专用的仪器来分辨人民币真伪。

（1）放大镜：借助放大镜观察票面线条清晰度、胶、凹印缩微文字等来鉴别人民币真伪。一般通过 5 ~ 20 倍的放大镜就可以鉴别。真币底纹线清晰、连续；假币底纹线模糊、间断。

（2）紫外灯：用紫外灯光照射票面来鉴别人民币真伪。利用紫外光照射，可以观察钞票纸张和油墨的荧光反映。真币无荧光反映，假币有荧光反映。

（3）磁性检测仪：用磁性检测仪来鉴别人民币真伪。主要通过在磁性触头上擦拭钞票特定部位（黑色横号码）有无磁感应来鉴别人民币真伪。真币有磁性油墨，有反应；假币无磁性油墨，无反应。

（4）防伪点钞机：用防伪点钞机来鉴别人民币真伪。主要是将紫外光照射等技术运用于点钞机。在机器点钞的运行过程中，如出现假币则机器会自动停机并报警。

（四）反假工作

操作员在办理收付现金业务过程中，识别假币采用手工识别为主，机器识别为辅的方式。操作员发行假币均应没收。已没收的假币应由专人入金库或保险柜妥善保管，并登记“假币没收登记簿”。

收缴假币的具体操作：①开具凭证；②保管；③进一步鉴定。

四、百张传票翻打技能

（一）翻打百张传票比赛中的传票样式

比赛用传票一般由各家银行自行印制。顾名思义，比赛用传票每本 100 页，每页上有一笔数字金额，最多 7 位数，最少 4 位数，0 ~ 9 字码均衡出现。每页上有表示传票页数的阿拉伯数字。

（二）翻打百张传票比赛的规则

翻打百张传票比赛是通过计算比赛人员打完 100 张传票的所用时间来确定比赛结果的。比赛名次依照所用时间由短到长确定。

（三）翻打百张传票的操作过程

翻打百张传票，无论是使用珠算还是使用计算器、计算机数字键盘来进行，其技术要领均基本相同。都是通过左手翻页、眼睛看数、右手操作计算工具三个动作同时进行来完成的。

1. 珠算翻打百张传票

（1）整理传票。翻打前将传票整理成扇面形状。操作方法是：左手拇指放在传票的左上方，其余四指放在传票背面左下方；右手拇指放在传票的右上方，其余四指放在传票背面右下方；然后用右手捏住传票，并将传票右上角以右手大拇指为轴向怀内翻卷，翻卷后左手随即捏紧，右手放开。重复上述动作，直到把传票捻成幅宽适当、票页均匀的扇形。然后用夹子将传票的左上角夹住，使扇形固定。整理好的传票，封底向上突出，封面向下突出，便于翻页。注意扇面不宜过大。此操作可以加快翻传票的速度和避免翻重页的现象出现。

（2）翻打。左手拇指点翻传票的右下角，上翻之后由食指挡住传票；右手要同时在电脑小键盘（或算盘上）敲入相应的金额。在打第一张传票上的数字的时候，第一张传票已经捻在手里了，一打完，立即翻掉，这样能加快速度。比赛中传票翻页一般使用一次一页翻的方法进行翻打。操作方法为：传票捏成扇形后，左手的小指、无名指自然弯曲压在传票的左下方，其余三指自然伸开做好翻页的准备。翻打起始页时，应先用大拇指的指腹部分掀起传票的边刃，当右手将起始页有关数据拨入算盘还剩下两个数码时，左手大拇指将传票掀起交给食指与中指夹住，大拇指继续翻起下页传票。这样，左手拇指将传票一页一页地翻，右手将每页传票的有关数据拨入算盘。翻打百张传票时，必须做到翻页和一边看数一边拨珠运算协调进行，只有做到眼、脑、手紧密配合，整个运算过程做到翻页、看数、拨珠穿插进行，不停顿地连续下去，才能提高运算的速度。

2. 计算器、计算机翻打百张传票

计算器与计算机翻打百张传票的操作过程与珠算翻打百张传票的过程基本相同。需要说明的是：珠算翻打百张传票是在本页数据拨入算盘还剩下两个数码时，翻起本页夹住，然后继续翻起下一页；而计算器、计算机翻打百张传票是在输入本页数据末二位时，默记末位数，然后翻起本页夹住，再接着翻下一页。

五、基本柜面英语

储蓄柜面常用英语 100 句：

1. Good morning（Good afternoon）！早上好（下午好）！
2. Please！请！
3. Hello！您好！
4. Welcome！欢迎！
5. Welcome to deposit in ICBC. 欢迎您到工商银行储蓄。
6. Welcome to use Peony Credit Card. 欢迎您使用牡丹卡。
7. Welcome to use ATM. 欢迎您使用自动取款机。
8. Sorry. 对不起。
9. Please line up. 请排好队。

10. Please wait a moment. 请稍等。

11. Thank you! 谢谢!

12. We'll glad to receive any suggestions to help us improve our service. 请多提宝贵意见。

13. Goodbye! 再见!

14. Don't mention it (Not at all). 别客气。

15. Hope to see you again. 欢迎您再次光临。

16. Demand (current) deposit 活期储蓄

17. Demand (current) bankbook 活期存折

18. Rate for current deposit 活期利率

19. Time (fixed) deposit 定期储蓄

20. Interest Rate for fixed deposit 定期存款利率

21. Certificates of deposit 定期存单

22. Flexible maturity deposit 定活两便储蓄

23. Transferable certificate of large amount time deposit 大额定期存单

24. Withdrawal form 取款凭条

25. The exchange rate for U. S. dollars 美元汇率

26. Termination of a deposit 存款到期

27. Date due 到期日

28. Automatic teller machine (ATM) 自动取款机

29. The detailed list of interest 利息清单

30. Peony Credit Card 牡丹卡

31. Exchange U. S. dollars for Renminbi 美元兑换人民币

32. What can I do for you? 请问我能为您做点什么?

33. May I help you? 您需要我为您提供什么服务?

34. We are open for business form 8:00 a. m. to 6:00 p. m. with no break at noon. 我们的营业时间是上午8点至下午6点,中午不休息。

35. We are open for business all week including Saturday and Sunday. 我们星期六、星期日照常营业。

36. I'd like to deposit (withdraw). 我想存款(取款)。

37. Which type of deposit do you prefer, time deposit or current deposit? 您存定期还是活期?

38. I prefer time deposit (current deposit). 我想存定期(活期)。

39. Is it your first time to deposit here? I am going to open an account for you. 您是第一次来这里存款吗?我给您开一个新的账户。

40. How long would you like to deposit for? 定期几年?

41. Pardon, I do not understand, Could you give me more details. 我不太明白,请您介绍一下。

42. OK. The term of fixed deposit ranges form three month to five years, including three months, six months, one year, two years, three years and five years. The longer the term the higher the interest rate. 定期储蓄分六个档次，存期有 3 个月、6 个月、1 年、2 年、3 年、5 年，存期越长利率越高。

43. Pardon. 请您再说一遍。

44. Could you fill in this slip in ink please. 请您填写这张凭条，用钢笔填写。

45. You have made a mistake here, Please fill it in again. 这儿填错了，请再填一张。

46. Opening an account is free of charge, but you have to deposit 10 Yuan as your initial deposit. 开户不需要手续费，但您得先存 10 元作起存额。

47. The current deposit can be withdrawn at any ICBC savings office in this city, It's convenient for you. 我行办理的活期存款同城同兑，方便灵活，欢迎存储。

48. We also have flexible maturity deposit. The interest rate is sixty percent of the interest rate for the time deposit. 我行还开办定活两便储蓄，利率按定期同档利率的 6 折计息。

49. Excuse me, how much do you want to withdraw? 请问您取多少钱?

50. Please use Arabic figures. 请用阿拉伯数字填写。

51. Please fill in your address here. 请您在此处填写地址。

52. Please enter your code number. 请输入您的密码。

53. There is something wrong, Please enter your code number again. 您的密码有误，请再输入一次。

54. You've made a mistake in counting. Do it again please. 您的款项有误，请再点一遍。

55. Please wait a minute . I will calculate it again. 请稍候，我再计算一遍。

56. Please keep the chip. 请拿好号码。

57. Here are your money and deposit book. 这是您的存折，请收好。

58. Please hand back your chip. 请交回号码。

59. Please count the cash (your money). 请点一下现金。

60. Here is your book (certificate). 请收好您的存折。

61. Please wait a moment , I will do it for you as soon as possible. 请稍候，我尽快办理。

62. The computer isn't working now. Please go to another savings office or come again tomorrow. 对不起，机器坏了，请到别的储蓄所办理或明天再来。

63. Please wait a moment, we are checking it. 请稍候，机器线路出了故障，正在排除。

64. Sorry, since there is no power, we can only serve you manually. 对不起，现在停电，我可以用手工为您办理。

65. Sorry for keeping you waiting. 很抱歉，让您久等了。

66. I'm sorry you had to come several times. 很抱歉，让您跑了好几趟。

67. Everything is in order. 一切都办妥了。

68. I have lost my bankbook, what should I do? 我的存折（单）丢失了，怎么办?

69. You can report the loss of the bankbook. 您可以办理挂失。

70. Do you remember the account name and number, maturity, amount and code number. 请您提供有关情况，如户名、账号、存期、金额、密码等。

71. Please show your I. D card. 请出示您的身份证件。

72. My name is Jenny Lee, but I don't remember anything the details. 我的名字叫珍妮·李，别的都不记得了。

73. Please try to remember the details. 别着急，再仔细想想。

74. It's for the safety of your deposit. 这样做主要是为了您的存款安全。

75. Would you please leave your telephone number. 请留下您的电话号码。

76. Please bring this application form to collect new bankbook or money in 7 days. 七天后请您持挂失申请书来补领存折（存单），也可以提取现金。

77. I can reissue a new bankbook for you, but we must deduct ten Yuan handling charges. 我再为您补办一个新存折，您需要交 10 元手续费。

78. I am going to apply for a Peony Credit Card. 我想办一张牡丹卡。

79. You can apply for it in the ICBC Peony Credit Card Department. The address is Beijing Road NO. 8. 请到工商银行信用卡营业部办理，地址是北京大街 8 号。

80. Please wait a moment. The amount you are withdrawing exceeds one thousand Yuan, so I have to ask authorization form the credit card issuing center. 用牡丹卡提款，金额超过 1 000 元需要电话授权，请您稍候。

81. Sorry, you have to exchange your money at the foreign exchange counter. 对不起，兑换外币请带外币兑换台。

82. Please go to counter NO. 2. It's over there. 请到 2 号柜台办理，在那边。

83. How much do you want to change? 您需要换多少钱?

84. Please fill out the exchange form. 请填写兑换单。

85. Please sign your name on the exchange form. 请在兑换单上签名。

86. What currency do you have? 您手持什么币种?

87. We don't change German marks her at present. 我所不兑换马克。

88. We can change only three currencies U. S. dollars, Japanese Yen and H. K. dollars. 我所只能兑换美元、日元、港币。

89. What is the exchange rate today? 今天的外汇牌价是多少?

90. The exchange rate is 832RMB for 100 U. S. dollars. 今天的美元汇率是 100 美元兑 832 元人民币。

91. I'm sorry I have no small change. 对不起，现在没有零钱。

92. You can convert the unused RMB back into foreign currency. 您可以把没有用完的人民币兑换成外币。

93. You'll receive the money in a moment. 请等一会，您就能拿到钱。

94. Sorry, we don't handle drafts and telegraphic transfers. 对不起，我所不办理汇兑业务。

95. Sorry, we handle savings deposit business only. 对不起，我所只办理储蓄业务。

96. Please go to the international Department of ICBC Beijing Branch. 请到工商银行北京分行国际业务部办理此项业务。

97. Sorry, these two one hundred dollar bills are counterfeit. 对不起，这两张百元美钞是伪造的。

98. According to our regulations and international practice, forged notes must be confiscated so we can't return them to you. 按我国的规定和国际惯例，假币应予没收，请您合作。

99. We may issue you a confiscation receipt. 我们给您开一张没收单据。

100. We have safe custody service and can keep precious metals such as gold and silver, and securities for you. 我们开办了代保管业务，能为您保管金银等贵重物品及有价证券。

六、利息计算技能

（一）利息计算的基本规定

（1）各种计息存、贷款，均在规定的结息日期结息，按季收取利息的以3、6、9、12月的20日为结息日，按年收息的均以12月20日为结息日。储蓄存款每年6月30日结息。不论闰年、平年，不分月大、月小，全年按360天，每月均按30天计算；对年、对月、对日计算，各种定期存款的到期日均以对年、对月、对日为准。即自存入日至次年同月同日为一对年，存入日至下月同一日为对月；定期储蓄到期日，如遇例假不办公，可以提前一日支取，视同到期计算利息，手续同提前支取办理。

（2）利息收、付，除对个人的存、贷款利息可以收付现金外，对企业单位的存、贷款利息，一般采用转账方式结息。

（3）计息本金以元为起点，元以下不计利息。利息算至分位，分以下四舍五入。

（4）存、贷款利息计息天数算头不算尾。即从存入、贷出的当日算至取出、归还日的前一日止。中间的节假日照计利息。如活期存款利息从存入的当天一直计算到支取日的前一天为止。如3月20日存入，3月26日支取，利息从3月20日算至3月25日止，存期为5天。当天存当天取无利息。

（5）所有存款应按月（季）预提应付利息，实际支付的存款利息全部从预提的应付利息中列支。定期存款及定期储蓄存款到期清户时结计利息。一年以上定期存款、定期储蓄存款以及金融债券的利息，在季度末按季平均余额实行预提。定期存款和定期储蓄存款到期清户时结计利息。

（6）分段计息。凡规定利率调整后需分段计息的，必须按统一规定的利率和调整时间分段计算然后加总合计。结清账户时，应随时结清利息。活期存款按取款日利率计息。定期存款自动转存的，每转存一次，均按转存日的利率计算下一个存期的利息。

分段计息时，各段利息计至厘位，合计利息计至分位，分以下四舍五入。

（7）对利率换算和利息计算的规定，金融机构可根据业务特点和经营管理要求自主选择具体方式，制定计结息规则和存贷款业务的计息方法，报人民银行备案并告知客户。人民币业务的利率换算公式为：日利率（‱）=年利率（%）/360，月利率（‰）=年利率（%）/12。

（二）利息计算的基本方法

1．单利计算

单利的计算仅在原有本金上计算利息，对本金所产生的利息不再计息。计算利息有三个基本要素：本金、利率和时期。

计算公式：利息=本金×利率×存（贷）款期限

2．复利计算

复利的计算是对本金及其产生的利息一并计算，利上有利。复利计算的特点是：把上期末的本利和作为下一期的本金，在计算时每一期本金的数额是不同的。

计算公式：

（1）本利和=本金×（1+利率）$^{存（贷）款期限}$

（2）利息=本利和－本金

3．积数计息法

积数计息法按实际天数每日累计账户余额，以累计积数乘以日利率计算利息。积数又称日积数，它是存（贷）款账户每一个日数与相应的上次余额的乘积。存（贷）款账户一定时期内所有积数的和称为累计积数，它实际上是一定时期内存（贷）款账户每天账面余额的累计数。日数是指存（贷）款账户每相邻两次余额变动日期之间的实际天数，从上次余额变动之日算起，到本次余额变动前一天止，即“算头不算尾”。

计息公式为：利息=累计计息积数×日利率

其中，累计计息积数等于每日余额合计数。

4．逐笔计息法

逐笔计息法按预先确定的计息公式逐笔计算利息。

（1）计息期为整年（月）的，计息公式为：利息=本金×年（月）数×年（月）利率。

（2）计息期有整年（月）又有零头天数的，计息公式为：利息=本金×年（月）数×年（月）利率+本金×零头天数×日利率。同时，银行可选择将计息期全部化为实际天数计算利息，即每年为365天（闰年366天），每月为当月公历实际天数，计息公式为：利息=本金×实际天数×日利率。

（三）存款利息计算的有关规定及计算方法

1．存款利息计算的有关规定

（1）存款的计息起点为元，元以下角、分不计利息。利息金额算至分位，分以下尾数四舍五入。除活期储蓄在年度结息时并入本金外，各种储蓄存款不论存期多长，一律不计复息。

（2）到期支取：按开户日挂牌公告的整存整取定期储蓄存款利率计付利息。

（3）提前支取：按支取日挂牌公告的活期储蓄存款利率计付利息。部分提前支取的，提前支取的部分按支取日挂牌公告的活期储蓄存款利率计付利息，其余部分到期时按开户日挂牌公告的整存整取定期储蓄存款利率计付利息，部分提前支取以一次为限。

（4）逾期支取：自到期日起按存单的原定存期自动转期。在自动转期后，存单再存满一个存期（按存单的原定存期），到期时按原存单到期日挂牌公告的整存整取定期储蓄存款利率计付利息；如果未再存满一个存期支取存款，此时将按支取日挂牌公告的活期储蓄存款利率计付利息。

（5）定期储蓄存款在存期内如遇利率调整，仍按存单开户日挂牌公告的相应定期储蓄存款利率计算利息。

（6）活期储蓄存款在存入期间遇有利率调整，按结息日挂牌公告的活期储蓄存款利率计算利息。

（7）大额可转让定期存款：到期时按开户日挂牌公告的大额可转让定期存款利率计付利息。不办理提前支取，不计逾期息。

2. 具体计算方法

（1）企业存款利息的计算

对企业的定期存款到期提取时，满年的按年计算，满月的按月计算，直接以本金乘利率（年或月利率），再乘相应期数（年数或月数）计算利息；到期不取或不办转期的，超期时间段属于企业存款的按活期存款利率计息。

计算公式：按年的应计利息 = 存款余额 × 年利率 × 年数

按月的应计利息 = 存款余额 × 月利率 × 月数

对企业的活期存款，采用按季结息办法，计息的主要依据是“积数”和“利率”。按季结息的利息一般按月利率计息；按年结息的利息一般按年利率计息，则应将日积数换算成月积数或月利率换算成日利率。其余照此类推。

按季计息的，（累计积数 ÷ 30）× 月利率 = 应计利息或累计积数 ×（月利率 ÷ 30）= 应计利息

按年计息的，（累计积数 ÷ 360）× 年利率 = 应计利息或累计积数 ×（年利率 ÷ 360）= 应计利息

（2）个人存款利息的计算

活期储蓄利息的计算。活期储蓄存款在办理存取业务时，应逐笔在账页上结出利息余额，在储户清户时一次计付利息。活期储蓄（存折）存款每年结息一次（每年 6 月 30 日为结息日）。结息时可把“元”以上利息并入本金，“元”以下角分部分转入下年利息余额内。活期储蓄存款在存入期间遇有利率调整，按结息日挂牌公告的活期储蓄存款利率计算利息。全部支取活期储蓄存款，按清户日挂牌公告的活期储蓄存款利率计付利息。计算活期储蓄利息时，每年结息一次，7 月 1 日利息并入本金起息。

未到结息日前清户者，按支取日挂牌公告的活期储蓄存款利率计付利息，利息算到结清前一天为止。在本金、利率确定的前提下，要计算利息需要知道确切的存期。在现实生活中，储户的实际存期很多不是整年整月的，一般都带有零头天数，这里介绍一种简便易行的方法，可以迅速准确地算出存期，即采用以支取日的年、月、日分别减去存入日的年、月、日，其差数为实存天数。

活期储蓄的利息计算公式。活期储蓄的本金和存期经常变动，因而，活期储蓄利息的计算比较复杂。但只要掌握一定方法，所有的计算问题也就迎刃而解了。活期储蓄的利息 = ∑(积数 × 日利率) = ∑(每日变动的存款余额 × 实存天数 × 日利率)。

例如：1998 年 6 月 20 日（支取日）-1995 年 3 月 11 日（存入日）= 3 年 3 月 9 日，按储蓄计息对存期天数的规定，换算天数为：3 ×360（天）+3 ×30（天）+9。如果发生日不够减时，可以支取“月”减去“1”化为 30 天加在支取日上，再各自相减，其余类推。这种方法既适合用于存款时间都是当年的，也适用于存取时间跨年度的，很有实用价值。

整存整取定期储蓄利息的计算。定期储蓄存款的到期日以对年对月对日为准，如到期日为该月所没有的，以月底日为到期日。31 日支取 30 日到期的存款不算过期，30 日支取 31 日到期的存款，不算提前支取，但要验看储蓄证件。定期储蓄存款在存期内遇有利率调整，按存单开户日挂牌公告的相应的定期储蓄存款利率计付利息。定期储蓄存款提前支取，按支取日挂牌公告的活期储蓄存款利率计付利息，部分提前支取的，按活期计付利息，其余部分到期时按原定利率计息。逾期支取的定期储蓄存款，其超过原定存期的部分，除约定转存的外，按支取日挂牌公告的活期储蓄存款利率计息。

整存整取定期储蓄的利息计算公式。整存整取利息的计算分为三种情况，即到期支取，过期支取和提前支取。

到期支取的计算公式：利息 = 本金 × 利息率 × 存期

例如：某人存 1 000 元，存期 3 年，存入日 3 年期的定期存款年利 14%，那么利息应为：1 000 ×3 ×14% =420（元）

到期日支付规定利息，到期日以后部分按活期利率付息。

例如：某人存入 1 000 元，存期为 3 年期，存入日 3 年定期存款的利率为 14%，过期后 60 天支取，活期储率月利率 1.8‰，那么支取日计息为：1 000 ×3 ×14% +1 000 ×60 ×1.8‰ ÷30 =420 +3.6 =423.6（元）。

提前支取按活期储蓄利率计算。

例如：某人存入 1 000 元，存期是 3 年整，存入日 3 年定期存款的利率亦是 14%，而该人在存入 2 年后想提取，提取当时银行挂牌公告的活期利率为 8%，那么支取日计息应为：1 000 ×2 ×8% =160（元）。

零存整取储蓄利息的计算。零存整取是普通居民较普遍采用的方法。计算零存整取的储蓄利息到期时以实存金额按开户日挂牌公告的零存整取定期储蓄存款利率计付利息。逾期支取时其逾期部分按支取日挂牌公告的活期储蓄存款利率计付利息。

零存整取的余额是逐日递增的，因而我们不能简单地采用整存整取的计算利息的方式，只能用单利年金方式计算，公式如下：$SN = A(1+R) + A(1+2R) + \cdots + A(1+NR) = NA + 1/2\ N(N+1)AR$，其中，A 表示每期存入的本金，SN 是 N 期后的本利和，又可称为单利年金终值。上式中，NA 是所储蓄的本金的总额，$1/2\ N(N+1)\ AR$ 是所获得的利息的总数额。通常，零存整取是每月存入一次，且存入金额每次都相同，因此，为了方便起见，我们将存期化为常数：如果存期是 1 年，那么 $D = 1/2\ N(N+1) = 1/2 \times 12 \times (12+1) = 78$，同样，如果存期为 2 年，则常数由上式可算出 D = 300，如果存期为 3 年，则常数为 D = 666。这样算来，就有：$1/2\ N(N+1)AR = DAR$，即零存整取利息。

例如：某位储户每月存入 100 元。存期为 1 年，存入月利率为 8‰，则期满月利息为：100 × 78 × 0.008 = 62.4（元），又如储户逾期支取，那么，到期时的余额在过期天数的利息按活期的利率来计算利息。

零存整取有另外一种计算利息的方法，就是定额计息法。所谓定额计息法，就是将用积数法计算出每元的利息化为定额息，再以每元的定额息乘以到期结存余额，就得到利息额。每元定额息 $= 1/2\ N(N+1)NAR \div NA = 1/2(N+1)R$，如果，一年期的零存整取的月息为 8‰。那么，我们可以计算出每天定额息为：1/2 × (12 + 1) × 8‰ = 0.052。如果此储户每月存入 100 元，此到期余额为：100 × 12 = 1 200（元），则利息为：1 200 × 0.052 = 62.4（元）

零存整取定期储蓄计息方法有几种，一般家庭宜采用月积数计息方法。其公式是：利息 = 月存金额 × 累计月积数 × 月利率，其中：累计月积数 =（存入次数 +1）÷ 2 × 存入次数。据此推算一年期的累计月积数为（12 + 1）÷ 2 × 12 = 78，以此类推，3 年期、5 年期的累计月积数分别为 666 和 1 830。储户只需记住这几个常数就可按公式计算出零存整取储蓄利息。

例如：某储户 1997 年 3 月 1 日 开立零存整取户，约定每月存入 100 元，定期 1 年，开户日该储种利率为月息 4.5‰，按月存入至期满，其应获利息为：应获利息 = 100 × 78 × 4.5‰ = 35.1（元）。

存本取息储蓄利息的计算。存本取息的利息计算公式与整存整取的计算公式相同，只是为了弥补提前分期取息给银行造成的贴息损失，该种储蓄所订的利率要低于整存整取的储蓄利率。每期支取利息 = 本金 × 取息期 × 利息率。

计算存本取息的储蓄利息储户于开户的次月起每月凭存折取息一次，以开户日为每月取息日。储户如有急需可向开户银行办理提前支取本金（不办理部分提前支取），按支取日挂牌公告的活期储蓄存款利率计付利息，并扣回每月已支取的利息。逾期支取时其逾期部分按支取日挂牌公告的活期储蓄存款利率计付利息。该储种利息计算方法与整存整取定期储蓄相同，在算出利息总额后，再按约定的支取利息次数平均分配。

例如：某储户 1997 年 7 月 1 日 存入 10 000 元存本取息储蓄，定期 3 年，利率年息 7.47%，约定每月取息一次，计算利息总额和每次支取利息额为：利息总额 = 10 000 × 3 × 7.47% = 2 241（元）。每次支取利息 = 2 241 ÷ 36 = 62.25（元）。

例如：某储户存入 10 000 元整，存期为 3 年，存入当日的月利率为 9.45‰，每 3

个月支取一次利息，则此储户每次支取利息的金额为：10 000×3×9.45‰=283.5（元）。

如存本取息的储蓄要提前支取，那么银行将对已经分期支付的利息采用如数扣回，再按活期利率的标准计算利息来交付本利。如上例中，如果已经付了4次利息时，储户欲提前支取，而活期利率为月息1.8‰。实际的存期为12月，则储户可支取：10 000+10 000×12×1.8‰-283.5×4=9 082（元），另一方面，储户如果逾期支取，那么逾期的时间内应按活期利率计算利息一并支付给储户。

定活两便储蓄利息的计算。定活两便储蓄具有定期或活期储蓄的双重性质。存期3个月以内的按活期计算，3个月以上的按同档次整存整取定期存款利率的六折计算。存期在1年以上（含1年），无论存期多长，整个存期一律按支取日定期整存整取1年期存款利率打六折计息。其公式：利息 = 本金×存期×利率×60%。因定活两便储蓄不固定存期，支取时极有可能出现零头天数，出现这种情况，适用于日利率来计算利息。

例如：某储户1998年2月1日存入定活两便储蓄1 000元，1998年6月21日支取，应获利息多少元？

先算出这笔存款的实际存期为140天，应按支取日定期整存整取3个月利率（年息2.88%）打6折计算。应获利息 =1 000元 ×140天 ×0.8%（日利率）×60% = 6.72（元）。

（四）贷款利息计算的有关规定及计算方法

贷款利息是指贷款人因为发出货币资金而从借款人手中获得的报酬，也是借款人使用资金必须支付的代价。决定贷款利息的三大因素：贷款金额、贷款期限、贷款利率。贷款利息=贷款金额×贷款利率×贷款期限=贷款金额×天数×日利率=贷款金额×月数×月利率=贷款金额×年数×年利率。

1. 单利计算

单利的计算仅在原有本金上计算利息，对本金所产生的利息不再计息。计算利息有三个基本要素：本金、利率和时期。

（1）利率的确定：依照合同约定的利率计算；未约定利息或约定不明或约定的利率违反了法律规定或中国人民银行的有关规定的，依据中国人民银行的有关规定确定利率，通常取央行的基准利率。关于合同期限内贷款利率的调整问题，由借贷双方按商业原则确定，可在合同期间按月、按季、按年调整，也可采用固定利率的确定方式。5年期以上档次贷款利率，由金融机构参照人民银行公布的5年期以上贷款利率自主确定。

（2）计算公式：

利息=本金×利率×贷款期限

2. 复利计算

这里的复利是指合同期限内对逾期利息加收的利息。复利的计算是对本金及其产生的利息一并计算，利上有利。复利计算的特点是：把上期末的本利和作为下一期的本金，在计算时每一期本金的数额是不同的。

（1）利率的确定：按照人民银行公布的罚息利率计收复利（1999年《人民币利率

管理规定》确定的复利利率与合同利率相同，银发【2003】251号《中国人民银行关于人民币贷款利率有关问题的通知》改为适用罚息利率）。

（2）计算公式：

（本期）复利 =（上期结余）利息×（罚息）利率×贷款期限

（本期）总利息 =（本期）复利 +（本期）单利×（本金×合同利率×贷款期限）

3. 积数计息法

积数计息法按实际天数每日累计账户余额，以累计积数乘以日利率计算利息。

计算公式为：利息 = 累计计息积数×年利率÷360

其中，累计计息积数 = 计息期内每日余额合计数

采用按季结息办法，计息的主要依据是“积数”和“利率”。按季结息的利息一般按月利率计息；按年结息的利息一般按年利率计息，则应将日积数换算成月积数或月利率换算成日利率。

（1）按季计息的：

（累计积数÷30）×月利率 = 应计利息，或累计积数×（月利率÷30）= 应计利息

（2）按年计息的：

（累计积数÷360）×年利率 = 应计利息，或累计积数×（年利率÷360）= 应计利息

4. 逐笔计息法

（1）到期还款与提前还款的计息

计息时间的计算，采用对年、对月、对日方法，1年360天，1月30天，零头天数按实际天数计算。

例如：某单位于2010年12月20从银行贷款100万元，期限为半年，利率为5.58%，该单位于2011年5月23日提前归还50万元，剩余50万于到期日归还，则：

5月23日归还50万元的利息 = 500 000×153×5.58%÷12÷30 = 11 857.5（元）

6月20日归还50万元的利息 = 500 000×6×5.58%÷12 = 13 950（元）

（2）逾期贷款的计息

如果贷款逾期，客户未办理展期手续，或经借款方申请展期，但无正当理由，银行信贷部门未同意展期的，则预期部分应按规定加收利息。如果贷款央行2003年12月10日发布的《中国人民银行关于人民币贷款利率有关问题的通知》规定：逾期贷款（借款人未按合同约定日期还款的借款）罚息利率由现行按日万分之二点一计收利息，改为在借款合同载明的贷款利率水平上加收30%～50%；借款人未按合同约定用途使用借款的罚息利率，由现行按日5‰计收利息，改为在借款合同载明的贷款利率水平上加收50%～100%。对逾期或未按合同约定用途使用借款的贷款，从逾期或未按合同约定用途使用贷款之日起，按罚息利率计收利息，直至清偿本息为止。对不能按时支付的利息，按罚息利率计收复利。

例如：某单位于2010年12月1日从银行贷款40万元，期限为1年，利率为5.58%。该单位于2011年12月1日贷款到期却无法偿还，银行将该笔贷款转为逾期贷

款。若该单位直到 12 月 28 日才归还全部，则利息计算如下：

到期利息 =400 000 ×5. 58% ×6 ÷12 =11 160 （元）

逾期利息 =400 000 ×27 ×(5. 58% +5. 58% ×30%) ÷12 ÷30 =2 176. 2 （元）

（五）票据贴现的计息

贴现息 = 票面金额 × 贴现期 × 贴现率

实付金额 = 票面金额 - 贴现息

例如：某客户于 2010 年 10 月 18 日持一张面额为 100 万元的银行承兑汇票来银行申请贴现，经信贷部门审查同意办理，贴现率为 5. 08%，该票据到期日是 2010 年 12 月 15 日。

贴现息 = 票面金额 × 贴现期 × 贴现率 =1 000 000 ×57 ×5. 08% ÷12 ÷30 =8 043. 3(元)

第三章　商业银行业务实验准备

银行柜员在做商业银行业务实验前，一定要熟悉每日的业务操作流程。总的来说，每天的业务操作流程包括日初的工前准备操作流程、日间业务操作流程和日终业务操作流程三个组成部分。

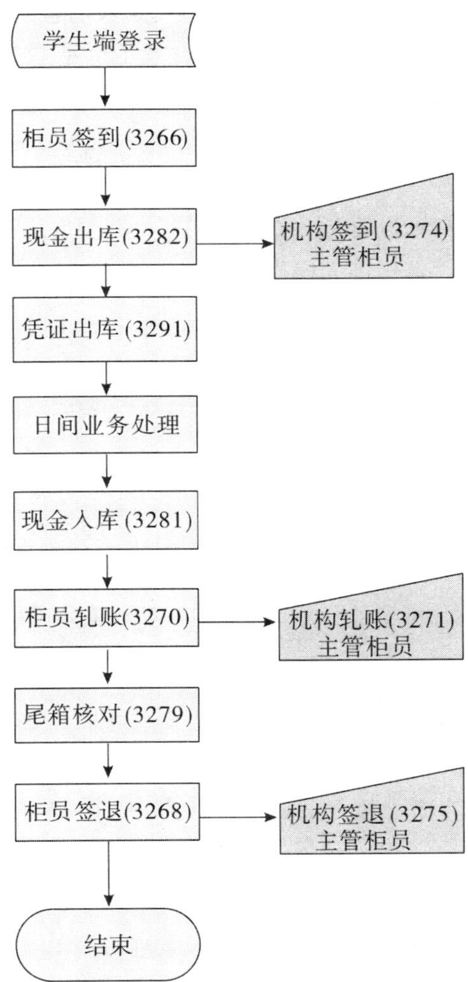

第一节　商业银行业务实验的工前准备操作

工前准备主要是进行柜员和机构的签到，以及每个柜员必须预匡算当天的现金和凭证用量，从金库管库员处将现金和凭证的出库领入自己的尾箱。实验中，每天每个柜员能够出库的现金为每种货币100万元，能够出库的凭证数量为每种凭证20份。

一、柜员签到

柜员签到是柜员进入业务前台系统的入口；柜员签到会判断柜员是否是本机构的柜员，柜员的密码是否正确，是否属于正常的柜员（没有被封锁等状态），柜员的密码是否过期等；另外银行系统还会检查中心是否设置了标准数据要求更新，如果设置成更新则签到交易会自动将前台的标准数据进行同步更新，减少系统管理员更新各个业务前台之苦。

学生登录后，在交易大厅输入交易码3266，可直接进入签到界面。也可点击综合管理，在柜员管理模块里点击柜员签到进入。柜员进入业务前台登录界面后，输入柜员号和柜员密码后，自动进入操作界面。如图3.1：

图3.1

（1）柜员代码：学生学号。

（2）柜员密码：初始密码为111111。

（3）尾箱号码：3位，由系统自动分配。

（4）项目输入后，点击界面上方的签到按钮。

注意：

①如输入柜员号和密码后系统提示：柜员信息表中无该柜员记录，则表示该柜员

号输入错误或是不存在。如柜员的密码输入错误，系统提示：密码错误。

②柜员做完柜员签退（3268）后，当天不允许再签到，系统提示：该柜员已签退。但学生可以重新登录。

③其他机构柜员不能在本机构签到，系统提示：柜员不能在本机构签到；如该柜员确实是属于本机构柜员，则应该与中心联系，说明原因。

二、机构签到

本交易主要把机构状态切换为签到状态，只有机构在签到状态才允许柜员办理业务，否则柜员提交业务将报告“机构未签到”。机构签到主要由主管柜员完成。

主管柜员登录后，在交易大厅页面输入交易码 3274，可直接进入机构签到界面，也可点击综合管理，在柜员管理功能模块里，选择机构签到进入。如图 3.2：

图 3.2

（1）机构号：5 位，系统自动分配。

（2）点击界面上方的签到按钮。

注意：

①必须是本机构主管柜员才能执行机构签到交易。

②机构签到和柜员签到可以同时进行。

三、现金出库

本交易处理两项业务：一是临柜柜员凭“现金出库票”向金库管库员从金库中领取现金，属每日工前准备；二是出纳柜员向人行缴存现金，属日间操作业务。

临柜柜员的现金出库是系统内交易；出纳柜员向人行缴存现金，是系统外交易。

柜员输入交易码 3282 可直接进入，也可在综合管理——现金管理模块里选择现金出库进入。如图 3.3：

图 3.3

（1）选择货币号：人民币、美元、港币、英镑、欧元、日元。

（2）金额由系统自动分配：实验中，每种货币每次出库系统自动分配 100 万元。

（3）输入柜员号、尾箱号。

注意：

①尾箱号由柜员签到时分配所得，必须记住。

②尾箱必须属于出库柜员，否则系统提示：尾箱不属于柜员或出纳柜员。

③可在界面下方的钱箱信息中查看到柜员自己尾箱现金的变动情况，点击钱箱详细信息可查看详情。

④如果当日出库现金用完，可再次出库。

四、凭证出库

临柜柜员把重要空白凭证从业务大库中领入各自的票箱。柜员输入交易码 3291 可直接进入，也可在综合管理——重要空白凭证管理模块里，选择凭证出库进入。如图 3.4：

图 3.4

（1）选择凭证种类：可选活期存折、一本通、整整存单、定活存单、零整存折、国库券收款凭证、转账支票、现金支票、单位定期存款开户证实书、汇票委托书、商业承兑汇票、电子联行电划贷方报单、银行承兑汇票、银行汇票、存款证明书、印签卡等。

（2）凭证的起始号码由系统自动生成：实验中，每种凭证每次出库系统自动分配20份，1份假定价格为1元。

（3）输入柜员号和尾箱号。

注意：

①尾箱号由柜员签到时分配所得，必须记住。

②尾箱必须属于出库柜员，否则系统提示：尾箱不属于柜员或出纳柜员。

③可在界面下方的钱箱信息中查看到柜员自己尾箱中重空的变动情况，点击钱箱详细信息可查看详情。

④如果当日出库凭证用完，可再次出库。

第二节 商业银行日间业务的操作流程及基本要点

一、商业银行日间业务的操作流程

由于案例的操作必须遵循一定的操作流程，可能涉及几个交易码的操作，所以必须按照系统帮助中的流程描述来执行，这样才能完整地完成一个案例的操作。如果执行不完整，则不能选择另一个案例。

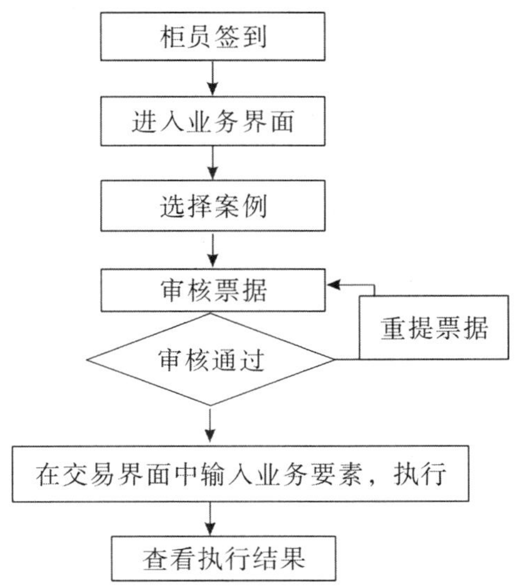

二、日间业务的操作基本要点

（1）点击业务种类——阅读相关的业务介绍和基本规定。如图3.5：

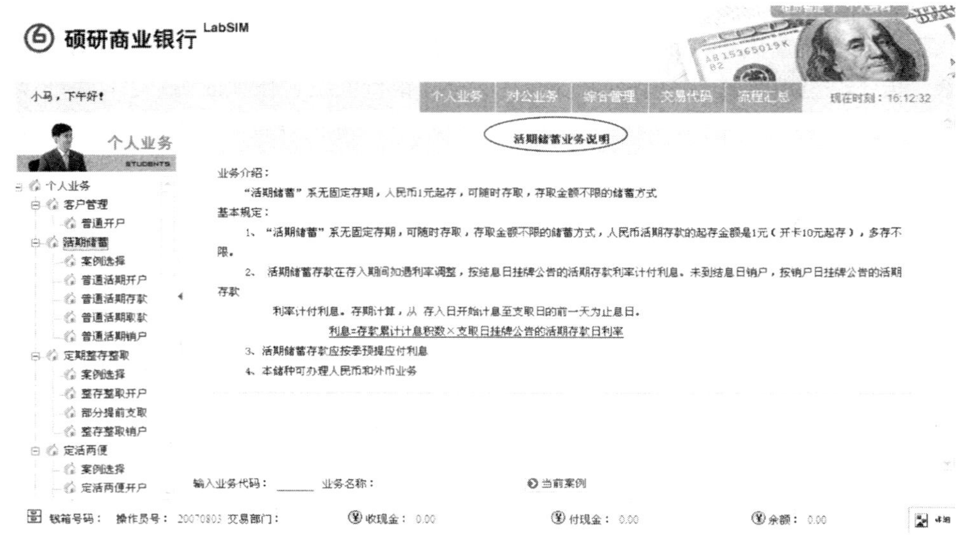

图 3.5

（2）点击该业务种类的案例选择，选择业务种类，仔细阅读案例的简介，点击选择。如图 3.6：

图 3.6

（3）系统弹出一张提示凭证，此场景模拟客户提交的业务请求，柜员将按案例简介和提示的凭证作业务要素的录入。

首先，柜员要审核提示的凭证，如果柜员判断凭证填写正确的话，可以直接点击"正确通过"按钮，否则，柜员可点击"错误重提"按钮，系统会提示正确的凭证，并用红色突显此张票据审核要点。此环节模拟了实务环境中，柜员对客户提交的凭证进行审核的步骤。如图 3.7：

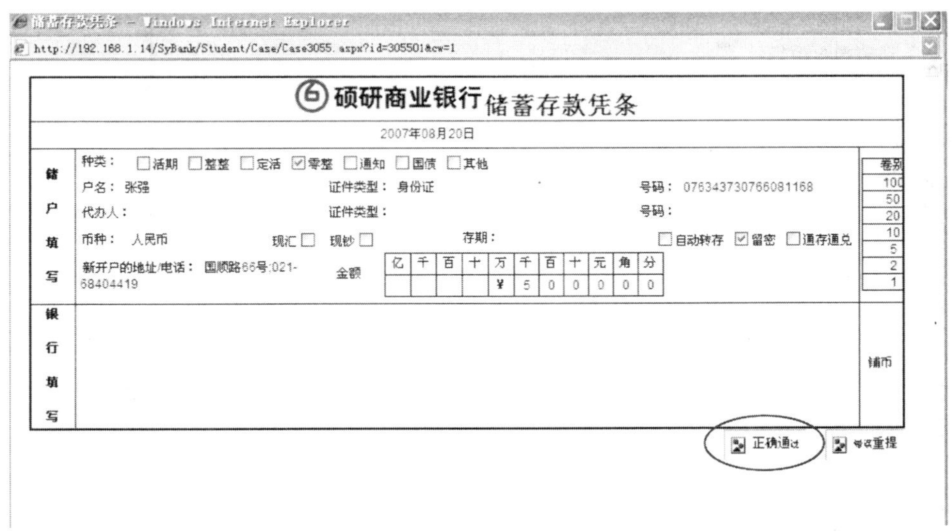

图 3.7

（4）票据审核通过后，要严格按照“系统帮助”中的流程说明来完成该案例。点击所选中的业务种类，点击系统帮助。如图 3.8：

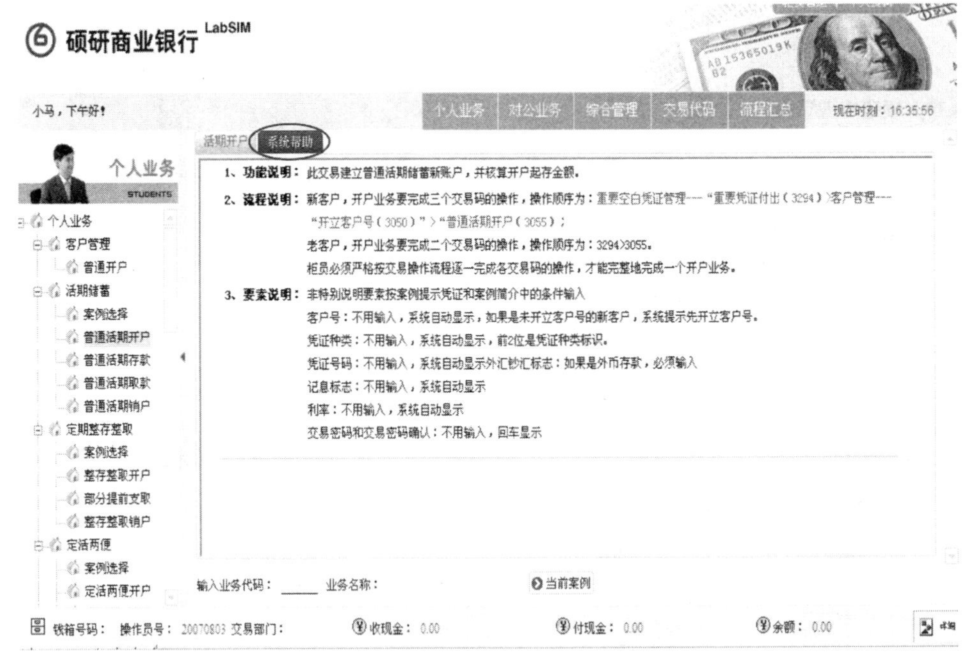

图 3.8

（5）按照流程说明，在界面下方输入流程提示的业务代码，进入相应的操作业务界面。注意：每个操作界面都可通过输入业务代码，快速准确地进入相应的界面，因此熟记业务流程和交易代码是一个合格的综合柜员必须具备的业务素质。如图 3.9：

图 3.9

如果忘了流程，可将鼠标放在当前案例上，则系统可再次提示流程。如图 3.10：

图 3.10

（6）在业务界面中，按案例提示的凭证上的要素进行业务输入，如果忘记凭证上的信息，可点击“当前案例”，系统即再次显示该凭证。

（7）如果业务需要授权，主管柜员需要在“授权人”和“授权密码”两项输入，然后柜员点击执行。如果业务需要授权，而柜员未经授权，直接点击执行按钮，系统将对此作出警示。如果填错，柜员可选择重填。

柜员交易限额：系统对每个柜员设置了出纳限额，当柜员的单笔现金支出额高于其出纳限额时，需要其主管或者上级领导进行授权。柜员限额如图 3.11 和图 3.12：

业务种类	机构规模	柜员类型									
		普通柜员		事中授权柜员		主管柜员		大库出纳柜员		往账复核柜员	
		权限	权限编	权限	权限编	权限	权限编	权限	权限编	权限	权限编号
现金存款	大型网点	<10万元	1001	>=10万元	2001	自行确定	3001	现金出/入库	4001	往账复核	5001
	中型网点	<8万元	1002	>=8万元	2002	自行确定	3002				
	小型网点	<5万元	1003	>=5万元	2003	自行确定	3003				
现金取款	大中小型网	<5万元	1004	5万(含)~50万	2004	>50万	3004				
转账	大型网点	<30万元	1005	30万(含)~200万	2005	>200万	3005	凭证出/入库	4002		
	中型网点	<20万元	1006	20万(含)~150万	2006						
	小型网点	<10万元	1007	10万(含)~100万	2007						

图 3.11

图 3.12

（8）认真查看执行结果。执行结果有“客户回执”、“借方传票”、“贷方传票”三个子菜单，柜员可点击每个子菜单进去查看相应的单据和盖章。此环节模拟了实务环境中，柜员在业务执行后，系统自动打印票据，柜员盖章，给客户回执的步骤。在“借方传票”和“贷方传票”中，分别查看借方记账凭证、贷方记账凭证及它们的附件。以此加强学生对银行会计核算的理解和掌握。如图 3.13：

图 3.13

第三节　日终处理

日终处理主要包括柜员将尾箱中所余现金超过 2 万元上限的部分缴入金库，柜员轧账和机构轧账，柜员核结各自尾箱，然后柜员签退，机构签退。

一、现金入库

本交易处理两项业务：一是临柜柜员日终将超出尾箱限额的现金部分（实验中规定为 2 万元）缴入金库，二是出纳柜员从人行存款准备金账户领回现金。

柜员输入交易码 3281 可直接进入，也可在综合管理——现金管理模块里，选择 现金入库 进入。如图 3.14：

图 3.14

（1）选择货币号：人民币、美元、港币、英镑、欧元、日元。

（2）输入金额：从界面下方钱箱详细信息中查看钱箱余额，柜员根据尾箱限额管理，上交超限额部分。

注意：尾箱限额一般为 2 万元。

二、柜员轧账

银行的业务系统有一个平账机制，一般分成四个层次：交易级平账、柜员级平账、部行级平账和全中心平账。交易级平账在日常交易中由计算机操作系统自动完成。本功能可实现柜员级平账。

本交易对该临柜柜员当日所有的业务操作进行轧差平衡，通过这个交易可以检查本柜员账务是否平衡，这是柜员签退前必须完成的操作。

柜员输入交易码 3270 可直接进入，也可在综合管理——柜员管理模块里，选择 柜员轧账 进入。如图 3. 15：

图 3. 15

（1）输入柜员号：学号。

（2）选择币种：人民币、美元、港币、英镑、欧元、日元。

注意：系统自动检查柜员交易流水序号是否连续，轧账完成后显示轧账结果信息："轧账平衡，可以签退"，并提示打印"柜员平账报告表"、"柜员重要空白凭证核对表"。轧账不平，则系统提示："账务不平，请查明平账"。若轧账不平衡，柜员须查明原因，进行平账处理。

三、机构轧账

本功能可实现部行级平账。系统对本机构的所有柜员交易进行汇总轧账。柜员输入交易码 3271 可直接进入，也可在综合管理——柜员管理模块里，选择 机构轧账 进入。如图 3.16：

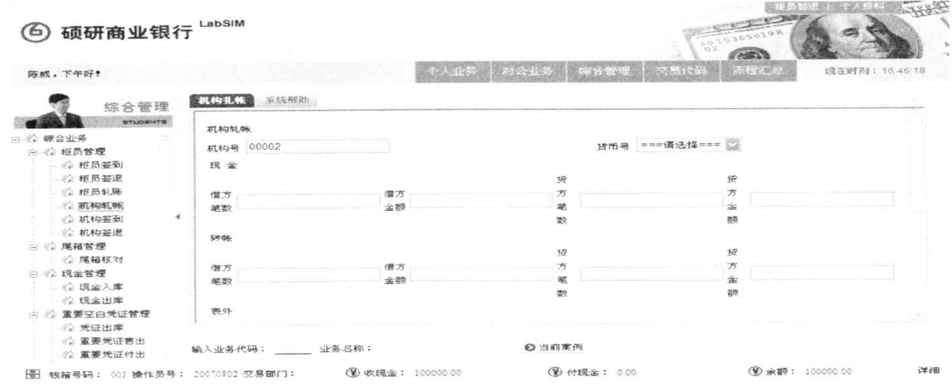

图 3.16

（1）选择货币号：人民币、美元、港币、英镑、欧元、日元。
（2）业务提交执行后，柜员选择币种来查看本机构各币种的轧账情况。

四、尾箱核对

本功能可使尾箱对用于对本柜员尾箱中的钱箱和票箱进行核清。柜员输入交易码 3279 可直接进入，也可在综合管理——尾箱管理模块里，选择 尾箱核对 进入。如图 3.17：

图 3.17

（1）输入柜员号和尾箱号。

（2）选择尾箱类型：钱箱、票箱。

（3）查看界面下方的钱箱详情，根据查看到的上日余额、本日发生额和本日余额完成钱箱和票箱核对的要素输入。

注意：柜员在下班前和尾箱交接前必须使用本功能将尾箱内物品核清。

五、柜员签退

柜员通过本交易确认当天工作已经结束，交易已经核清且不再办理业务。柜员签退是一天工作的结束，所以签退后当天不能再签到。柜员输入交易码 3268 可直接进入，也可在综合管理——柜员管理模块里，选择柜员签退进入。如图 3. 18：

图 3. 18

（1）柜员签退之前账务必须已平账才能签退。如果柜员在业务没有平账的情况下签退，系统将提示：“柜员未平账，不允许签退”。

（2）柜员签退前必须核清钱箱、票箱才能签退。如柜员没有进行尾箱核对，系统将提示：“尚有尾箱未核对，系统不允许柜员签退”。

（3）柜员签退是一天工作的结束，必须作柜员签退，并且签退后当天不能再签到。

六、机构签退

本交易主要检查机构的账务平衡，并把机构状态切换为签退状态，由主管柜员完成。柜员输入交易码 3275 可直接进入，也可在综合管理——柜员管理模块里，选择机构签退进入。如图 3. 19：

图 3. 19

注意：机构签退由主管柜员执行，必须等所有柜员都完成签退后，主管柜员方可机构签退。

第二篇
商业银行个人业务实验

在商业银行业务系统界面中，选择个人业务，即进入个人业务实验操作界面。其实验的主要内容包括个人存款业务、个人贷款业务和个人其他业务三大模块。

第四章　商业银行储蓄存款业务实验

储蓄存款业务是指个人将其拥有的人民币或外币存入商业银行，商业银行开具存折（银行卡）或存单作为凭证，个人凭存折（银行卡）或存单可以支取本金和利息，商业银行按照规定支付本金和利息的活动。

《中华人民共和国商业银行法》第二十九条规定：“商业银行办理个人储蓄存款业务，应当遵循存款自愿、取款自由、存款有息、为存款人保密的原则。”所谓“存款自愿”是指储蓄必须出于存款者的自愿，任何单位和个人都不得强制其他人参加储蓄。个人是否储蓄，选择哪一家储蓄机构，选择何种储蓄方式，存储数额、期限等都由储户个人来选择决定。“取款自由”是指储户什么时候取款，提取多少存款，都由储户自己决定，银行和其他人都不得干预和查问。即使未到期的存款，储户也可以根据自己的需要按规定手续提前提取，银行不得以任何理由拒绝或限制。“存款有息”是指存款人对于其存入银行的储蓄存款有按照规定利率和实际存期获取利息的权利。这说明银行和存款人之间是一种平等互利的经济关系。“为存款人保密”是指商银行业对存款人的姓名、住址、存款金额、储蓄种类、存款次数、提取情况、印鉴以及其他各种情况都要严格地保守秘密，不得披露。对个人储蓄银存款 ，商业银行有权拒绝任何单位或者个人查询、冻结、扣划，但法律另有规定的除外。这一原则是保护存款人合法权益的最基本要求，是商业银行在办理个人存款业务时必须遵循的原则。

《储蓄管理条例》第十六条规定，储蓄机构经办的储蓄存款按照存款期限可以分为活期储蓄存款、定期储蓄存款、定活两便储蓄存款、通知储蓄存款等。其中定期储蓄存款又可以分为整存整取定期储蓄存款、零存整取定期储蓄存款、存本取息定期储蓄存款、整存零取定期储蓄存款、教育储蓄存款等。

第一节　个人活期储蓄存款

个人活期储蓄存款是一种无固定存期，人民币 1 元起存，可随时存取，存取金额不限的储蓄方式。其基本规定如下：

（1）人民币活期存款的起存金额是 1 元（开卡 10 元起存），多存不限。

（2）活期储蓄存款在存入期间如遇利率调整，按结息日挂牌公告的活期存款利率计付利息。未到结息日销户，按销户日挂牌公告的活期存款利率计付利息。存期计算，从存入日开始计息，支取日的前一天为止息日。

利息 = 存款累计计息积数 × 支取日挂牌公告的活期存款日利率

（3）活期储蓄存款应按季预提应付利息。

一、普通活期储蓄开户

此交易可建立普通活期储蓄新账户，并核算开户起存金额，适用于本外币业务。对于新客户，开户业务由于涉及活期储蓄存折的付出和新客户信息管理，因此要完成三个交易码的操作；对于老客户，开户业务要完成两个交易码的操作。具体操作流程如下：

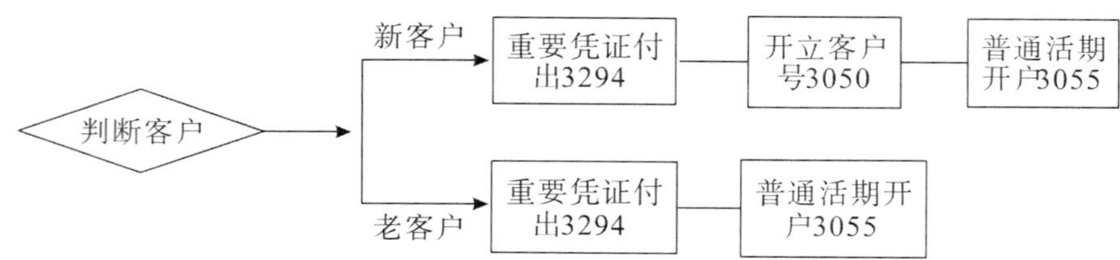

柜员必须严格按交易操作流程逐一完成各交易码的操作，才能完整地完成一个开户业务。

1. 操作步骤

第一步，输入交易代码3294，系统会弹出重要凭证付出界面，选择普通活期存折或储蓄卡，系统会自动弹出凭证的起始号码、凭证数量和使用张数，逐一输入摘要、授权人及授权人密码后确认就行了。

注意：在操作前一定要在综合管理模块中选择重要凭证出库，否则系统会弹出“对不起，您的票据已用完”的提示。如图4.1：

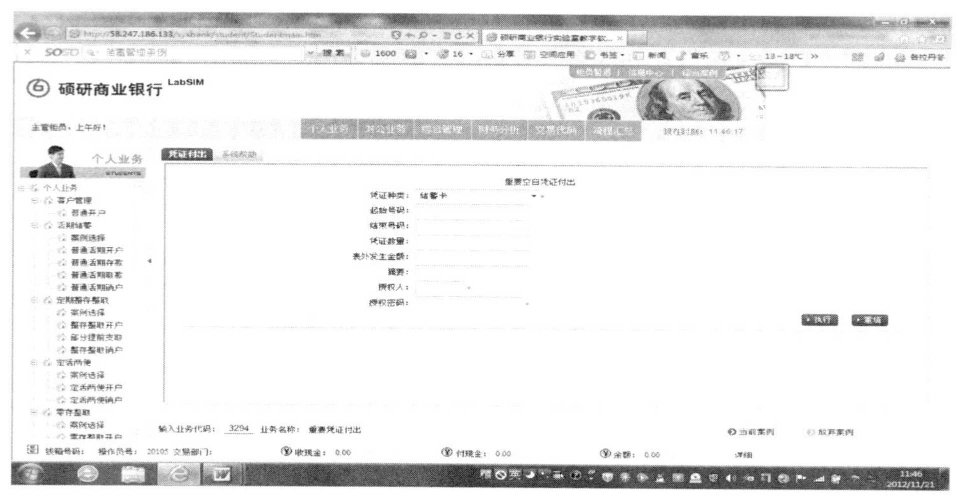

图4.1

第二步，输入交易代码3050或在个人业务——客户管理模块里，选择 开立客户号 进入普通开户的界面，逐一输入证件类别、证件号码、证件号重复、客户称谓、客户姓名、邮编、地址、家庭电话、办公电话、传真等，选择 执行 。

注意：以上项目的选择和输入均根据案例提示的信息来完成；邮编、地址、家庭电话、办公电话、传真几项不是必输入项；完成录入后，点击执行，如果填错，可选择重填。如图 4.2：

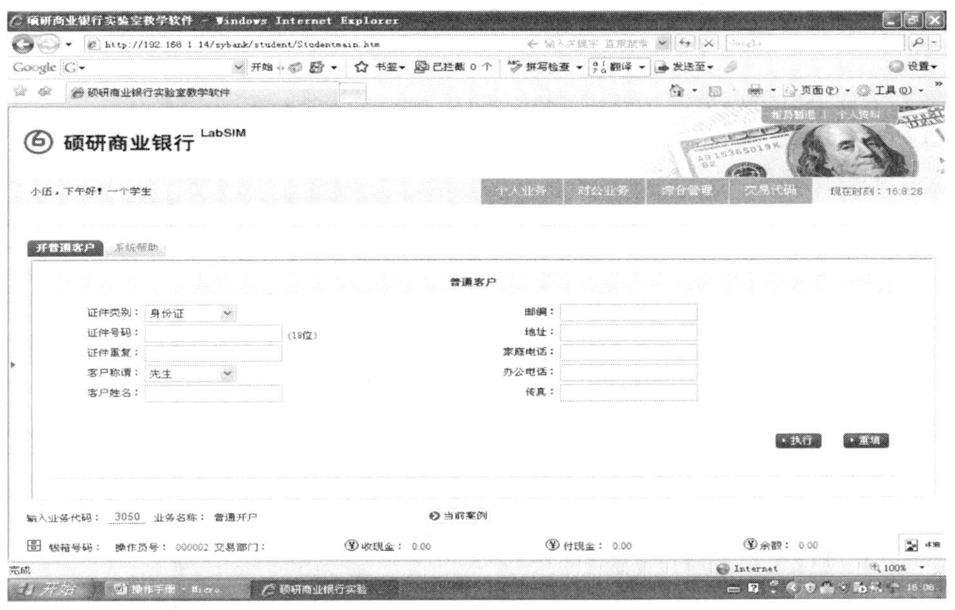

图 4.2

第三步，柜员输入交易码 3055 可直接进入，也可在个人业务——活期储蓄模块里，选择活期开户进入。如图 4.3：

图 4.3

具体步骤如下：

（1）输入证件号码：19 位数字。

（2）客户号：输入证件号码后，系统会自动显示客户号，并在界面上方自动显示该客户号信息。如果未开立客户号，则系统提示首先开立客户号。

（3）选择币种：货币代码为人民币、美元、日元、英镑、港币或欧元，系统默认为人民币。

（4）是否申请卡：是/否，系统默认为是。

（5）计息标志、凭证种类、凭证号码、利率、交易密码和交易密码确认几项由系统自动匹配并显示。

（6）外汇钞汇标志：0 现钞/1 现汇，外币存款必须输入，系统默认为现汇。

（7）现转标志：现金/转账，系统默认为现金。

（8）金额：15 位数字，起存金额必须大于等于 1 元；外币起存金额不低于 20 元人民币等值外汇。存/取款超过 5 万元人民币或等值外币，必须经过授权；“授权人”、“授权人密码”两项需由授权柜员输入。如需授权业务，而未经授权直接提交执行，系统会做出警告提示。

（9）支取方式：凭身份证/凭印/凭密，系统默认为凭身份证。

（10）通存通兑：是/否，默认值为是。

（11）存折打印：是/否，系统默认为是。

注意：以上项目的选择和输入均根据案例提示的信息来完成；证件号码和金额为必输项；凭证种类和凭证号码由凭证付出（3294）交易产生，因此开户的操作必须作凭证付出，否则系统会作出提示；完成录入后，点击[执行]，如果填错，可选择[重填]。

2. 会计核算流程

系统自动产生开户日期，生成账号，登记开销户登记簿，根据交易码是否现金/转账，是否通存通兑来产生会计分录。如果是现金交易，则增加经办柜员的尾箱现金数量，登记现金收入日记簿，登记活期储蓄存款分户账和现金分户账。

现金交易会计分录：

借：现金

　贷：活期储蓄存款

二、普通活期存款

本交易处理活期储蓄账户中续存业务，交易支持同城和异地通存通兑业务。柜员输入交易码 3056 可直接进入，也可在个人业务——活期储蓄模块里，选择[活期存款]进入。如图 4.4：

图 4.4

1. 操作步骤

(1) 输入 19 位数字的账号后，系统自动在界面上方显示该账户信息。

(2) 通存通兑，货币号不用输入，系统自动显示，同时系统将根据账号自动判断是否非机构账号，从而自动判断是否通存通兑。

(3) 选择现转标志：现金/转账，系统默认为现金。

(4) 输入金额，存/取款超过 5 万元人民币或等值外币，必须经过授权。“授权人”、“授权密码”两项需由授权柜员输入。如需授权业务，而未经授权直接提交执行，系统会做出警告提示。

(5) 代理人证件类型和证件号为可选输入项。

注意：以上项目的选择和输入均根据案例提示的信息来完成；账号和金额为必输项；完成录入后，点击[执行]，如果填错，可选择[重填]。

2. 会计核算

系统根据交易码是否现金/转账，是否通存通兑来产生会计分录。

现金交易会计分录：

借：现金

  贷：活期储蓄存款

如果是现金交易，则增加经办柜员的尾箱现金数量，登记现金收入登记簿，登记活期储蓄存款分户账和现金分户账。

发生通存通兑业务时，本代他收，会计分录为：

借：现金

  贷：同城通存通兑款项——本代他收

三、普通活期取款

本交易处理客户从已经开立的活期储蓄账户中支取部分现金，该交易支持同城和异地通存通兑。柜员输入交易码 3057 可直接进入，也可在个人业务——活期储蓄模块里，选择活期取款进入。如图 4.5：

图 4.5

1. 操作步骤

（1）输入 19 位数字的账号后，系统自动在界面上方显示该账户信息。

（2）通存通兑，货币号不用输入，系统自动显示，同时系统将根据账号自动判断是否非机构账号，从而自动判断是否通存通兑。

（3）选择现转标志：现金/转账，系统默认为现金。

（4）输入金额，存/取款超过 5 万元人民币或等值外币，必须经过授权。“授权人”、“授权密码”两项需由授权柜员输入。如需授权业务，而未经授权直接提交执行，系统会做出警告提示。

（5）如果支取方式为凭身份证，则必须输入身份证号码。

（6）如果是代理人代为支取，则必须输入代理人证件类型和证件号。

注意：以上项目的选择和输入均根据案例提示的信息来完成；账号和金额为必输项；完成录入后，点击执行，如果填错，可选择重填。

2. 会计核算

系统根据交易码是否现金/转账，是否通存通兑来产生会计分录。

现金交易会计分录：

借：活期储蓄存款

　贷：现金

发生通存通兑业务时，本代他付，则会计分录为：

借：同城通存通兑款项——本代他付

　贷：现金

如果是现金交易，则减少经办柜员的尾箱现金数量，登记现金付出登记簿，登记活期储蓄存款分户账和现金分户账。

四、普通活期销户

本交易处理储户支取账户上全部存款，结清利息，消除账户。该交易不支持同城通存通兑。该业务必须授权，“授权人”、“授权人密码”两项需由授权柜员输入，柜员点击“申请复核授权”。如需授权业务，而未经授权直接提交执行，系统会做出警告提示。

柜员输入交易码 3058 可直接进入，也可在个人业务——活期储蓄模块里，选择 活期销户 进入。如图 4.6：

图 4.6

1．操作步骤

（1）输入 19 位数字的账号后，系统自动在界面上方显示该账户信息。

（2）货币号、证件号码、金额不用输入，系统自动显示。

（3）选择现转标志：现金/转账，系统默认为现金。

（4）必须经过授权。“授权人”、“授权密码”两项需由授权柜员输入。如需授权业务，而未经授权直接提交执行，系统会做出警告提示。

（5）如果支取方式为凭身份证，则必须输入身份证号码。

(6) 如果是代理人代为支取，则必须输入代理人证件类型和证件号。

注意：以上项目的选择和输入均根据案例提示的信息来完成；账号和金额为必输项；完成录入后，点击[执行]，如果填错，可选择[重填]。

2. 会计核算

系统自动生成销户日期，登记开销户登记簿，根据交易码是否现金/转账，是否通存通兑来产生会计分录。

现金交易会计分录：

借：活期储蓄存款（本金）

　　利息支出——活期储蓄存款（利息）

　贷：库存现金（税后本息）

　　　代扣缴储蓄利息税

如果是现金交易，则减少经办柜员的尾箱现金数量，登记现金付出登记簿，登记活期储蓄存款分户账和现金分户账。

第二节　定期整存整取存款

整存整取存款是指存款人在存款时约定存期，一次整笔存入，到期一次支取本金和利息的一种定期储蓄存款方式。本金一次存入，由储蓄机构发给存单折（卡），到期凭存单折（卡）支取本息，存期内按存入时同档次定期利率计息，到期未支取，超过存期部分按支取日公布的活期利率计息。也可根据储户意愿，办理定期存款到期约定或自动转存，存款到期转存，按转存日挂牌公告的利率计息。其基本规定为：

(1) 整存整取定期储蓄存款是客户事先约定存期，一次存入，到期凭存单折（卡）支取本息。

(2) 起存金额为50元，一次存入，多存不限，存期分为三个月、半年、一年、两年、五年或按当地人行有关规定，存入时由经办行发给储蓄存单折（卡），到期凭存单折（卡）支取本息。

(3) 账户开立时开通自动转存功能，每次存款到期，将到期利息并入本金按原存期、转存日挂牌的同档次定期存款利率办理转存。一旦转存后，未满转存期取款的，应按提前支取手续办理，办理转存后，不打印新存单，存款的账号、户名不变。

(4) 可办理全部或部分提前支取，但部分提前支取只限一次。

(5) 利息 = 本金 × 存期 × 相应存期的整存整取定期储蓄存款利率。

(6) 未到期的定期储蓄存款应按季预提应付利息。

(7) 本储种可办理人民币和外币业务。

一、整存整取存款开户

整存整取存款开户是建立定期整存整取储蓄账户，并核算开户起存金额的方式。

本业务可适用于本、外币业务。整存整取开户的业务流程为：

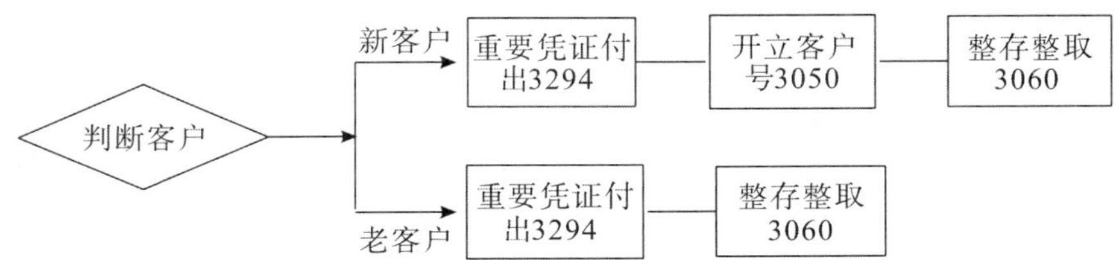

对新客户，开户业务由于涉及定期储蓄存单的付出和新客户信息管理，因此要完成重要凭证付出、开立客户号和整存整取三个交易的操作；对老客户，开户业务要完成重要凭证付出和整存整取两个交易的操作。柜员必须严格按交易操作流程逐一完成各交易的操作，才能完整地完成一个开户业务。

1．操作步骤

第一步，输入交易代码3294，系统会弹出重要凭证付出界面，选择整整存单，系统会自动弹出凭证的起始号码、凭证数量和使用张数，逐一输入摘要、授权人及授权人密码后确认就行了。

注意：在操作前一定要在综合管理模块中选择重要凭证出库，否则系统会弹出“对不起，您的票据已用完”的提示。

第二步，输入交易代码3050或在个人业务——客户管理模块里，选择开立客户号进入普通开户的界面，逐一输入证件类别、证件号码、证件号重复、客户称谓、客户姓名、邮编、地址、家庭电话、办公电话、传真等，选择执行。

注意：以上项目的选择和输入均根据案例提示的信息来完成；邮编、地址、家庭电话、办公电话、传真几项不是必输入项；完成录入后，点击执行，如果填错，可选择重填。

第三步，柜员输入交易码3060可直接进入，也可在个人业务——定期整存整取模块里，选择整存整取开户进入。如图4.7：

（1）输入证件号码：19位数字。

（2）客户号：输入证件号码后，系统自动显示客户号，并在界面上方自动显示该客户号信息。如果未开立客户号，则系统提示首先开立客户号。

（3）选择币种：货币代码可为人民币、美元、日元、英镑、港币、欧元，系统默认为人民币。

（4）计息标志、凭证种类、凭证号码、利率、交易密码和交易密码确认几项由系统自动匹配并显示。

（5）利率：系统根据输入的存期来自动显示。

（6）外汇钞汇标志：0现钞/1现汇，外币存款必须输入，系统默认为现汇。

（7）现转标志：现金/转账，系统默认为现金。

（8）金额：15位数字，起存金额必须大于等于50元；外币起存金额不低于50元

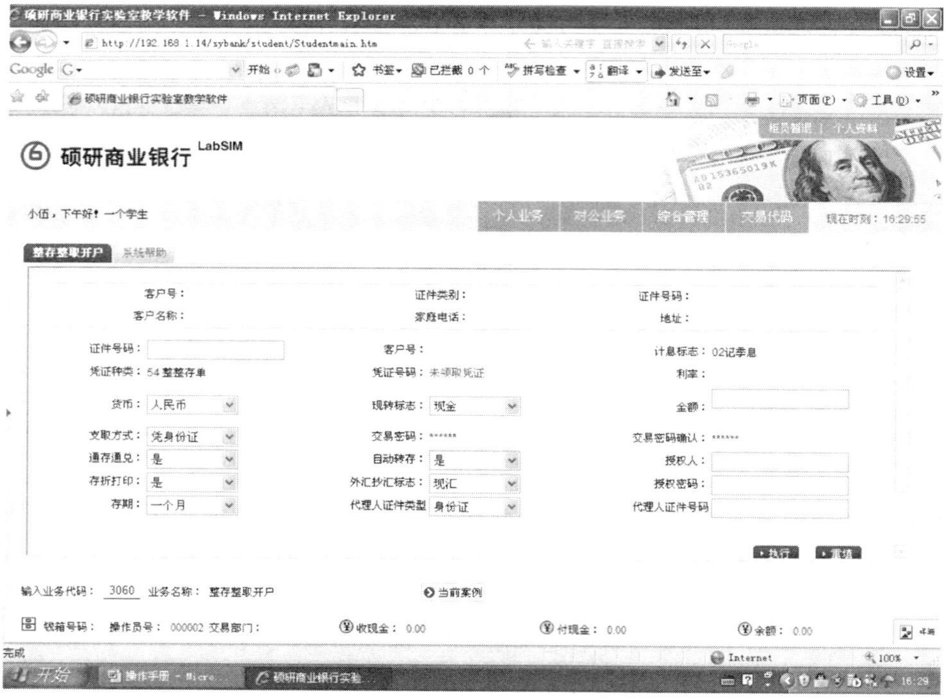

图 4.7

人民币等值外汇。存/取款超过 5 万元人民币或等值外币，必须经过授权。“授权人”、“授权人密码”两项需由授权柜员输入。如需授权业务，而未经授权直接提交执行，系统会做出警告提示。

(9) 存期：人民币存期分三个月、半年、一年、三年、五年；外币存期分一个月、三个月、半年、一年、两年。

(10) 支取方式：凭身份证/凭印/凭密，系统默认为凭身份证。

(11) 通存通兑：是/否，默认值为是。

(12) 存折打印：是/否，系统默认为是。

(13) 自动转存：是/否，系统默认值是。

注意：以上项目的选择和输入均根据案例提示的信息来完成；证件号码和金额为必输项；凭证种类和凭证号码由凭证付出（3294）交易产生，因此开户的操作必须作凭证付出，否则系统会作出提示；完成录入后，点击【执行】，如果填错，可选择【重填】。

2. 会计核算

系统自动产生开户日期，并登记开销户登记簿，根据交易码是否现金/转账，是否通存通兑来产生会计分录。

现金交易会计分录：

借：现金

　贷：整存整取储蓄存款

如果是现金交易，则增加经办柜员的尾箱现金数量，登记现金收付登记簿。

二、部分提前支取

部分提前支取是客户在定期储蓄尚未到期前，提前部分支取存款，本交易不支持同城通兑业务。该业务为储蓄部分提取业务，由于要对存款的剩余部分发放新存单，因此涉及两个交易码的操作，具体如下：

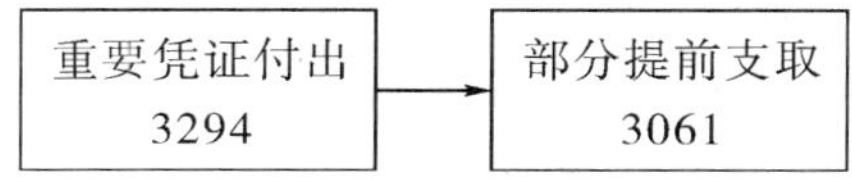

柜员必须严格按交易操作流程逐一完成各交易码的操作，才能完整地完成一个开户业务。

1. 操作步骤

第一步，输入交易代码 3294，系统会弹出重要凭证付出界面，选择整整存单，系统会自动弹出凭证的起始号码、凭证数量和使用张数，逐一输入摘要、授权人及授权人密码后确认就行了。

注意：在操作前一定要在综合管理模块中选择重要凭证出库，否则系统会弹出“对不起，您的票据已用完”的提示。

第二步，柜员输入交易码 3061 可直接进入，也可在个人业务——定期整存整取模块里，选择部分提前支取进入。如图 4.8：

图 4.8

（1）输入19位数字的账号后，系统自动在界面上方显示该账户信息。

（2）货币号、证件号码、金额不用输入，系统自动显示。

（3）输入提前支取金额。如果支取金额超过5万元，必须经过授权，“授权人”、“授权密码”两项需由授权柜员输入。如需授权业务，而未经授权直接提交执行，系统会做出警告提示。

（4）选择现转标志：现金/转账，系统默认为现金。

（5）如果支取方式为凭身份证，则必须输入身份证号码。

（6）如果是代理人代为支取，则必须输入代理人证件类型和证件号。

注意：以上项目的选择和输入均根据案例提示的信息来完成；账号和金额为必输项；整存整取只可提前支取一次，即同一个整存整取账号下只允许一次提前支取操作；完成录入后，点击[执行]，如果填错，可选择[重填]。

2. 会计核算

如果是现金交易，则减少经办柜员的尾箱现金数量，登记现金收付登记簿。支取部分按照活期储蓄计息，剩余部分按照原来起息日计息，原存单作废，新存单的金额为尚未支取的剩余金额，起息日仍然是原存单的起息日期。系统自动产生提前支取日期，根据交易是否现金/转账，是否通存通兑来产生会计分录。

现金交易会计分录：

借：整存整取定期储蓄存款（全部本金）
　　利息支出——定期储蓄利息支出户
　贷：现金（支取部分税后本息）
　　　整存整取定期储蓄存款（转存金额）
　　　代扣缴储蓄利息税

三、整存整取销户

整存整取销户是处理存款到期支取或提前全部支取，结清利息，销户的过程，本交易不支持同城通兑业务。该业务必须授权，“授权人”、“授权人密码”两项需由授权柜员输入。如需授权业务，而未经授权直接提交执行，系统会作出警告提示。

1. 操作步骤

柜员输入交易码3062可直接进入，也可在个人业务——定期整存整取模块里，选择[整存整取销户]进入。如图4.9。

（1）输入19位数字的账号后，系统自动在界面上方显示该账户信息。

（2）货币号、证件号码、金额不用输入，系统自动显示。

（3）选择现转标志：现金/转账，系统默认为现金。

（4）必须经过授权。“授权人”、“授权密码”两项需由授权柜员输入。如需授权业务，而未经授权直接提交执行，系统会做出警告提示。

（5）如果支取方式为凭身份证，则必须输入身份证号码。

（6）如果是代理人代为支取，则必须输入代理人证件类型和证件号。

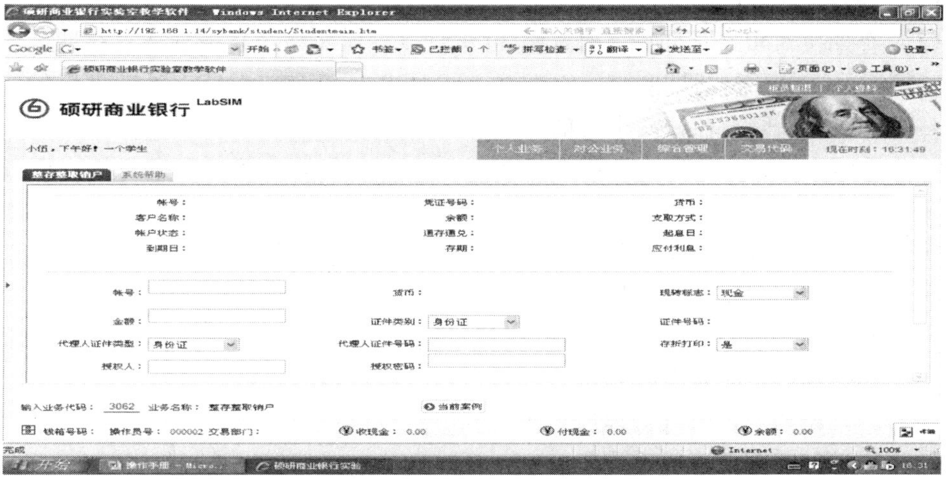

图 4.9

注意：以上项目的选择和输入均根据案例提示的信息来完成；账号和金额为必输项；完成录入后，点击执行，如果填错，可选择重填。

2. 会计核算

系统自动产生销户日期，登记开销户登记簿，根据交易码是否现金/转账，是否通存通兑来产生。

现金交易会计分录：

借：整存整取定期储蓄存款（本金）

　　利息支出——定期储蓄存款（利息）

　贷：现金（税后本息）代扣缴储蓄利息税

如果是现金交易，则减少经办柜员的尾箱现金数量，登记现金收付登记簿。

第三节　定活两便存款

定活两便是一种事先不预约存期，一次性存入，一次性支取的储蓄存款。例如资金有较大额度的结余，但在不久的将来需随时全额支取使用时，就可以选择定活两便的储蓄存款形式。定活两便储蓄存款是银行最基本、常用的存款方式。客户可随时存取款，自由、灵活调动资金，是客户进行各项理财活动的基础。该种储蓄具有活期储蓄存款可随时支取的灵活性，又能享受到接近定期存款利率的优惠。

此储种兼具活期之便和定期之利，利息按实际存期长短计算，存期越长利率越高。50 元起存，一次支取；计息规定：存期超过整存整取最低档且在一年内的，按同期整存整取利率六折计算；存期超过一年的，一律按整存整取一年期利率的六折计算；存期低于整存整取最低档次的，按活期利率计算。其基本规定为：

（1）定活两便储蓄存款是一种不确定存期，一次存入，可随时支取。

（2）起存金额50元。

（3）存期按对年对月计算，对月按30天计算，对年按360天计算。存期不满三个月的，按实际天数计付活期利息；存期在三个月以上（含三个月）不满半年的，按支取日整存整取定期储蓄存款三个月的存款利率打六折计息，打六折后低于活期存款利率时，按活期存款利率计息；存期在半年以上（含半年）不满一年的，按支取日整存整取定期储蓄存款六个月的存款利率打六折计息；存款在一年以上的（含一年），无论存期多长，均按支取日整存整取一年期定期储蓄存款利率打六折计息。

利息 = 本金 × 存期 × 相应存期的整存整取储蓄定期存款利率 × 60%

（4）预提应付利息同活期储蓄存款，计提利率按存入日至季度结息日的期限挂靠相应档次的现行利率标准执行。

（5）定活两便不能够部分提前支取。

（6）本储种只限于人民币业务。

一、定活两便开户

定活两便开户是建立定活两便储蓄账户，并核算开户起存金额的储蓄方式，只限于人民币业务。其业务流程为：新客户的开户业务由于涉及定活储蓄存单的付出和新客户信息管理，因此要完成重要凭证付出、开立客户号和定活两便开户三个交易的操作；老客户的开户业务要完成重要凭证付出和定活两便开户两个交易的操作。

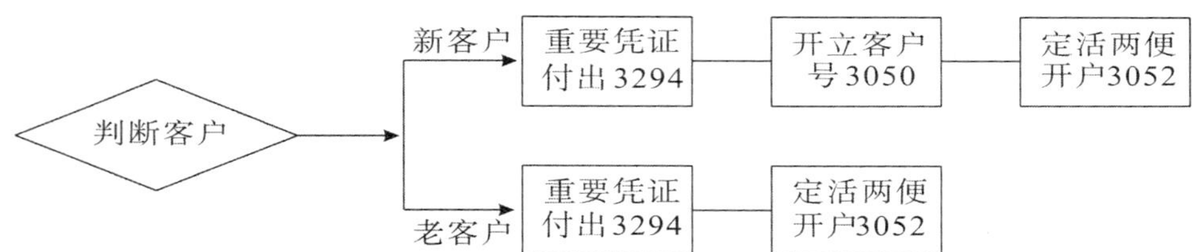

柜员必须严格按交易操作流程逐一完成各交易码的操作，才能完整地完成一个开户业务。

1. 操作步骤

第一步，输入交易代码3294，系统会弹出重要凭证付出界面，选择定活存单，系统会自动弹出凭证的起始号码、凭证数量和使用张数，逐一输入摘要、授权人及授权人密码后确认就行了。

注意：在操作前一定要在综合管理模块中选择重要凭证出库，否则系统会弹出“对不起，您的票据已用完”的提示。

第二步，输入交易代码3050或在个人业务——客户管理模块里，选择[开立客户号]进入普通开户的界面，逐一输入证件类别、证件号码、证件号重复、客户称谓、客户姓名、邮编、地址、家庭电话、办公电话、传真等，选择[执行]。

注意：以上项目的选择和输入均根据案例提示的信息来完成；邮编、地址、家庭电话、办公电话、传真几项不是必输入项；完成录入后，点击[执行]，如果填错，可选择[重填]。

第三步，柜员输入交易码 3052 可直接进入，也可在个人业务——定活两便模块里，选择[定活两便开户]进入。如图 4.10：

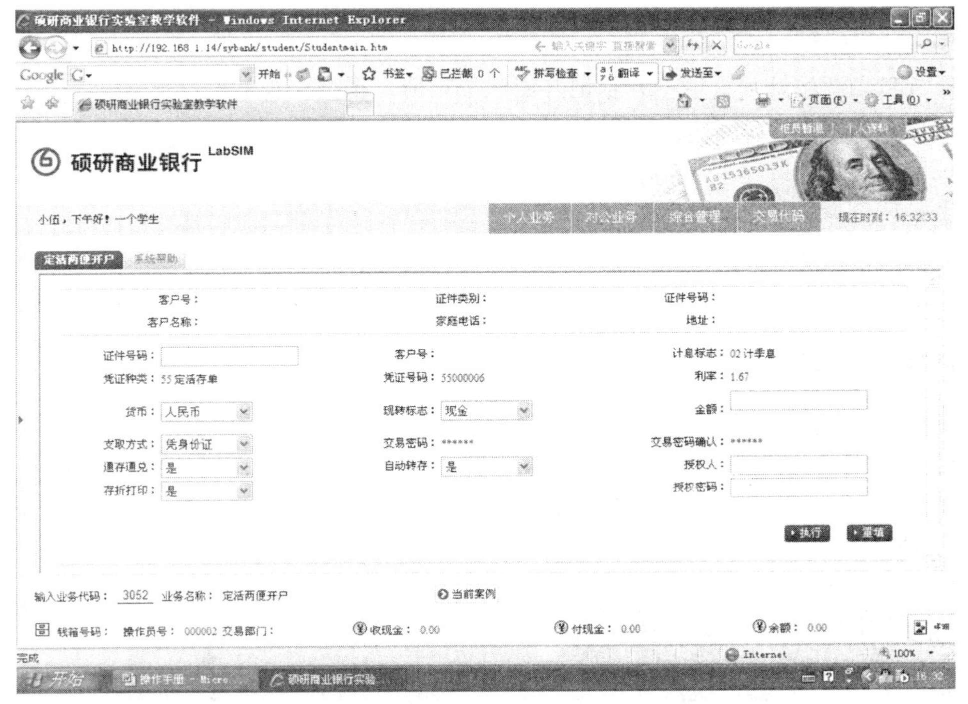

图 4.10

（1）输入证件号码：19 位数字。

（2）客户号：输入证件号码后，系统自动显示客户号，并在界面上方自动显示该客户号信息。如果未开立客户号，则系统提示首先开立客户号。

（3）选择币种：货币代码可为人民币、美元、日元、英镑、港币、欧元，系统默认为人民币。

（4）计息标志、凭证种类、凭证号码、利率、交易密码和交易密码确认几项由系统自动匹配并显示。

（5）利率：系统根据输入的存期来自动显示。

（6）现转标志：现金/转账，系统默认为现金。

（7）金额：15 位数字，起存金额必须大于等于 50 元。存/取款超过 5 万元人民币，必须经过授权。“授权人”、“授权人密码”两项需由授权柜员输入。如需授权业务，而未经授权直接提交执行，系统会做出警告提示。

（8）支取方式：凭身份证/凭印/凭密，系统默认为凭身份证。

（9）通存通兑：是/否，默认值为是。

（10）存折打印：是/否，系统默认为是。

注意：以上项目的选择和输入均根据案例提示的信息来完成；证件号码和金额为必输项；凭证种类和凭证号码由重要凭证付出（3294）交易产生，因此开户的操作必须作凭证付出，否则系统会作出提示；完成录入后，点击[执行]，如果填错，可选择[重填]。

2. 会计核算

系统自动产生开户日期，并登记开销户登记簿，根据交易码是否现金/转账，是否通存通兑来产生会计分录。

现金交易会计分录：

借：现金

　贷：定活两便储蓄存款

如果是现金交易，则增加经办柜员的尾箱现金数量，登记现金收付登记簿。

二、定活两便销户

定活两便销户可处理客户支取定活两便储蓄存款，本交易不支持同城通兑业务。存/取款超过5万元人民币或等值外币，必须经过授权。“授权人”、“授权人密码”两项需由授权柜员输入。如需授权业务，而未经授权直接提交执行，系统会作出警告提示。

1. 操作步骤

柜员输入交易码3053可直接进入，也可在个人业务——定活两便模块里，选择[定活两便销户]进入。如图4.11：

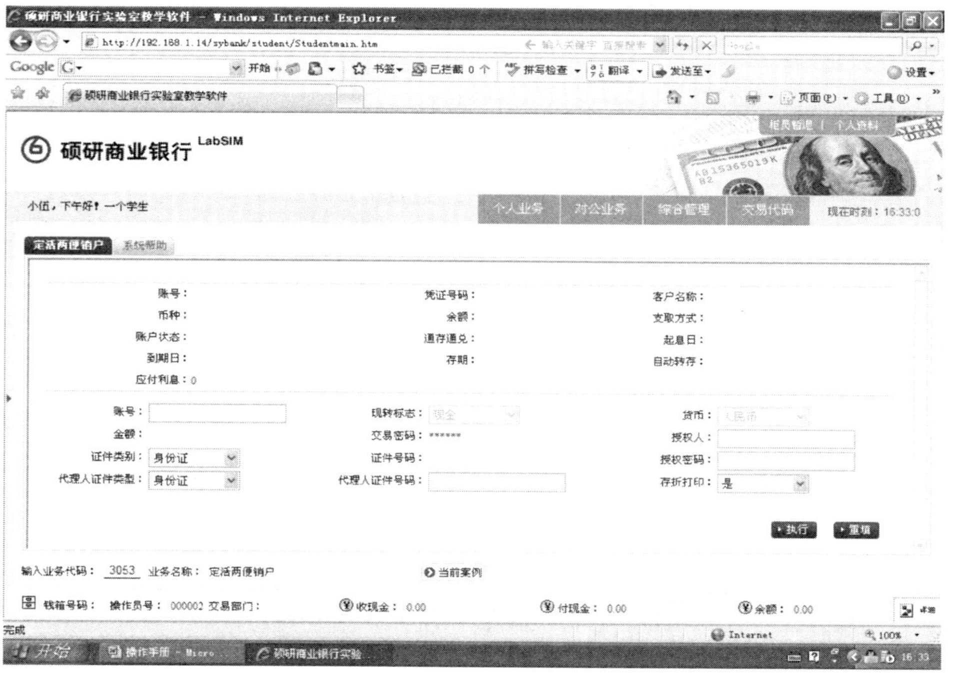

图4.11

（1）输入19位数字的账号后，系统自动在界面上方显示该账户信息。

（2）货币号、证件号码、金额不用输入，系统自动显示。

（3）选择现转标志：现金/转账，系统默认为现金。

（4）必须经过授权。“授权人”、“授权密码”两项需由授权柜员输入。如需授权业务，而未经授权直接提交执行，系统会做出警告提示。

（5）如果支取方式为凭身份证，则必须输入身份证号码。

（6）如果是代理人代为支取，则必须输入代理人证件类型和证件号。

注意：以上项目的选择和输入均根据案例提示的信息来完成；账号为必输项；完成录入后，点击[执行]，如果填错，可选择[重填]。

2. 会计核算

利息＝本金×存期×相应存期的整存整取储蓄定期存款利率×60%

系统自动产生销户日期，登记开销户登记簿，根据交易码是否现金/转账，是否通存通兑来产生。

现金交易会计分录：

借：定活两便储蓄存款（本金）

　　利息支出——定期储蓄存款（利息）

　贷：现金（税后本息）代扣缴储蓄利息税

如果是现金交易，则减少经办柜员的尾箱现金数量，登记现金收付登记簿。

第四节　零存整取存款

零存整取储蓄存款是指事先约定金额，逐月按约定的固定金额存入，到期支取本息的定期储蓄，是为了适应客户将零星小额结余积零成整的需要而设置的一种存款。其基本规定：

（1）5元起存，存期有一年、三年、五年三个档次。

（2）每月应以约定金额存入，若中途疏漏，可次月补齐。未补齐者以后不接受续存及补存。未补者视同违约，对违约后存入的部分，支取时按活期利率计息。

（3）只能办理全部提前支取，不能办理部分提前支取。

（4）未到期的零存整取储蓄存款应按季预提应付利息。

（5）本储种只限于人民币业务。

一、零存整取开户

零存整取开户可建立零存整取储蓄账户，并核算开户起存金额。本业务只限于人民币业务。业务流程：新客户的开户业务由于涉及零整储蓄存折的付出和新客户信息管理，因此要完成重要凭证付出、开立客户号和零存整取开户三个交易的操作；老客户的开户业务要完成重要凭证付出和零存整取开户两个交易的操作。

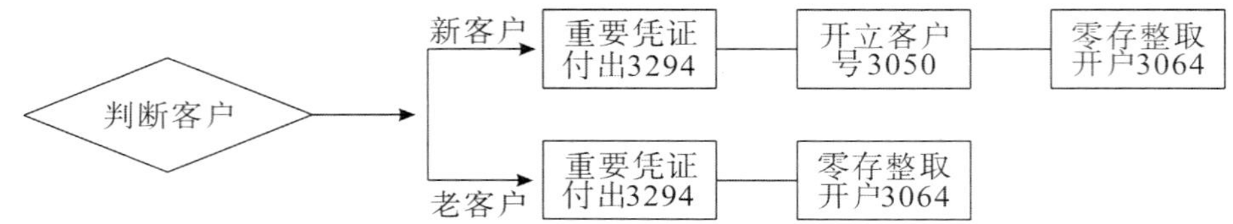

柜员必须严格按交易操作流程逐一完成各交易码的操作，才能完整地完成一个开户业务。

1. 操作步骤

第一步，输入交易代码3294，系统会弹出重要凭证付出界面，选择零存整取存单，系统会自动弹出凭证的起始号码、凭证数量和使用张数，逐一输入摘要、授权人及授权人密码后确认就行了。

注意：在操作前一定要在综合管理模块中，选择重要凭证出库，否则系统会弹出"对不起，您的票据已用完"的提示。

第二步，输入交易代码3050或在个人业务——客户管理模块里，选择开立客户号进入普通开户的界面，逐一输入证件类别、证件号码、证件号重复、客户称谓、客户姓名、邮编、地址、家庭电话、办公电话、传真等，选择执行。

注意：以上项目的选择和输入均根据案例提示的信息来完成；邮编、地址、家庭电话、办公电话、传真几项不是必输入项；完成录入后，点击执行，如果填错，可选择重填。

第三步，柜员输入交易码3064可直接进入，也可在个人业务——零存整取模块里，选择零存整取开户进入。如图4.12：

图4.12

（1）输入证件号码：19 位数字。

（2）客户号：输入证件号码后，系统自动显示客户号，并在界面上方自动显示该客户号信息。如果未开立客户号，则系统提示首先开立客户号。

（3）选择币种：货币代码可为人民币、美元、日元、英镑、港币、欧元，系统默认为人民币。

（4）计息标志、凭证种类、凭证号码、利率、交易密码和交易密码确认几项由系统自动匹配并显示。

（5）利率：系统根据输入的存期来自动显示。

（6）现转标志：现金/转账，系统默认为现金。

（7）存期：一年、三年、五年。

（8）金额：15 位数字，起存金额必须大于等于 5 元。存/取款超过 5 万元人民币，必须经过授权；“授权人”、“授权人密码”两项需由授权柜员输入。如需授权业务，而未经授权直接提交执行，系统会做出警告提示。

（9）支取方式：凭身份证/凭印/凭密，系统默认为凭身份证。

（10）通存通兑：是/否，默认值为是。

（11）自动转存：是/否，系统默认值为是。

（12）存折打印：是/否，系统默认为是。

注意：以上项目的选择和输入均根据案例提示的信息来完成；证件号码、金额和存期为必输项；凭证种类和凭证号码由凭证付出（3294）交易产生，因此开户的操作必须作凭证付出，否则系统会作出提示；完成录入后，点击执行，如果填错，可选择重填。

2. 会计核算

系统自动产生开户日期，并登记开销户登记簿，根据交易码是否现金/转账，是否通存通兑来产生会计分录。

现金交易会计分录：

借：现金

　贷：零存整取储蓄存款

如果是现金交易，则增加经办柜员的尾箱现金数量，登记现金收付登记簿。

二、零存整取存款

零存整取存款可处理储户每月存入约定存款，本交易支持同城通存业务。本业务的存/取款超过 5 万元人民币，必须经过授权，“授权人”、“授权人密码”两项需由授权柜员输入。如需授权业务，而未经授权直接提交执行，系统会作出警告提示。

1. 操作步骤

柜员输入交易码 3065 可直接进入，也可在个人业务——零存整取模块里，选择零存整取存款进入。如图 4.13：

图 4.13

（1）输入账号：19 位数字。

（2）输入账号后，系统自动在界面上方显示该账户信息。

（3）通存通兑、货币号不用输入，系统自动显示。系统将根据账号自动判断是否非机构账号，从而自动判断是否通存通兑。

（4）现转标志：现金/转账，系统默认为现金。

（5）金额：输入约定每次存入的金额。

（6）代理人证件类型和证件号为可选输入项。

（7）授权人：主管柜员输入其柜员号。

（8）授权密码：主管柜员输入其授权密码。

注意：以上项目的选择和输入均根据案例提示的信息来完成；账号和金额为必输项；完成录入后，点击执行，如果填错，可选择重填。

2. 会计核算

系统根据交易码是否现金/转账，是否通存通兑来产生会计分录。

现金交易会计分录：

借：现金

　贷：零存整取储蓄存款

发生通存通兑业务时，本代他收的会计分录：

借：现金

　贷：同城通存通兑款项——本代他收

三、零存整取销户

零存整取销户可处理到期支取和全部提前支取，结清利息，销户。本交易不支持同城通存通兑业务。本业务存/取款超过 5 万元人民币，必须经过授权。“授权人”、“授权人密码”两项需由授权柜员输入。如需授权业务，而未经授权直接提交执行，系统会作出警告提示。

1. 操作步骤

柜员输入交易码 3066 可直接进入，也可在个人业务——零存整取模块里，选择零存整取销户进入。如图 4.14：

图 4.14

（1）输入账号：19 位数字。

（2）输入账号后，系统自动在界面上方显示该账户信息。

（3）货币号、证件号码、金额不用输入，系统自动显示。

（4）现转标志：现金/转账，系统默认为现金。

（5）代理人证件类型和证件号为可选输入项。

（6）授权人：主管柜员输入其柜员号。

（7）授权密码：主管柜员输入其授权密码。

注意：以上项目的选择和输入均根据案例提示的信息来完成；账号为必输项；完成录入后，点击执行，如果填错，可选择重填。

2. 会计核算

系统自动产生销户日期，登记开销户登记簿，根据交易码是否现金/转账，是否通存通兑来产生。

现金交易会计分录：

借：零存整取定期储蓄存款（本金）

　　利息支出——定期储蓄存款（利息）

　贷：现金（税后本息）

　　　代扣缴储蓄利息税

如果是现金交易，则减少经办柜员的尾箱现金数量，登记现金收付登记簿。

第五节　存本取息存款

存本取息是一种一次存入本金，存期内按约定时间分次支取利息，到期归还本金的定期储蓄存款。其基本规定为：

（1）只限于人民币业务，起存金额5 000元。

（2）期限分为一年，三年，五年三个档次。

（3）不得部分提前支取，可以全部提前支取。如果提前支取，按支取日挂牌公告的活期利率计息，并扣回多支付的利息。

（4）存期内按月支付利息，取息时间按对月对日利算，取息期未到不得提前支取利息，到取息日未取的利息，以后可随时支取但不计复利。

（5）销户时，若有未支取利息，必须先支取利息，方可办理销户。

（6）每次支取利息 =（本金 × 存期 × 利率）÷ 取息次数

（7）提前支取本金按定期存款提前支取的规定计算存期内的利息，已分次付出的利息要全部扣回。

提前支取时应付利息 = 本金 × 存期 × 活期利率

提前支取前已付利息 = 每次实付利息 × 次数

本息合计 = 本金 + 提前支取应付利息 − 提前支取前已付利息

一、存本取息开户

存本取息开户可建立存本取息储蓄账户，并核算开户起存金额。本业务只限于人民币业务。业务流程为：新客户开户业务由于涉及储蓄存折的付出和新客户信息管理，因此要完成三个交易码的操作；老客户开户业务要完成两个交易码的操作。

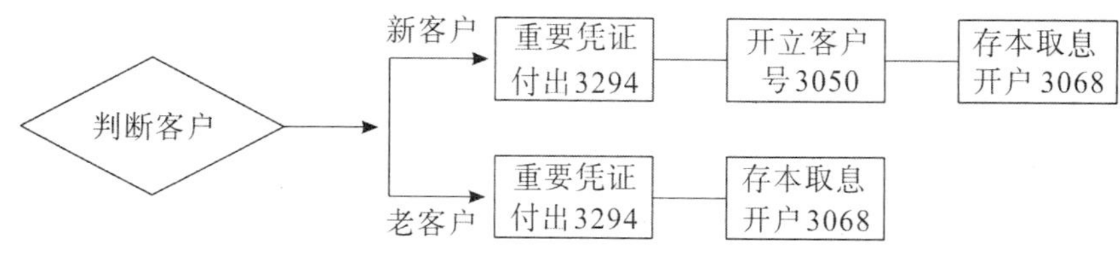

柜员必须严格按交易操作流程逐一完成各交易码的操作，才能完整地完成一个开户业务。

1. 操作步骤

第一步，输入交易代码3294，系统会弹出重要凭证付出界面，选择零存整取存折，系统会自动弹出凭证的起始号码、凭证数量和使用张数，逐一输入摘要、授权人及授权人密码后确认就行了。

注意：在操作前一定要在综合管理模块中，选择重要凭证出库，否则系统会弹出“对不起，您的票据已用完”的提示。

第二步，输入交易代码3050或在个人业务——客户管理模块里，选择开立客户号进入普通开户的界面，逐一输入证件类别、证件号码、证件号重复、客户称谓、客户姓名、邮编、地址、家庭电话、办公电话、传真等，选择执行。

注意：以上项目的选择和输入均根据案例提示的信息来完成；邮编、地址、家庭电话、办公电话、传真几项不是必输入项；完成录入后，点击执行，如果填错，可选择重填。

第三步，柜员输入交易码3068可直接进入，也可在个人业务——存本取息模块里，选择存本取息开户进入。如图4.15：

图4.15

（1）输入证件号码：19 位数字。

（2）客户号：输入证件号码后，系统自动显示客户号，并在界面上方自动显示该客户号信息。如果未开立客户号，则系统提示首先开立客户号。

（3）选择币种：货币代码可为人民币、美元、日元、英镑、港币、欧元，系统默认为人民币。

（4）计息标志、凭证种类、凭证号码、交易密码和交易密码确认几项由系统自动匹配并显示。

（5）利率：系统根据输入的存期来自动显示。

（6）现转标志：现金/转账，系统默认为现金。

（7）存期：存期：一、三、五年。

（8）取息间隔：两位数字，单位是月。

（9）金额：15 位数字，起存金额必须大于等于 5 000 元，金额超过 5 万元，必须授权，授权人是主管柜员，输入其柜员号及授权密码。

（10）支取方式：凭身份证/凭印/凭密，系统默认为凭身份证。

（11）通存通兑：是/否，系统默认值为是。

（12）自动转存：是/否，系统默认值是。

注意：以上项目的选择和输入均根据案例提示的信息来完成；证件号码、金额、存期、取息间隔为必输项；凭证种类和凭证号码由重要凭证付出（3294）交易产生，因此开户的操作必须作凭证付出，否则系统会作出提示；完成录入后，点击执行，如果填错，可选择重填。

2. 会计核算

系统自动产生开户日期，并登记开销户登记簿，根据交易码是否现金/转账，是否通存通兑来产生会计分录。

现金交易会计分录：

借：现金

　贷：存本取息储蓄存款

如果是现金交易，则增加经办柜员的尾箱现金数量，登记现金收付登记簿。

二、存本取息存款取息

存款取息存款取息业务处理客户定期支取存款利息流程，本交易支持同城通存通兑业务。

1. 操作步骤

柜员输入交易码 3069 可直接进入，也可在个人业务——存本取息模块里，选择存本取息取息进入。如图 4.16：

图 4.16

（1）输入账号：19 位数字。

（2）输入账号后，系统会自动在界面上方显示该账户信息。

（3）通存通兑、货币号不用输入，系统自动显示。系统将根据账号自动判断是否非机构账号，从而自动判断是否通存通兑。

（4）现转标志：现金/转账，系统默认为现金。

（5）金额：15 位数字。

（6）证件号码：如果支取方式为凭身份证，则为必输项。

（7）代理人证件类型和证件号为可选输入项。

（8）授权人：主管柜员输入其柜员号。

（9）授权密码：主管柜员输入其授权密码。

注意：以上项目的选择和输入均根据案例提示的信息来完成；账号和金额为必输项；完成录入后，点击执行，如果填错，可选择重填。

2. 会计核算

系统根据交易码是否现金/转账，是否通存通兑来产生会计分录。

（1）取款日期，系统自动计算利息。

利息 =（本金 × 存期 × 利率）÷ 取息次数

会计分录：

借：存本取息利息支出

　贷：现金（税后利息）

（2）发生通存通兑业务，如果是本代他付，会计分录为：

借：同城通存通兑款项——本代他付

　贷：现金

三、存本取息销户

存本取息销户可处理客户到期全部支取本金和提前全部支取本金，结清利息，销户。本交易不支持同城通存通兑业务。

1. 操作步骤

柜员输入交易码 3068 可直接进入，也可在个人业务——存本取息模块里，选择存本取息销户进入。如图 4.17：

图 4.17

（1）输入账号：19 位数字。

（2）输入账号后，系统会自动在界面上方显示该账户信息。

（3）货币号、证件号码、金额不用输入，系统自动显示。

（4）现转标志：现金/转账，系统默认为现金。

（5）代理人证件类型和证件号为可选输入项。

（6）授权人：主管柜员输入其柜员号。

（7）授权密码：主管柜员输入其授权密码。

注意：以上项目的选择和输入均根据案例提示的信息来完成；账号为必输项；完成录入后，点击执行，如果填错，可选择重填。

2. 会计核算

系统自动产生销户日期，登记开销户登记簿，根据交易码是否现金/转账，是否通存通兑来产生。

（1）到期支取：

借：存本取息储蓄存款

　　利息支出（剩余未支取的利息）

　贷：现金（税后利息）

（2）部分提前支取：

借：存本取息储蓄存款

　　应付利息——提前支取计付利息

　　应付利息——提前支取前已付利息（红字）

　贷：现金（税后本息）

　　　代扣税金——代扣利息税

如果是现金交易，则减少经办柜员的尾箱现金数量，登记现金收付登记簿。

第六节　个人通知存款

个人通知储蓄存款是一种存款人在存入款项时不约定存期，预先确定品种（现行分一天通知储蓄存款、七天通知储蓄存款两个品种），支取时需提前通知银行，约定支取日期及金额的储蓄存款方式。其基本规定：

（1）个人通知存款是指客户在存入款项时不约定存期，支取时需提前通知银行，约定支取存款日期和金额方能支取的款项。

（2）个人通知存款起存金额为5万元，需一次性存入，可一次或分次支取，最低支取金额为5万元。

（3）个人通知存款分为一天和七天通知存款两个档次。一天通知存款必须提前一天通知银行约定支取存款，七天通知存款必须提前七天通知银行约定支取存款。

（4）个人通知存款采用记名存单形式，存单使用储蓄存单，需在存单上注明“通知存款”字样。

（5）通知存款不论实际存期多长，利率按客户提前通知的期限长短和支取日挂牌公告的相应利率和实际存期计算，利随本清。通知存款如遇以下情况，按活期存款利率计息：

◇ 实际存期不足通知期限的；

◇ 未提前通知而支取的；

◇ 已办理通知手续而提前或逾期支取的；

◇ 支取金额不足或超过约定金额的不足或超过部分的；

◇ 支取金额不足最低支取金额的。

利息 = 本金 × 存期 × 相应档次的个人通知存款利率

（6）通知存款如已办理通知手续而不支取或在通知期限内取消通知的，通知期限内不计息。

（7）存入时，存款人自由选择品种，但存单或存款凭证上不注明利率。金融机构按支取日挂牌公告的相应利率，利随本清。

（8）本储种只限于人民币业务。

一、个人通知存款开户

个人通知存款开户可建立个人通知储蓄账户，并核算开户起存金额。业务流程为：对新客户，开户业务要完成三个交易码的操作；对老客户，开户业务要完成两个交易码的操作。

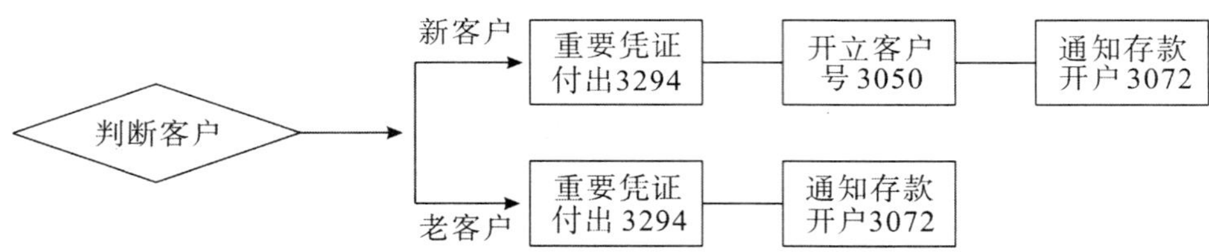

柜员必须严格按交易操作流程逐一完成各交易码的操作，才能完整地完成一个开户业务。

1. 操作步骤

第一步，输入交易代码3294，系统会弹出重要凭证付出界面，选择整整存单，系统会自动弹出凭证的起始号码、凭证数量和使用张数，逐一输入摘要、授权人及授权人密码后确认就行了。

注意：在操作前一定要在综合管理模块中，选择重要凭证出库，否则系统会弹出“对不起，您的票据已用完”的提示。

第二步，输入交易代码3050或在个人业务——客户管理模块里，选择开立客户号进入普通开户的界面，逐一输入证件类别、证件号码、证件号重复、客户称谓、客户姓名、邮编、地址、家庭电话、办公电话、传真等，选择执行。

注意：以上项目的选择和输入均根据案例提示的信息来完成；邮编、地址、家庭电话、办公电话、传真几项不是必输入项；完成录入后，点击执行，如果填错，可选择重填。

第三步，柜员输入交易码3072可直接进入，也可在个人业务——个人通知存款模块里，选择通知存款开户进入。如图4.18：

图 4.18

（1）输入证件号码：19 位数字。

（2）客户号：输入证件号码后，系统会自动显示客户号，并在界面上方自动显示该客户号信息，如果未开立客户号，则系统提示首先开立客户号。

（3）币种：系统默认为人民币。

（4）计息标志、凭证种类、凭证号码、交易密码和交易密码确认几项由系统自动匹配并显示。

（5）利率：系统根据输入的存期来自动显示。

（6）现转标志：现金/转账，系统默认为现金。

（7）通知期：选择一天/七天。

（8）金额：人民币起存金额必须大于等于 50 000 元。必须授权，授权人是主管柜员，输入其柜员号及其授权密码。

（9）支取方式：凭身份证/凭印/凭密，系统默认为凭身份证。

（10）通存通兑：是/否，系统默认值为是。

（11）自动转存：是/否，系统默认值是。

（12）存折打印：是/否，系统默认为是。

（13）代理人：代理人身份证件名称和号码。

注意：以上项目的选择和输入均根据案例提示的信息来完成；证件号码、金额、通知期为必输项；凭证种类和凭证号码由重要凭证付出（3294）交易产生，因此开户的操作必须作凭证付出，否则系统会作出提示；完成录入后，点击执行，如果填错，可选择[重填]。

2. 会计核算

现金交易会计分录：

借：现金

　贷：个人通知存款

如果是现金交易，则增加经办柜员的尾箱现金数量，登记现金收付登记簿。

二、部分支取

个人通知存款部分支取可处理客户按约定通知期部分支取其存款，且剩余金额大于50 000元起存金额的业务。本功能不支持通存通兑。其业务流程为：个人通知存款部提业务，由于要对存款的剩余部分发放新存单，因此涉及两个交易码的操作：

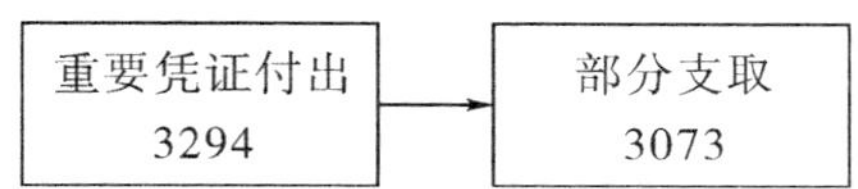

柜员必须严格按交易操作流程逐一完成各交易码的操作，才能完整地完成一个开户业务。

1. 操作步骤

柜员输入交易码3073可直接进入，也可在个人业务——个人通知存款模块里，选择[部分支取]进入。如图4.19：

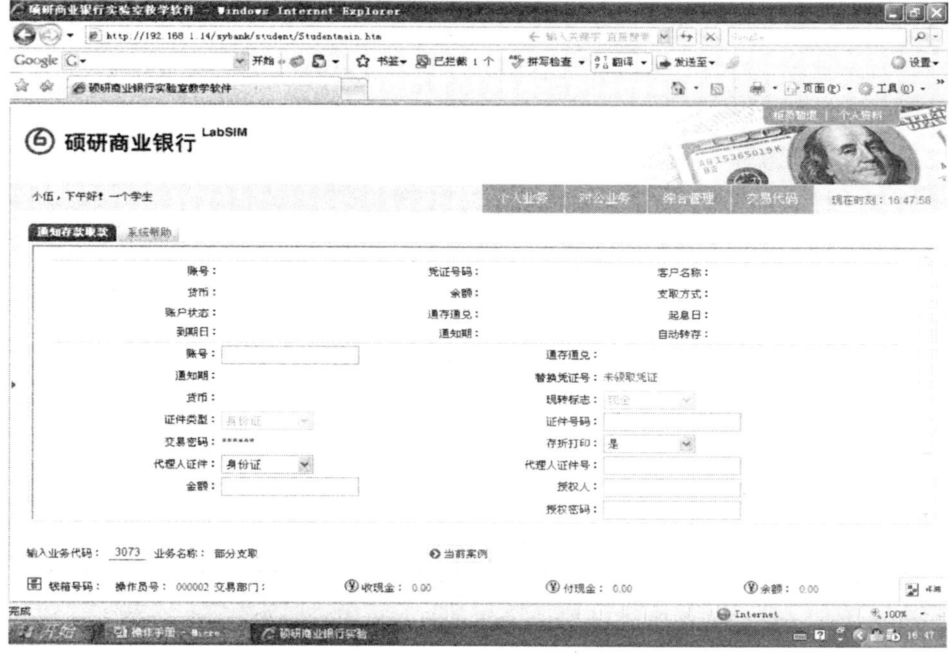

图4.19

（1）输入账号：19 位数字。

（2）输入账号后，系统自动在界面上方显示该账户信息。

（3）输入支取金额：支取金额大于等于 50 000 元。

（4）选择通知期：1 天/7 天/0 天（0 天即客户支取时未通知）。

（5）货币号、通知期、替换凭证号、证件号码、交易密码不用输入，系统自动显示。

（6）现转标志：现金/转账，系统默认为现金。

（7）代理人证件类型和证件号为可选输入项。

（8）授权人：主管柜员输入其柜员号。

（9）授权密码：主管柜员输入其授权密码。

注意：以上项目的选择和输入均根据案例提示的信息来完成，账号和金额为必输项；整存整取只可提前支取一次，意思是同一个整存整取账号下只允许一次提前支取的操作；完成录入后，点击[执行]，如果填错，可选择[重填]。

2. 会计核算

（1）个人通知存款如部分支取，留存部分高于最低起存金额的，柜员对个人留存金额需重新打印。个人通知存款单，从原开户日计算存期，原存单加盖“部分支取”章与“支款通知单”作取款凭条附件；留存部分低于起存金额的予以销户，按销户日挂牌公告的活期存款利率计息，或根据客户意愿转为其他存款。

（2）柜员应受理当天送达的“个人通知存款支款通知单”一式二联，不接受提前或逾期通知。

（3）综合业务系统操作中支取额必须大于或等于 50 000 元，支取后余额不足 50 000 元时，要进行销户处理。

（4）部分提前支取及提前支取要出示身份证并背书，柜员应注意审核身份证件与背书是否一致。

系统自动产生提前支取日期，根据交易码是否现金/转账，是否通存通兑来产生会计分录。

现金交易会计分录：

借：个人通知存款

　　利息支出

　贷：现金（税后本息）

　　　代扣税金——代扣利息税

如果是现金交易，则减少经办柜员的尾箱现金数量，登记现金收付登记簿。

三、通知存款销户

通知存款销户包括处理客户的以下业务：

◇ 客户按约定通知期全部提取账户余额。

◇ 客户支取时，实际存期不足通知期限。

◇ 客户支取未提前通知。

◇ 客户已办理通知手续而提前或逾期支取。

◇ 客户支取金额不足最低支取金额——50 000 元。

◇ 本功能不支持通存通兑。

1. 操作步骤

柜员输入交易码 3074 可直接进入，也可在个人业务——个人通知存款模块里，选择<u>通知存款销户</u>进入。如图 4.20：

图 4.20

(1) 输入账号：19 位数字。

(2) 输入账号后，系统自动在界面上方显示该账户信息。

(3) 货币号、证件号码、金额不用输入，系统自动显示。

(4) 现转标志：现金/转账，系统默认为现金。

(5) 代理人证件类型和证件号为可选输入项。

(6) 授权人：主管柜员输入其柜员号。

(7) 授权密码：主管柜员输入其授权密码。

注意：以上项目的选择和输入均根据案例提示的信息来完成；账号为必输项；完成录入后，点击<u>执行</u>，如果填错，可选择<u>重填</u>。

2. 会计核算

系统自动产生销户日期，登记开销户登记簿，根据交易码是否现金/转账，是否通存通兑来产生。

现金交易会计分录：

借：个人通知存款

　　利息支出

　贷：现金（税后本息）

　　　代扣税金——代扣利息税

如果是现金交易，则减少经办柜员的尾箱现金数量，登记现金收付登记簿。

第五章　个人贷款业务实验

个人贷款业务主要指运用从负债业务筹集的资金，将资金的使用权在一定期限内有偿让渡给个人，并在贷款到期时收回资金本息以取得收益的业务。个人贷款业务种类很多，可以按照不同的标准进行分类。

根据个人信贷用途的不同，可以分为个人消费贷款和个人经营性贷款。个人消费贷款包括个人住房按揭贷款、汽车贷款、留学贷款、助学贷款等。

根据个人信贷还款方式的不同，可以分为分期还款贷款和一次还清贷款，而前者又包括等额本金、等额本息、分期付息一次还本、本金等额递增、本金等额递减以及组合还款方式。

根据个人信贷期限的不同，可以分为中、短期贷款和长期贷款。短期贷款在 1 年以内，中期贷款在 1 ~5 年；而长期贷款一般在 5 年以上，多在 20 ~30 年。

第一节　个人消费贷款

个人消费贷款是指银行向个人发放贷款，主要用于生活消费。银行向个人发放的用于汽车、耐用品等消费的款项，包括个人大额耐用消费品贷款、个人综合消费贷款、个人住房按揭贷款、个人汽车贷款等。本教材主要介绍个人消费贷款中的个人住房按揭贷款。

个人住房按揭贷款是指银行向借款人发放用于购买自用新建住房的贷款。个人住房按揭贷款的基本规定：

（1）个人住房按揭贷款必须符合中国人民银行《个人住房贷款管理办法》的规定。

（2）本贷款专用于个人购置普通自住住房。

（3）借款人需在银行开立储蓄卡或个人购房活期储蓄存款账户，用于归还借款本息。

（4）贷款金额一次性划转到借款合同中指定的售房单位的银行存款账户。

（5）个人住房贷款最高贷款额按有权部门规定执行。

（6）贷款期限由贷款行根据借款人的还款能力与借款人协商确定，最长不超过 30 年。

（7）利息计算。

个人住房按揭贷款期限在 1 年以内（含 1 年）的，实行合同利率，遇法定利率调整，不分段计息；贷款期限在 1 年以上的，遇法定利率调整，于下年初开始，按相应利率档次执行新的利率规定。

贷款期限在1年以内（含1年）的，到期一次还本付息，利随本清；贷款期限在1年以上的，贷款行在约定还款日期，每月直接从借款人活期存款账户扣收应还款额。贷款不到期可以全部或部分提前归还，提前归还全部贷款本息的，贷款行根据实际贷款期限档次相对应的利率计算归还本金的利息，已计收的贷款利息不再退还。

法定利率调整后，贷款行应根据剩余本金、调整后的原期限档次利率水平、剩余还款期按原公式重新计算等额偿还法扣借款人余期每期偿还本息额。如借款人当日账上不足支付应还款额时，贷款行应将借款人当期欠缴的本金和利息分别转入逾期贷款和应收利息，并按规定计收罚息和复利。

分期归还贷款一般按“等额本息偿还法”或“等额本金偿还法”计算每期还款额。

等额本息偿还法：

每月偿还贷款本息金额 = 本金 × 月利率 × （1 + 月利率）^{还款月数} × （1 + 月利率）$^{\text{还款月数}-1}$

等额本金偿还法：

当月偿还贷款本息金额 = 贷款本金/贷款期月数 +（本金 − 已归还本金累计金额）× 月利率

一、个人住房按揭贷款开户发放

个人住房按揭贷款开户发放可处理对客户发放个人消费贷款，并建立消费贷款账户。本业务由于涉及抵质押品的保管，因此必须经过两个交易码的操作：

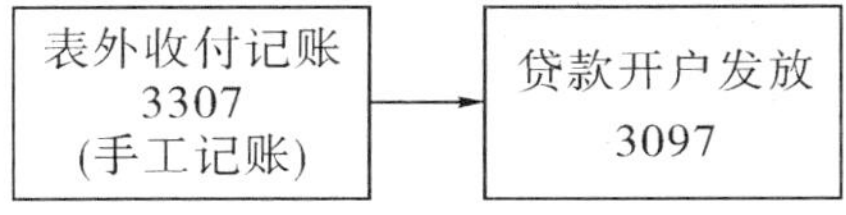

柜员必须严格按交易操作流程逐一完成各交易码的操作，才能完整地完成一个开户业务。

1. 操作步骤

第一步，柜员输入交易代码3307可直接进入表外收付记账界面。如图5.1。

（1）表外收付项目：选择代保管质押品。

（2）表外账号名称：系统自动弹出代保管质押账号。

（3）记账标志：选择“收”，表明收到收到房产证，代为保管。

（4）货币：人民币、美元、英镑、日元、欧元及港币中选择，系统默认人民币。

（5）金额：填写房产证上的金额。

（6）摘要：可以根据具体事项进行填写，如“房产证抵押”等。

图 5.1

以上项目的选择和输入均根据案例提示的信息来完成，完成录入后，点击执行，如果填错，可选择重填。如果点击执行，系统会自动生成执行结果，弹出表外收付记账执行结果界面。如图 5.2：

图 5.2

第二步，柜员输入交易码3097可直接进入，也可在个人业务——个人消费贷款模块里，选择贷款开户发放进入。如图5.3：

图5.3

（1）输入合同号、还款账号、金额、经销商账号。

（2）贷款类别：住房按揭、二手房贷款、住房装修贷款、汽车消费贷款、大宗耐用品消费贷款、旅游消费贷款、其他中长期个人消费贷款。

（3）客户名称：输入还款账号后，系统自动显示。

（4）账户序号：只适用于一本通存款账户。

（5）贷款利率和经销商户名：系统根据选择的贷款期限和输入经销商账号后自动显示。

（6）代保管质押品编号：由系统自动从表外收付记账（3307）结果中获取。

（7）贷款期限：选择6个月以内，6个月~1年，1~3年，3~5年，5年以上。

（8）还款方式：0一次性偿还；1等额偿还；2等本偿还。

（9）担保方式：选择担保/质押/抵押。

（10）必须授权。“授权人”、“授权人密码”两项需由授权柜员输入。如需授权业务，而未经授权直接提交执行，系统会作出警告提示。

以上项目的选择和输入均根据案例提示的信息来完成；完成录入后，点击执行，如果填错，可选择重填。

2. 会计核算

如果经销商的结算账户为预开户，则贷款作为开户金存入，激活账户并登记开销户登记簿。

系统根据储蓄存款账号找到客户号，自动生成个人消费贷款的贷款账号（贷款账号生成规则待定），同时建立直接存、贷款的对应关系。系统自动登记开销户登记簿。

贷款发放时，会计分录为：

借：个人消费贷款

　贷：贷款人活期储蓄存款

向经销商付款时，会计分录为：

借：贷款人活期储蓄存款

　贷：收款人（经销商）

二、个人消费贷款提前部分还款

个人消费贷款提前部分还款是处理客户提前偿还部分贷款本金。业务处理流程：该业务由于涉及提前部分还款需要交纳一定的赔偿金，因此，必须完成两个交易码的操作。

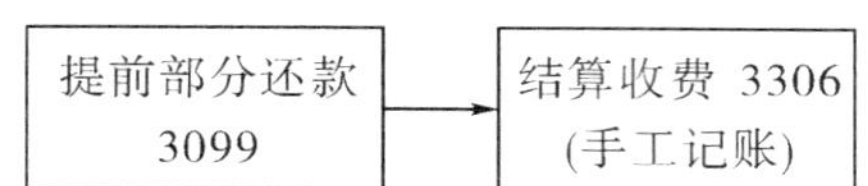

柜员必须严格按交易操作流程逐一完成各交易码的操作，才能完整地完成一个开户业务。

1. 操作步骤

第一步，柜员输入交易码3099可直接进入，也可在个人业务——个人消费贷款模块里，选择提前部分还款进入。如图5.4：

图5.4

（1）输入贷款账号：系统自动在界面上方将该贷款账户信息显示出来。

（2）输入还款金额。

（3）账户序号：只适用于一本通存款账户。

（4）还款账号、账户名称：不用输入，系统自动显示。

（5）必须授权。“授权人”、“授权人密码”两项需由授权柜员输入。如需授权业务，而未经授权直接提交执行，系统会作出警告提示。

以上项目的选择和输入均根据案例提示的信息来完成；完成录入后，点击执行，如果填错，可选择重填。

第二步，柜员输入交易代码3306，直接进入结算收费界面。如图5.5：

图5.5

（1）客户账号：输入19位数字的客户付款账号。

（2）交费种类：手续费、工本费、邮电费、信用卡年费、营业外收入。

（3）账户序号：只适用于一本通存款账户。

（4）货币：在人民币、美元、英镑、日元、欧元及港币中选择，系统默认为人民币。

（5）现转标志：在现金/转账中进行选择，系统默认为现金。

（6）输入收费金额。

（7）笔数：根据实际发生的笔数进行填写。

（8）费率：可以查询，也可以根据收费的金额进行计算。

以上项目的选择和输入均根据案例提示的信息来完成；完成录入后，点击[执行]，如果填错，可选择[重填]；如果收费标准不清楚，可以点击[查询]。

2. 会计核算

借款人部分提前归还贷款的，首先要结清以前各期的逾期和欠息及本期本金和利息，再将剩余的款项核减借款人提前归还时的贷款本金余额。

提前部分还款采取利随本清的方式，在还款的同时系统自支计算相应利息并结转到对应的储蓄账号中。提前部分还款需要交纳一定金额的赔偿金，有的银行会按原贷款本金多计收一期的利息。赔偿金作为营业外收入直接在“通用记账”界面中记录。

若每期正常还款的，则会计分录：

借：活期储蓄存款——借款人户（提前还款额）

　贷：个人（消费）贷款（本金部分）

　　　利息收入（本期应收利息部分）

　　　营业外收入（赔偿金）

三、全部还款

全部还款可处理客户提前全部偿还贷款本息，销户。本业务由于涉及提前还款的赔偿金及代保管抵质押品的归还，因此，必须经过三个交易码的操作。业务流程为：

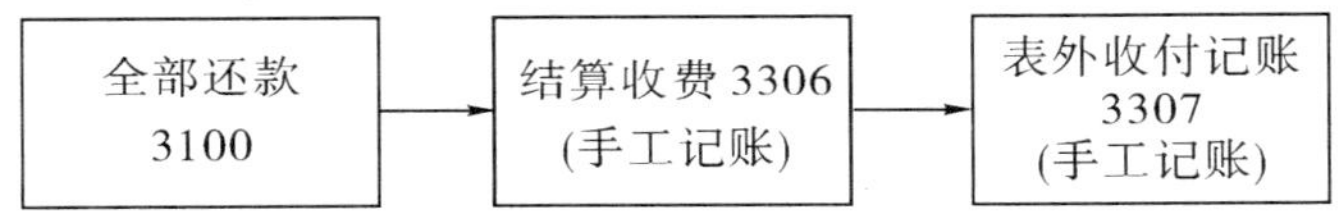

柜员必须严格按交易操作流程逐一完成各交易码的操作，才能完整地完成一个开户业务。

1. 操作步骤

第一步，柜员输入交易码3100可直接进入，也可在个人业务——个人消费贷款模块里，选择[全部还款]进入。如图5.6。

（1）输入贷款账号：系统自动在界面上方将该贷款账户信息显示出来。

（2）账户序号：只适用于一本通存款账户。

（3）还款账号、账户名称：不用输入，系统自动显示

（4）输入金额。

（5）必须授权。“授权人”、“授权人密码”两项需由授权柜员输入。如需授权业务，而未经授权直接提交执行，系统会作出警告提示。

以上项目的选择和输入均根据案例提示的信息来完成；完成录入后，点击[执行]，如果填错，可选择[重填]。

图 5.6

第二步，柜员输入交易代码 3306，直接进入结算收费界面。如图 5.7：

图 5.7

（1）客户账号：输入 19 位数字的客户付款账号。

（2）交费种类：手续费、工本费、邮电费、信用卡年费、营业外收入。

（3）账户序号：只适用于一本通存款账户。

（4）货币：可为人民币、美元、英镑、日元、欧元及港币，系统默认为人民币。

（5）现转标志：现金/转账中进行选择，系统默认为现金。

（6）输入收费金额。

（7）笔数：根据实际发生的笔数进行填写。

（8）费率：可以查询，也可以根据收费的金额进行计算。

以上项目的选择和输入均根据案例提示的信息来完成；完成录入后，点击执行，如果填错，可选择重填；如果收费标准不清楚，可以点击查询。

第三步，柜员输入交易代码 3307 直接进入表外收付记账界面。如图 5.8：

图 5.8

（1）表外收付项目：选择代保管质押品。

（2）表外账号名称：系统自动弹出代保管质押账号。

（3）记账标志：选择“付”，表明返还抵押的房产证 。

（4）货币：可为人民币、美元、英镑、日元、欧元及港币，系统默认为人民币。

（5）金额：填写房产证上的金额。

（6）摘要：可以根据具体事项进行填写，如“返还房产证”等。

以上项目的选择和输入均根据案例提示的信息来完成，完成录入后，点击执行，如果填错，可选择重填。如果点击执行，系统会自动生成执行结果，弹出表外收付记账执行结果界面。如图 5.9：

图 5.9

2. 会计核算

在基于正常还款的前提下，全部还款的会计分录：

借：活期储蓄存款——借款人户（剩余本金）

　贷：利息收入（本期应付利息）

　　　营业外收入（赔偿金）

第二节　个人小额质押贷款

个人小额质押贷款是客户将在银行开办的未到期的整存整取定期储蓄存单、存本取息定期储蓄存单、国库券收款凭证和外币定期存单质押给银行，从而取得贷款的业务。个人小额质押贷款的基本规定：

(1) 个人小额质押贷款金额不超过质押品面额的规定比例；外币存款按当日国家外管局公布的外汇（钞）买入价折成人民币。

(2) 个人小额质押贷款的贷款最高额度不得超过质押储蓄存单面额的 90%，一张存单只能办理一次质押贷款业务，质押期内不得申请挂失。

(3) 个人小额质押贷款最高限额按照中国人民银行的有关规定执行。

（4）个人小额质押贷款的质押品仅限于储户在银行开办的未到期的整存整取定期储蓄存单、存本取息定期储蓄存单、国库券收款凭证和外币定期存单；储户将所质押的存单交于银行，由银行开具保管收据；储户贷款还清后，凭银行开具的保管收据收回质押品。

（5）个人小额质押贷款的期限不得超过储户所质押的存单到期日；若储户用多张存单进行质押贷款，银行将以存单离到期日最近的时间确定储户办理贷款的期限；且贷款期限最长不得超过一年。

（6）单笔质押贷款额度超过中国人民银行规定限额的，按信贷审批程序申报审批。

（7）利息计算。

◇ 利息计算公式：利息 = 计息积数 × 月利率 ÷ 30，其中计息积数按实际天数计算，算头不算尾。

◇ 对于逾期的小额质押贷款，在一个月以内，从逾期日起按中国人民银行规定的逾期贷款罚息利率计收罚息。对于逾期超过一个月的，银行有权处理储户作质押的储蓄存单，用于抵偿贷款本息。

◇ 对于储户用存本取息存单作质押的，银行从贷款日起停止支付利息。

◇ 质押的存单在存期内，仍按原利率计息；做质押的存单未到期而用于抵偿贷款本息时，银行对存单用于偿还贷款本息部分的款项按提前支取支付利息，但银行对质押后剩余的款项，仍按原利率和存期开具新存单；对已到期的存款在存期内按原定利率计息，逾期部分按活期利率计息。

◇ 储户提前还贷，按实际贷款天数计算贷款利息。

一、小额质押贷款开户发放

小额质押贷款开户发放可处理对客户发放个人小额质押贷款，并建立贷款账户。本业务由于涉及抵质押品的保管和对贷款期限质押存单/折的冻结，因此必须经过储蓄冻结、表外收付记账和贷款开户发放三个交易的操作。其业务流程为：

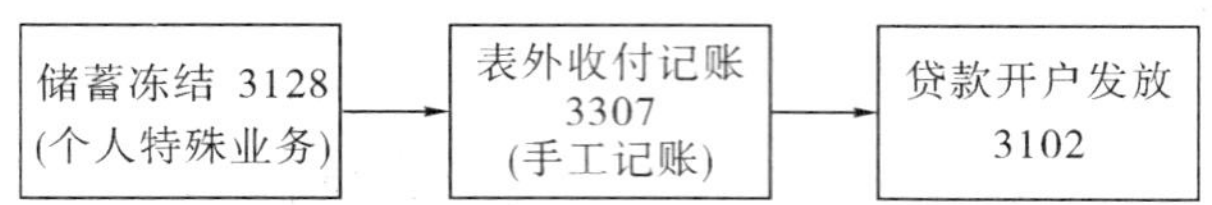

柜员必须严格按交易操作流程逐一完成各交易码的操作，才能完整地完成一个开户业务。

1. 操作步骤

第一步，柜员输入交易代码 3128 直接进入，或者在个人特殊业务模块里选择储蓄冻结进入。如图 5.10：

图 5.10

（1）输入冻结账号，系统在界面上方自动显示该账户信息。

（2）选择冻结类型，在出国存款冻结、存款证明冻结、质押冻结、验资冻结、法定冻结及挂失冻结等类型中选择质押冻结。

（3）输入冻结金额。

（4）输入结束时间，起始日期自动显示系统日期，终止日期由柜员输入。冻结到期后将自动解冻。

（5）系统对被冻结的账户要作出相应的冻结标志。

（6）必须授权。“授权人”、“授权人密码”两项需由授权柜员输入。如需授权业务，而未经授权直接提交执行，系统会作出警告提示。

第二步，柜员输入交易代码 3307 可直接进入表外收付记账界面。如图 5.11。

（1）表外收付项目：选择代保管质押品。

（2）表外账号名称：系统自动弹出代保管质押账号。

（3）记账标志：选择“收”，表明收到储蓄存单等质押品，代为保管。

（4）货币：在人民币、美元、英镑、日元、欧元及港币中选择，系统默认为人民币。

（5）金额：填写储蓄存单等质押凭证上的金额。

（6）摘要：可以根据具体事项进行填写，如“存单质押”等。

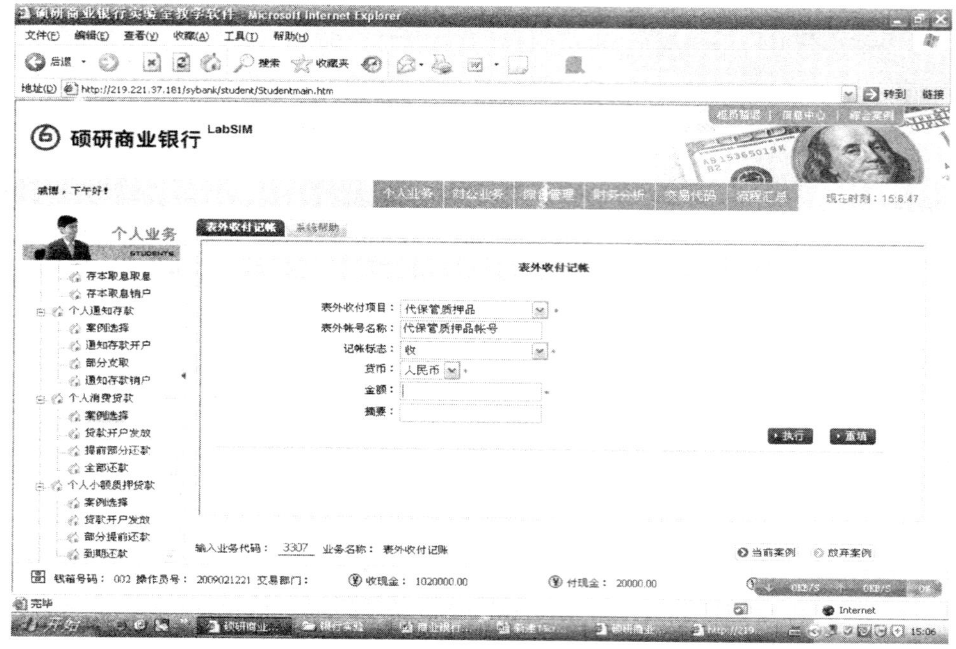

图 5.11

以上项目的选择和输入均根据案例提示的信息来完成，完成录入后，点击执行，如果填错，可选择重填。如果点击执行，系统会自动生成执行结果，弹出表外收付记账执行结果界面。如图 5.12：

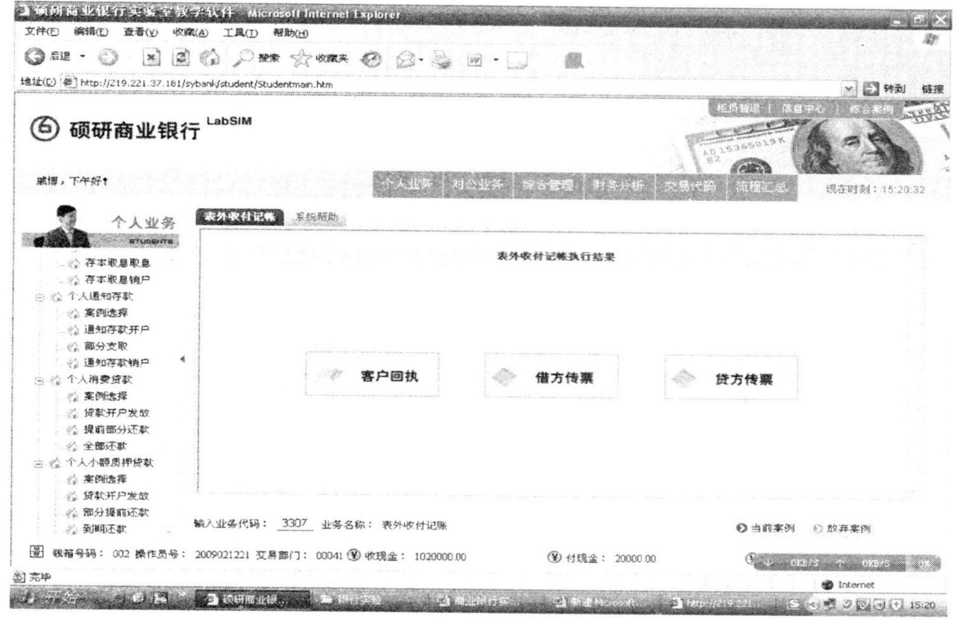

图 5.12

第三步，柜员输入交易码 3102 可直接进入，也可在个人业务——个人小额质押贷款模块里，选择贷款开户发放进入。如图 5.13：

图 5.13

（1）输入合同号、还款账号、贷款金额、贷款到期日。

（2）输入贷款金额：必须小于等于质押金额的 90%。

（3）输入质押账号：质押金额系统自动显示。

（4）代保管质押品编号：由系统自动从表外收付记账（3307）结果中获取。

（5）质押存单类型：选择整存整取定期储蓄存单、存本取息定期储蓄存单、国库券收款凭证和外币定期存单。

以上项目的选择和输入均根据案例提示的信息来完成；完成录入后，点击执行，如果填错，可选择重填。

2. 会计核算

（1）小额质押贷款发放时的会计分录：

借：××贷款——××个人

　贷：活期储蓄存款

（2）收到抵押的质押品时的会计分录：

收：代保管质押品

二、部分提前还款

本交易可处理客户部分提前还款。柜员输入交易码 3103 可直接进入，也可在个人业务——个人小额质押贷款模块里，选择部分提前还款进入。如图 5.14：

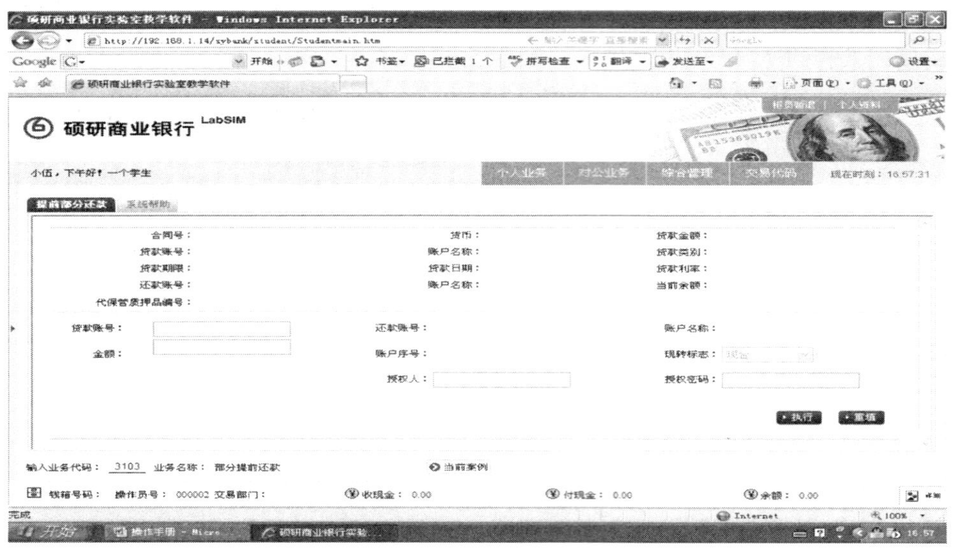

图 5.14

（1）输入贷款账号：系统会自动在界面上方将该贷款账户信息显示出来。

（2）输入还款金额。

（3）账户序号：只适用于一本通存款账户。

（4）还款账号、账户名称不用输入，系统自动显示。

（5）必须授权。“授权人”、“授权人密码”两项需由授权柜员输入。如需授权业务，而未经授权，直接提交执行，系统会作出警告提示。

以上项目的选择和输入均根据案例提示的信息来完成；完成录入后，点击执行，如果填错，可选择重填。

本交易的会计分录：

借：现金或活期储蓄存款

　贷：利息收入

　　××贷款——××个人

三、到期还款

本交易处理客户到期偿还全部本息，销户。本业务由于涉及对冻结的质押存单/折的解冻及解除对质押品的代保管，因此，必须经过储蓄解冻、表外收付记账和到期还款三个交易的操作。

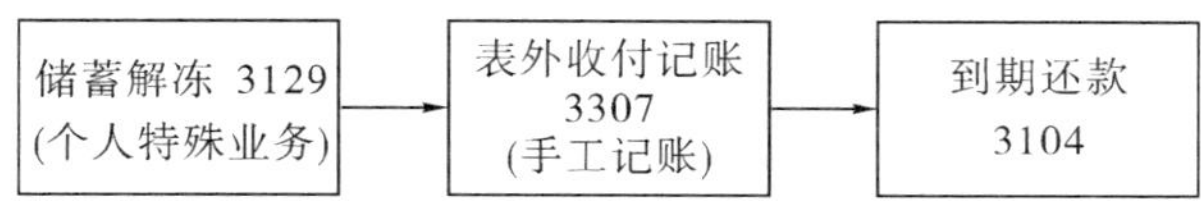

柜员必须严格按交易操作流程逐一完成各交易码的操作，才能完整地完成一个开户业务。

1. 操作步骤

第一步，柜员输入交易码3129可直接进入，也可在个人业务——个人特殊业务模块里选择[储蓄解冻]进入，如图5.15：

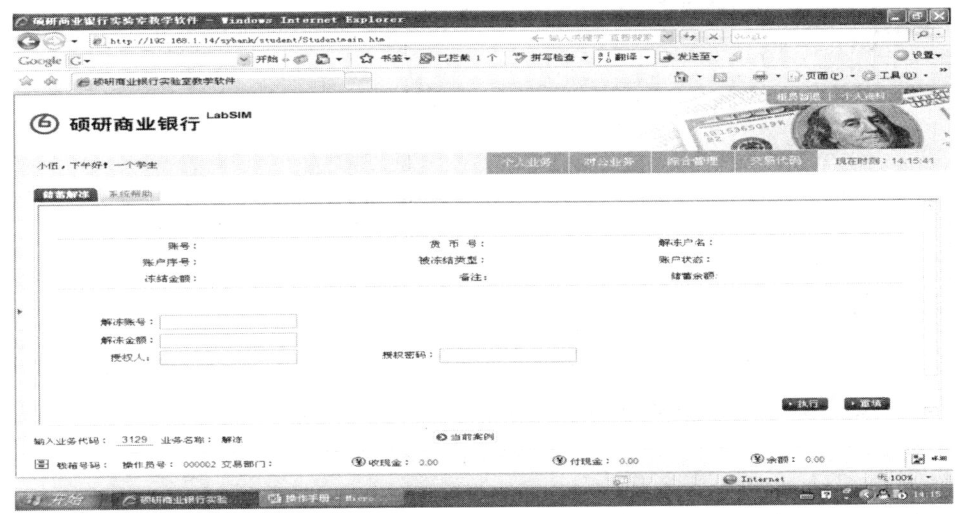

图5.15

（1）输入解冻账号。

（2）输入解冻金额。

（3）必须授权。“授权人”、“授权人密码”两项需由授权柜员输入。如需授权业务，而未经授权直接提交执行，系统会作出警告提示。

以上项目的选择和输入均按柜员已开的账户信息来完成，因此要求学生记取开户业务中用到的账号和证件号码；完成录入后，点击[执行]，如果填错，可选择[重填]。

第二步，柜员输入交易代码3307直接进入表外收付记账界面。如图5.16。

（1）表外收付项目：选择代保管质押品。

（2）表外账号名称：系统自动弹出代保管质押账号。

（3）记账标志：选择“付”，表明返还抵押的储蓄存单等质押品。

（4）货币：在人民币、美元、英镑、日元、欧元及港币中选择，系统默认为人民币。

（5）金额：填写储蓄存单等质押品上面的金额。

（6）摘要：可以根据具体事项进行填写，如“返还储蓄存单”等。

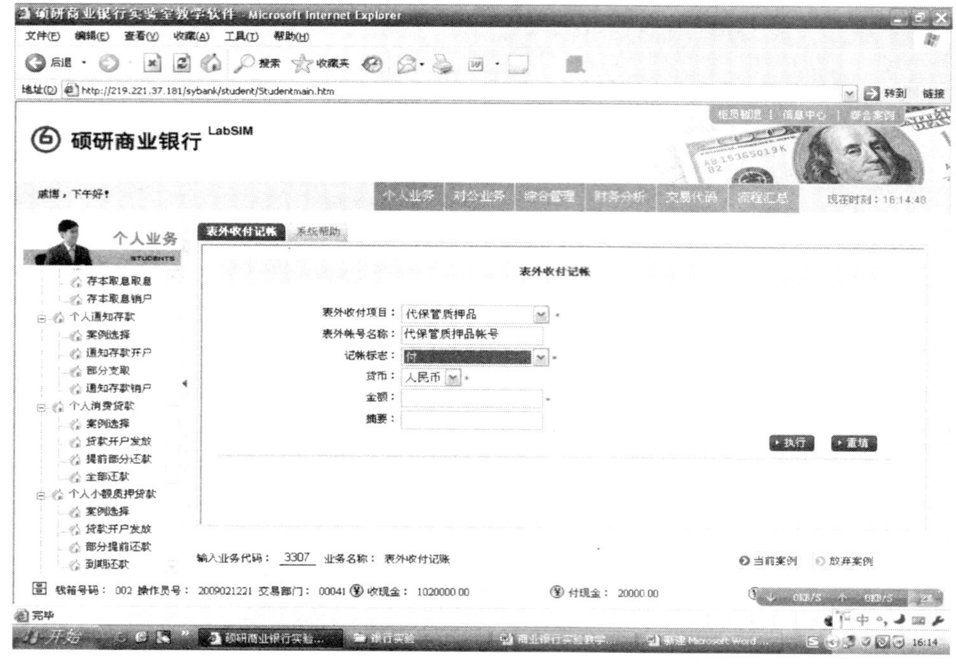

图 5.16

以上项目的选择和输入均根据案例提示的信息来完成，完成录入后，点击执行，如果填错，可选择重填。如果点击执行，系统会自动生成执行结果，弹出表外收付记账执行结果界面。如图 5.17：

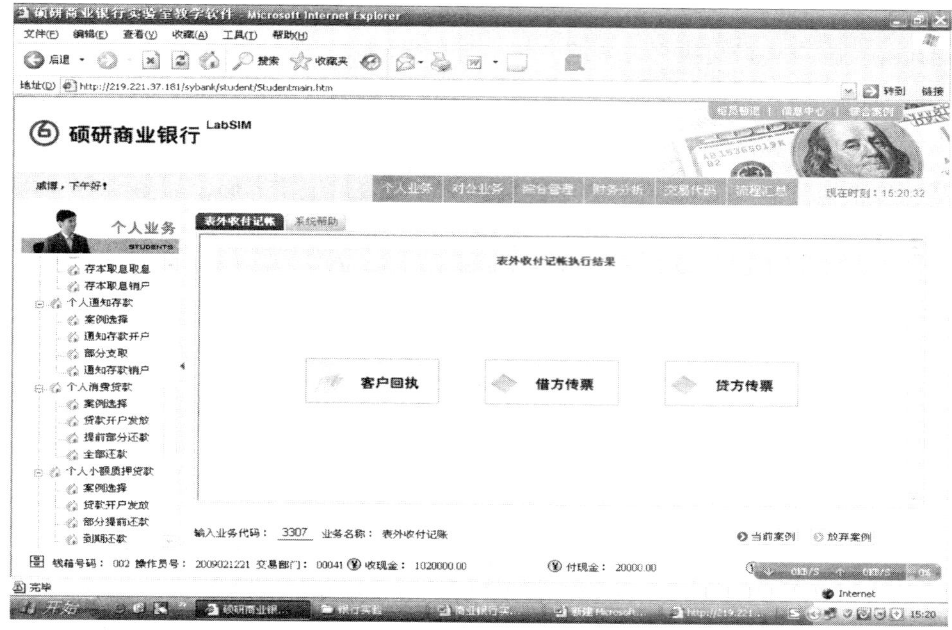

图 5.17

第三步，柜员输入交易码 3104 可直接进入，也可在个人业务——个人小额质押贷款模块里选择[全部还款]进入。如图 5.18：

图 5.18

（1）输入贷款账号：系统自动在界面上方将该贷款账户信息显示出来。

（2）输入还款金额。

（3）账户序号：只适用于一本通存款账户。

（4）还款账号、账户名称不用输入，系统会自动显示。

（5）必须授权。“授权人”、“授权人密码”两项需由授权柜员输入。如需授权业务，而未经授权直接提交执行，系统会作出警告提示。

以上项目的选择和输入均根据案例提示的信息来完成；完成录入后，点击[执行]，如果填错，可选择[重填]。

2. 会计核算

（1）到期还款时，业务经办部门的会计分录：

借：现金或活期储蓄存款

　贷：利息收入

　　　小额质押贷款——××个人

（2）待保管质押品出库时，业务经办部门会计分录：

付：代保管质押品

第六章　其他个人业务

其他个人业务是指商业银行针对个人开展的除存款和贷款业务以外的业务，包括各种代理业务、外汇兑换业务以及挂失/解挂和冻结/解冻等特殊业务。这些业务不会动用或者很少动用银行的资金，也不会引起银行资产负债的增加或减少，但却能给银行带来收入，提高银行的盈利水平。本章主要介绍商业银行的代理国债、外币兑换和个人特殊业务的实验操作。

第一节　代理国债

代理国债业务是银行受财政部委托，代理发行、兑付凭证式国债的行为。其基本规定有：

（1）代理国库券一般分为记名式（凭证式）和不记名式（固定面额）两种。

（2）债券的凭证分为重要空白凭证或有价单证管理，柜员将其领取后记入票箱登记簿中。

（3）必须按100元的整数倍发售。

（4）提前兑取收取2‰的手续费。

一、债券发售

本交易处理代理国债的发售，并开立债券账户，只限于人民币业务。由于该业务涉及“国库券收款凭证”的重要凭证付出，因此，必须经过两个交易的操作。具体业务流程：

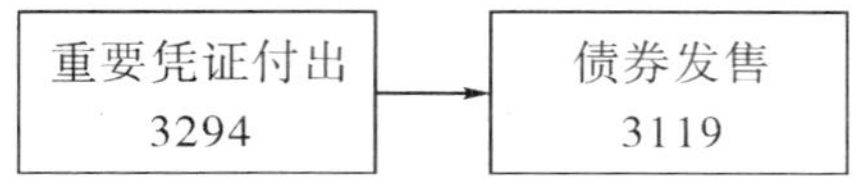

柜员必须严格按交易操作流程逐一完成各交易码的操作，才能完整地完成一个开户业务。

第一步，输入交易代码3294，系统会弹出重要凭证付出界面，选择国库券收款凭证，系统会自动弹出凭证的起始号码、凭证数量和使用张数，逐一输入摘要、授权人及授权人密码后确认就行了。

注意：在操作前一定要在综合管理模块中选择重要凭证出库，否则系统会弹出“对不起，您的票据已用完”的提示。

第一步，柜员输入交易码 3119 可直接进入，也可在个人业务——代理国债模块里，选择债券发售进入。如图 6.1：

图 6.1

（1）输入债券金额、电话、姓名、证件号码、存款账号。

（2）凭证号码根据重要凭证付出（3294）操作自动获取。

（3）存期：可选一年、三年、五年，实验中默认为三年。

（4）存款账号：只用于转账方式，则必须输入客户的储蓄存款账号。

（5）必须授权。“授权人”、“授权人密码”两项需由授权柜员输入。如需授权业务，而未经授权直接提交执行，系统会作出警告提示。

以上项目的选择和输入均根据案例提示的信息来完成；完成录入后，点击执行，如果填错，可选择重填。

该业务处理后，业务经营部门的会计分录为：

借：现金

　贷：自营国家债券——××凭证式国债（发行户）

二、兑付债券

本交易对客户购买的债券进行提前全部兑付、到期全部兑付和销户（国债不能办理部分兑付）。如果是到期兑付，则只有债券兑付一个交易的操作；如果提前兑付，需要收取手续费，则业务必须经过债券兑付和结算收费两个交易的操作。具体业务流程为：

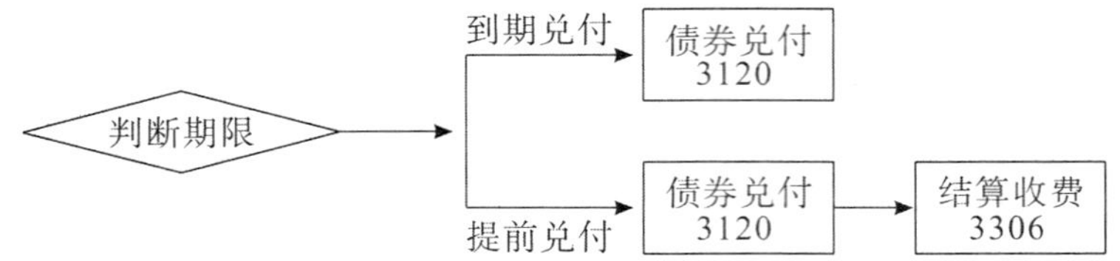

柜员必须严格按交易操作流程逐一完成各交易码的操作，才能完整地完成一个开户业务。

第一步，柜员输入交易码 3120 可直接进入，也可在个人业务——代理国债模块里，选择债券兑付进入。如图 6.2：

图 6.2

（1）输入账号、凭证号码、金额。

（2）账户序号只适用于一本通存款账户。

（3）现转标志：现金/转账，系统默认为现金。

（4）选择兑付标志：0 提前兑付/1 到期兑付。

（5）存款账户：如果选择现金，则不用输入。

（6）必须授权。“授权人”、“授权人密码”两项需由授权柜员输入。如需授权业务，而未经授权直接提交执行，系统会作出警告提示。

以上项目的选择和输入均根据案例提示的信息来完成；完成录入后，点击执行，如果填错，可选择重填。

国债开户行发生兑付行为后的会计分录：

借：自营国家债券——××凭证式国债（发行户）

　　自营国家债券——××凭证式国债（利息户）

　贷：手续费收入

　　　现金或××存款

第二步，柜员输入交易代码3306，直接进入结算收费界面。如图6.3：

图6.3

（1）客户账号：输入19位数字的客户付款账号。

（2）交费种类：在手续费、工本费、邮电费、信用卡年费、营业外收入中进行选择。

（3）账户序号：只适用于一本通存款账户。

（4）货币：在人民币、美元、英镑、日元、欧元及港币中选择，系统默认为人民币。

（5）现转标志：在现金/转账中进行选择，系统默认为现金。

（6）输入收费金额。

（7）笔数：根据实际发生的笔数进行填写。

（8）费率：可以查询，也可以根据收费的金额进行计算。

以上项目的选择和输入均根据案例提示的信息来完成；完成录入后，点击执行，如果填错，可选择重填；如果收费标准不清楚，可以点击查询。

第二节　外币兑换

外币兑换主要包括外币现钞兑换和旅行支票兑换。其基本规定有：

（1）凡属中国人民银行公布的“人民币外汇汇率表”内所列的各种外国货币，在外汇指定银行均可办理收兑。银行办理收兑外币，按当天牌价兑付，没有收兑牌价的外币，不予收兑。已停止流通的旧版货币，不能直接兑现，只能办理托收。

（2）兑入外币时，外汇指定银行将要审定外币的币别，识别真伪，并鉴定其流通情况，合乎兑换条件后才能办理收兑。发现外币假钞时，将没收假钞，并开具没收假钞证明。

（3）兑入外币的折算方法：应付人民币金额 = 外钞金额 × 外钞买入价。

（4）申请购买国家公布的可自由兑换的外币时，应按外汇管理局有关规定向银行申请购买，经银行审核无误后办理兑付。

（5）兑出外币的折算公式：客户应付人民币金额 = 需兑出的外钞金额 × 外钞卖出价。

（6）兑出外币的三种情况及规定：

◇ 对私售汇。根据外汇管理局规定，境内居民可在外汇指定银行办理个人因私兑换外汇业务。

◇ 对公供汇。公派出国团组需持外汇管理局按规定审批的出国批件，到外汇指定银行买汇，银行在审核无误后，予以供汇。

◇ 境外人员出境时的退汇业务。境外人员离境前，要求将入境时兑换的未用完的人民币兑回外币，可凭本人护照、本人的有效期（六个月）之内的外币兑换水单和离境机票或车票到原兑换机构办理，其兑换金额不能超过原水单金额的 50%。银行办理兑回外币业务时，应同时收回原兑换水单，加盖“已兑换”戳记，作为外汇买卖传票的附件。

（7）一种外币兑换另一种外币时，买入的外币牌价使用钞买价，卖出的外币牌价使用卖出价。折算公式：兑出的外币金额 = 兑入的外币金额 × 兑入外币买入价/兑出外币卖出价兑换币种。

（8）外汇指定银行可按当日牌价兑换中华人民共和国境内允许兑换的 19 种外币现钞（铸币不兑换）。包括：美元、英镑、日元、港币、瑞士法郎、欧元、新加坡元、瑞典克朗、丹麦克朗、挪威克朗、加拿大元、澳大利亚元和澳门元等。

一、现钞兑换

该交易办理客户的外汇现钞兑换业务。柜员输入交易码 3122 可直接进入，也可在个人业务——外币兑换模块里，选择 现钞兑换 进入。如图 6.4：

图 6.4

①选择兑换币种：包括美元、英镑、日元、港币、瑞士法郎、欧元、新加坡元、瑞典克朗、丹麦克朗、挪威克朗、加拿大元、澳大利亚元和澳门元等。

②输入外汇金额。

③输入兑换牌价：根据当日挂牌的汇率牌价输入。

④输入证件号码：身份证或护照号码，系统默认为身份证。

⑤人民币金额：系统根据外汇牌价，自动计算并显示。

⑥必须授权。"授权人"、"授权人密码" 两项需由授权柜员输入。如需授权业务，而未经授权直接提交执行，系统会发出警告提示。

以上项目的选择和输入均根据案例提示的信息来完成；完成录入后，点击执行，如果填错，可选择重填。

该业务发生后，业务经营部门的会计分录：

借：现金 外币

　贷：结售汇（钞买价）外币

借：结售汇（钞买价）人民币

　贷：现金 人民币

二、旅行支票兑换

该交易可办理客户的旅行支票兑换。柜员输入交易码 3123 可直接进入，也可在个人业务——外币兑换模块里，选择旅行支票兑换进入。如图 6.5：

图 6.5

（1）选择兑换币种：包括美元、英镑、日元、港币、瑞士法郎、欧元、新加坡元、瑞典克朗、丹麦克朗、挪威克朗、加拿大元、澳大利亚元和澳门元等。

（2）输入外汇金额和旅行支票号码。

（3）输入兑换牌价：根据当日挂牌的汇率牌价输入。

（4）输入证件号码：身份证或护照号码，系统默认为护照。

（5）人民币金额：系统根据外汇牌价，自动计算并显示。

（6）必须授权。“授权人”、“授权人密码”两项需由授权柜员输入。如需授权业务，而未经授权直接提交执行，系统会发出警告提示。

以上项目的选择和输入均根据案例提示的信息来完成；完成录入后，点击执行，如果填错，可选择重填。

该业务发生后，业务经营部门的会计分录为：

借：买入汇款——旅行支票 外币

　贷：利息收入 外币

　　　结售汇——××户 外币

借：结售汇——××币种户 人民币

　贷：现金或有关科目 人民币

第三节　个人存款特殊业务

个人存款特殊业务包括：开立个人存款证明、存单/折（密码/印鉴）挂失（解挂）、账户冻结（解冻）等业务。

一、开立个人存款证明

个人存款证明不具有经济担保作用，各储蓄机构均可为因自费留学、国外移民、探亲、境外旅游等需要者开具个人存款证明，每开立一份存款证明收取手续费人民币20元。开具存款证明申请人需提交本人或代理人的身份证及身份证复印件和记名式存单、折、卡等必要资料，各储蓄机构开立个人存款证明要按金额大小分级签发。客户存款如有以下情况，不可开具存款证明：

①存款已被冻结止付；

②存款已用于质押；

③存款人死亡，申请人未按照司法部门的要求办理继承过户手续。

开存款证明可为在本银行网点开户的客户出具其在该行存有一定金额存款的书面证明，包括时点证明及时段证明，此交易不允许跨网点办理。该业务需要完成重要凭证付出、冻结储蓄存款、开存款证明和结算收费四个交易步骤的操作。

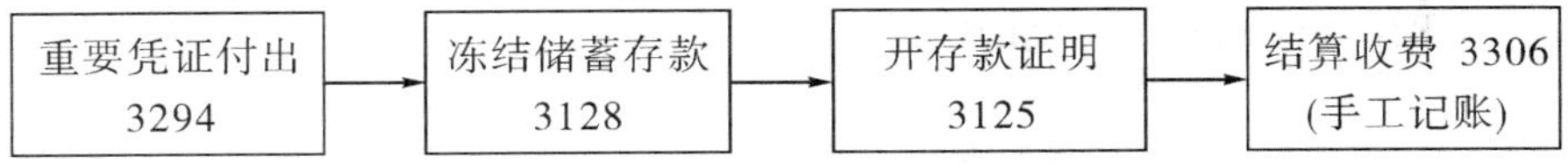

柜员必须严格按交易操作流程逐一完成各交易码的操作，才能完整地完成一个开户业务。

第一步，输入交易代码3294，系统会弹出重要凭证付出界面，选择存款证明书，系统会自动弹出凭证的起始号码、凭证数量和使用张数，逐一输入摘要、授权人及授权人密码后确认就行了。

注意：在操作前一定要在综合管理模块中选择重要凭证出库，否则系统会弹出“对不起，您的票据已用完”的提示。

第二步，输入交易代码3128，或在个人特殊业务模块中，直接点击冻结，就可以进入储蓄冻结界面。如图6.6。

（1）输入冻结账号，系统在界面上方自动显示该账户信息。

（2）选择冻结类型，在出国存款冻结、存款证明冻结、质押冻结、验资冻结、法定冻结及挂失冻结等类型中选择存款证明冻结。

（3）输入冻结金额。

（4）输入结束时间，起始日期自动显示系统日期，终止日期由柜员输入。冻结到期后将自动解冻。

（5）系统对被冻结的账户要作出相应的冻结标志。

（6）必须授权。“授权人”、“授权人密码”两项需由授权柜员输入。如需授权业务，而未经授权直接提交执行，系统会作出警告提示。

图 6.6

第三步，柜员输入交易码 3125 可直接进入，也可在个人业务——个人特殊业务模块里，选择开存款证明进入。如图 6.7：

图 6.7

（1）输入存款账号，存款户名自动显示。

（2）输入金额。

（3）货币号：人民币、美元、日元、英镑、港币、欧元，系统默认为人民币。

（4）选择证明类别：时点证明/时段证明。

（5）输入证件号码。

（6）输入截止有效期。

注意：以上项目的选择和输入均按已开的账户信息来完成，因此要记取开户业务中用到的账号和证件号码；完成录入后，点击[执行]，如果填错，可选择[重填]。

第四步，输入交易代码3306，进入结算收费界面，对收取的手续费进行记账。如图6.8：

图6.8

（1）输入存款账号，存款客户名自动显示。

（2）按交易种类选择手续费。

（3）货币：可选择人民币、美元、日元、英镑、港币、欧元，系统默认为人民币。

（4）现转标志：现金/转账，系统默认为现金。

⑤笔数输入1，收费金额20元。

注意：以上项目的选择和输入均按已开的账户信息来完成；完成录入后，点击[执行]，如果填错，可选择[重填]。

二、挂失/解挂

（一）挂失

1. 挂失的种类

挂失主要有口头挂失、正式挂失、密码挂失等种类。

口头挂失指因遗失银行卡、存折、存单而办理的临时性挂失，办理口头挂失后客户遗失的银行卡、存折、存单在挂失期内将无法继续使用。口头挂失有效期为5天，有效期内客户需补办正式挂失手续，否则口头挂失将自动失效。口头挂失时客户需提供本人有效身份证件、卡号或账号、户名、住址、余额等信息给银行验证。

正式挂失是指客户因遗失银行卡、存折或存单办理的挂失。办理正式挂失后，客户遗失的银行卡、存折或存单将无法使用。客户正式挂失7天后，银行将为客户办理解除挂失及补发新的银行卡、存折或存单。客户需持本人有效身份证件、填写挂失申请书，到原开户网点办理书面挂失。若委托他人代理的，还应出示代理人身份证件。客户只可在原开户网点办理书面挂失。

密码挂失是客户因遗忘银行卡、存折或存单的密码而到银行营业网点重置密码的服务。客户办理密码挂失需提供挂失密码的银行卡、存折或存单，并提供本人有效身份证件。若委托他人代理的，还应出示代理人身份证件。密码挂失7天后，方可办理解除挂失及重置密码手续。

2. 挂失业务的操作步骤

挂失业务可处理客户进行存折/单/卡的口头和书面挂失、密码挂失、印鉴挂失。本交易如果挂失方式选“书面挂失”则不允许跨网点执行，如果是“口头挂失”则可以在其他网点办理。业务流程为：如果挂失方式选择书面挂失，则该业务需要完成三个交易码的操作；如果挂失方式选口头挂失，则只操作单一交易码操作。

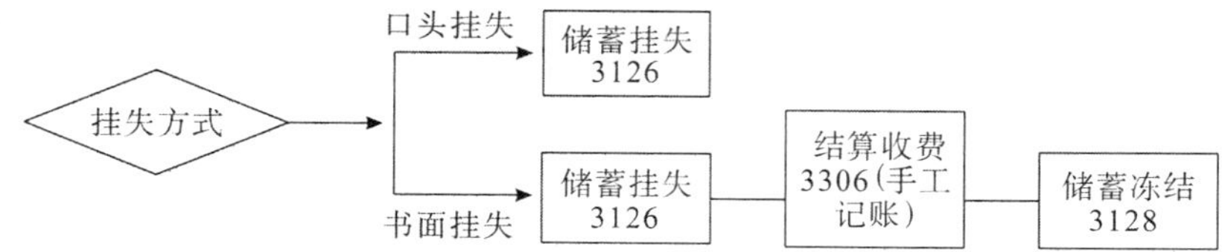

柜员必须严格按交易操作流程逐一完成各交易码的操作，才能完整地完成一个开户业务。

第一步，输入交易代码3126，或者直接点击个人特殊业务模块中的挂失，进入储蓄挂失界面。如图6.9：

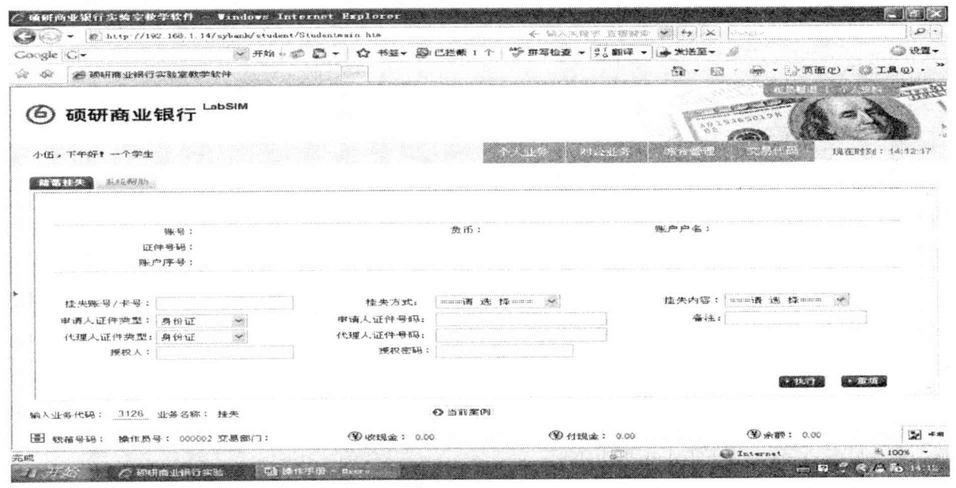

图 6.9

（1）输入挂失账号/卡号。

（2）选择挂失方式：口头挂失/书面挂失。

（3）选择挂失内容：存折、存单、卡、密码、印鉴、其他。

（4）输入申请人证件号码。

（5）必须授权。“授权人”、“授权人密码”两项需由授权柜员输入。如需授权业务，而未经授权直接提交执行，系统会作出警告提示。

注意：

①以上项目的选择和输入均按柜员已开的账户信息来完成，因此要求学生记取开户业务中用到的账号和证件号码；完成录入后，点击执行，如果填错，可选择重填。

②口头挂失，系统设置临时挂失标志。若原为口头挂失，后改为书面挂失，则取消临时挂失标志。

③书面挂失及口头挂失在挂失期内账户停止支付款项。

④口头挂失可以在异所，书面挂失只能本所。如果输入异所账号（只能是口挂），且是书面挂失时，系统会提示：“没有该账户信息”。

⑤口头挂失在五天之内如果没有解挂，则自动解挂；书面挂失时效为 7 天，7 天后自动解挂；印鉴挂失时效为 10 天，10 天后自动解挂。

⑥挂失后的账户不能发生支取交易。

第二步，输入交易代码 3306，进入结算收费界面，对收取的手续费进行记账。如图 6.10：

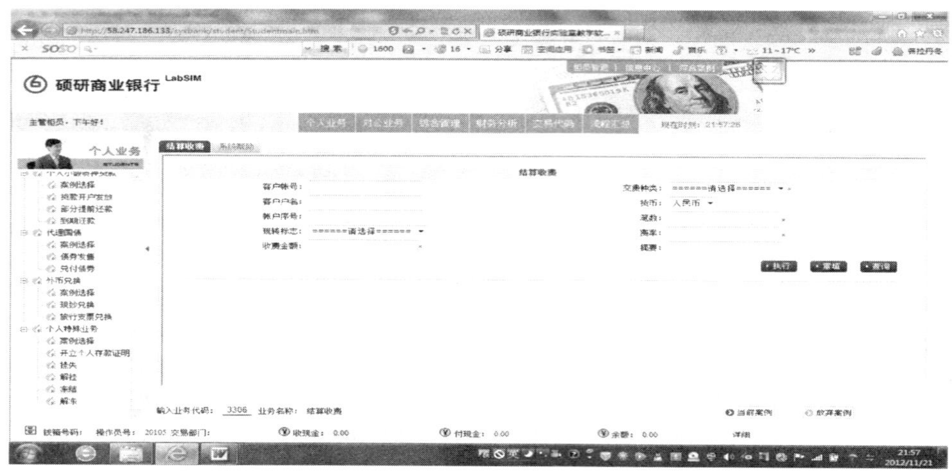

图 6.10

（1）输入存款账号，存款客户名自动显示。

（2）交易种类选择手续费。

（3）货币：可选择人民币、美元、日元、英镑、港币、欧元，系统默认为人民币。

（4）现转标志：现金/转账，系统默认为现金。

（5）笔数输入 1，收费金额 10 元。

注意：以上项目的选择和输入均按已开的账户信息来完成；完成录入后，点击执行，如果填错，可选择重填。

第三步，输入交易代码 3128，或在个人特殊业务模块中，直接点击冻结，就可以进入储蓄冻结界面。如图 6.11：

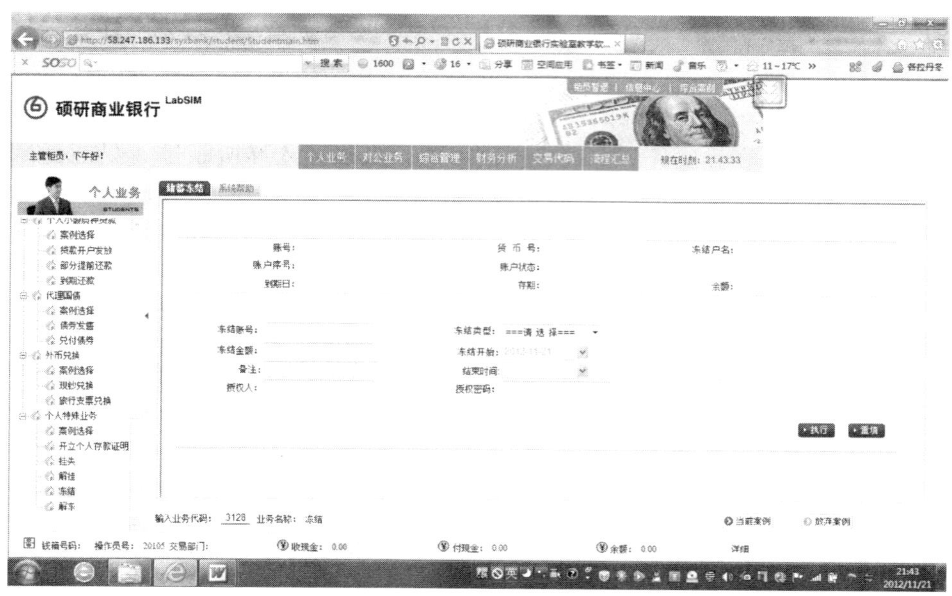

图 6.11

①输入冻结账号，系统在界面上方自动显示该账户信息。

②选择冻结类型，在出国存款冻结、存款证明冻结、质押冻结、验资冻结、法定冻结及挂失冻结等类型中选择存款证明冻结。

③输入冻结金额。

④输入结束时间，起始日期自动显示系统日期，终止日期由柜员输入。冻结到期后将自动解冻。

⑤系统对被冻结的账户要作出相应的冻结标志。

⑥必须授权。“授权人”、“授权人密码”两项需由授权柜员输入。如需授权业务，而未经授权直接提交执行，系统会作出警告提示。

（二）解挂

客户解除挂失，需凭本人有效身份证件、已挂失密码的银行卡、存折或存单、挂失申请书、客户留存联向原挂失网点申请办理解除挂失。解除挂失不可代办。已收取的挂失手续费一律不退。

此交易可处理在本网点办理书面挂失的解挂。在书面挂失的有效期限到期内，客户可以凭挂失申请书和本人有效证件来办理解挂手续。此交易不允许跨网点执行。该业务需要完成两个交易码的操作。

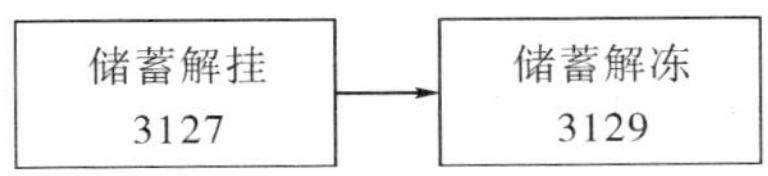

第一步，柜员输入交易码3127可直接进入，也可在个人业务——个人特殊业务模块里，选择储蓄解挂进入。如图6.12。

（1）输入挂失账号/卡号。

（2）选择解挂方式：口头解挂/书面解挂。口头挂失账户只能口头解挂、书面挂失账户只能书面解挂，解挂方式必须与挂失方式相同，否则系统提示：“解挂类型不匹配，不能解挂。”

（3）选择被挂失内容：存折、存单、卡、密码、印鉴、其他。

（4）输入申请人证件号码。

（5）必须授权。“授权人”、“授权人密码”两项需由授权柜员输入。如需授权业务，而未经授权直接提交执行，系统会作出警告提示。

注意：以上项目的选择和输入均按柜员已开的账户信息来完成，因此要求学生记取开户业务中用到的账号和证件号码；完成录入后，点击执行，如果填错，可选择重填。

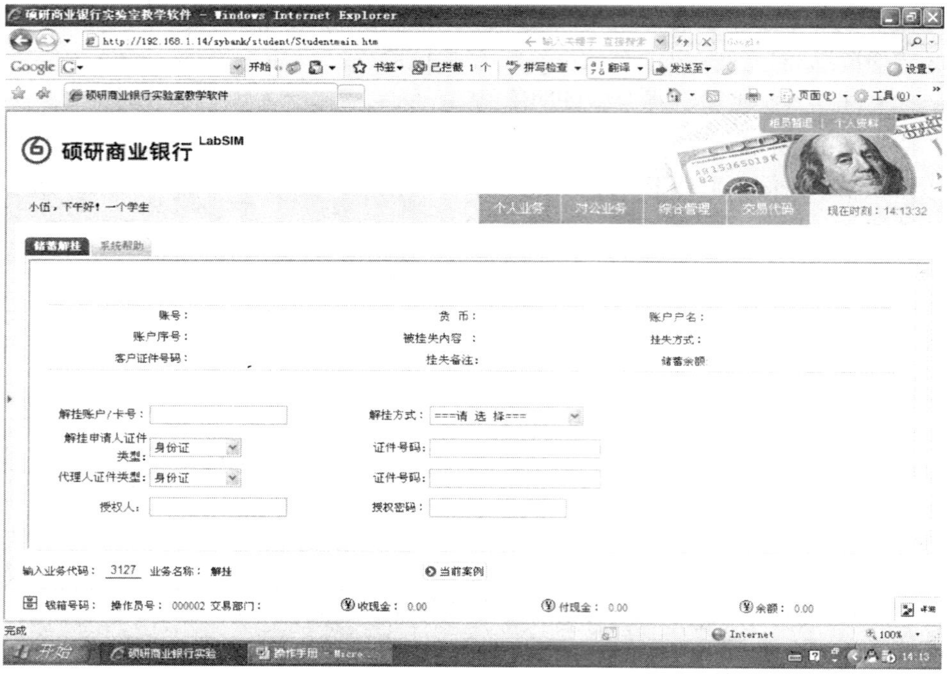

图 6.12

第二步，柜员输入交易码 3129 可直接进入，也可在个人业务——个人特殊业务模块里，选择储蓄解冻进入。如图 6.13：

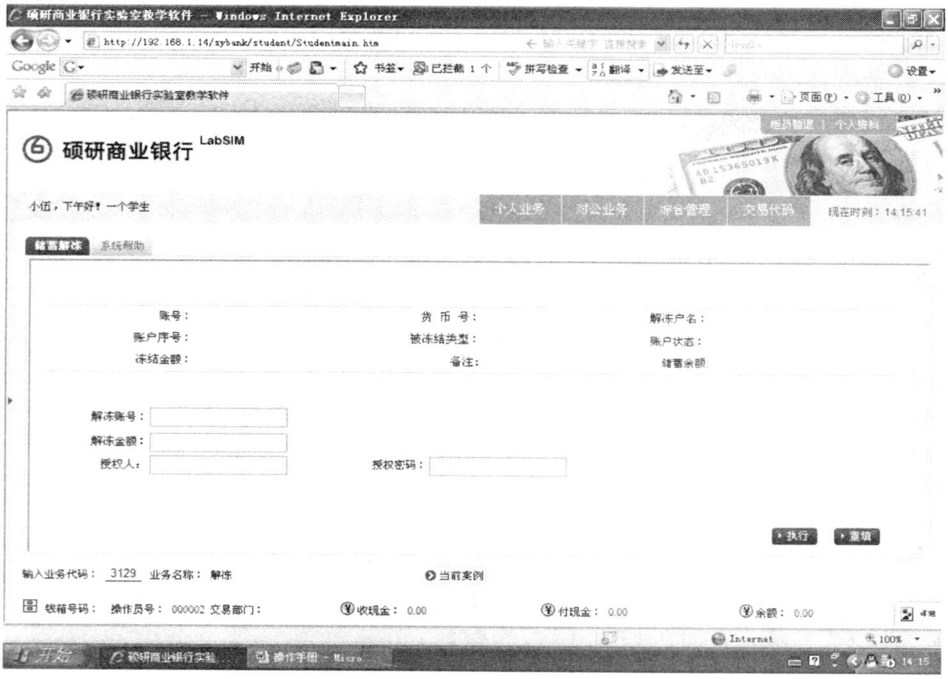

图 6.13

（1）输入解冻账号。

（2）输入解冻金额。

（3）输入授权人的号码和密码。

注意：以上项目的选择和输入均按柜员已开的账户信息来完成，因此要求学生记取开户业务中用到的账号和证件号码；完成录入后，点击[执行]，如果填错，可选择[重填]。

（三）补发银行卡、存折或存单

正式挂失七天后，客户可以根据自己的意愿，凭挂失申请书和本人有效身份证件到原挂失营业机构办理补领、补发的新银行卡、存折或存单及支取存款业务手续。客户如遗失或损毁挂失申请书，其挂失手续应比照正式挂失手续办理。

三、冻结/解冻

（一）冻结

冻结类型包括：出国存款冻结、存款证明冻结、质押冻结、验资冻结、法定冻结。此五种类型的存款冻结都需凭存款人本人存单、身份证件进行办理。属出国人员存款冻结的，如冻结期内要解冻的需凭公安出入境管理部门出具解冻通知书证明，方可办理。其余类型解冻需提供有关证明。

法定冻结是指银行依照法律的规定以及有权机关冻结的要求，在一定时期内禁止存款单位提取其账户内的全部或部分存款的行为。法定冻结的基本规定如下：

（1）办理法定冻结业务时，应提供证件和法律文书。

①有权机关执法人员的工作证件或执行公务证。

②有权机关县团级以上机构签发的协助冻结存款通知书，包括：人民法院、人民检察院、公安机关的《协助冻结存款通知书》，海关的《暂予冻结通知单》；法律、行政法规规定应当由有权机关主要负责人签字的，应当由主要负责人签字。

③人民法院出具的冻结存款裁定书、其他有权机关出具的冻结存款决定书。

（2）法定冻结的期限最长为六个月，期满后可以续冻。有权机关应当在冻结期满前办理续冻手续，逾期未办理续冻手续的，视为自动解除冻结措施。

（3）有权机关要求对已被冻结的存款再行冻结的，金融机构不予办理并应当说明情况。在冻结期限内，只有在原作出冻结决定的有权机关作出解冻决定并出具解除冻结存款通知书的情况下，金融机构才能对已经冻结的存款予以解冻。被冻结存款单位对冻结提出异议的，金融机构应告知其与作出冻结的有权机关联系，在存款冻结期限内金融机构不得自行解冻。

（4）有权机关在冻结、解冻工作中发生错误，其上级机关直接做出变更决定或裁定的，金融机构接到变更决定书或裁定书后，应当予以办理。

（5）被冻结的款项，不属于赃款的，冻结期间应计付利息，在扣划时其利息应付给债权单位；属于赃款的，冻结期间不计付利息，如冻结有误，解除冻结时应补计冻结期间利息。

储蓄冻结的操作：此交易处理根据本网点开户的客户或法院等有权机构的要求，对本网点开户的客户存款进行冻结的业务。本交易不允许跨网点执行。柜员输入交易码 3128 可直接进入，也可在个人业务——个人特殊业务模块里，选择 储蓄冻结 进入。如图 6.14：

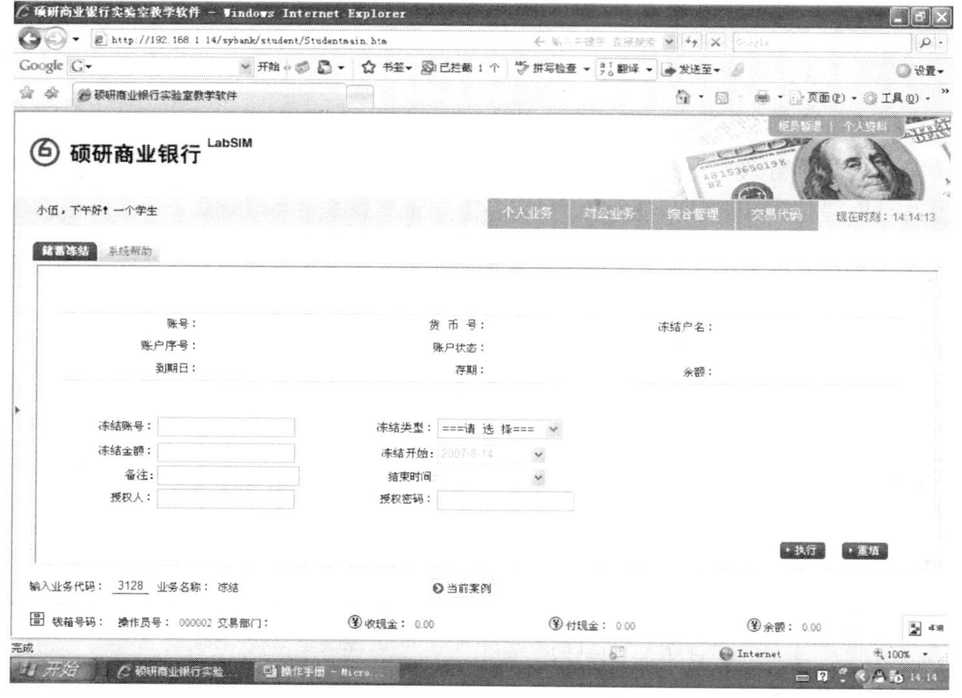

图 6.14

①输入冻结账号，系统在界面上方自动显示该账户信息。

②选择冻结类型：出国存款冻结、存款证明冻结、质押冻结、验资冻结、法定冻结、挂失冻结。系统对被冻结的账户要作出相应的冻结标志。

③输入冻结金额。

④输入结束时间：起始日期自动显示系统日期，终止日期由柜员输入。冻结到期后将自动解冻。

⑤必须授权。“授权人”、“授权人密码” 两项需由授权柜员输入。如需授权业务，而未经授权直接提交执行，系统会作出警告提示。

（二）解冻

办理法定冻结解冻业务时，应当提供以下证件和法律文书：

（1）有权机关执法人员的工作证件。

（2）有权机关县团级以上机构签发的协助解冻存款通知书，法律、行政法规规定应当由有权机关主要负责人签字的，应当由主要负责人签字。

此交易处理对本机构冻结账户的主动解冻，而不是系统的到期自动解冻。客户可以在冻结期限到期内，凭相关部门的解冻证明和有效证件来办理解冻手续。此交易不允许跨网点执行。

柜员输入交易码3129可直接进入，也可在个人业务——个人特殊业务模块里，选择储蓄解冻进入。如图6.15：

图6.15

（1）输入解冻账号。

（2）输入解冻金额。

（3）必须授权。“授权人”、“授权人密码”两项需由授权柜员输入。如需授权业务，而未经授权直接提交执行，系统会作出警告提示。

注意：以上项目的选择和输入均按柜员已开的账户信息来完成，因此要求学生记取开户业务中用到的账号和证件号码；完成录入后，点击执行，如果填错，可选择重填。

第三篇
商业银行对公业务实验

在商业银行业务系统界面中，选择对公业务，即进入对公业务实验操作界面，其实验的内容包括单位活期存款业务、单位贷款业务和对公结算业务三大模块。

第七章　单位活期存款业务实验

单位活期存款业务是指存款人以单位名称开立的用于办理现金存取、转账结算等资金收付活动的账户，是存款人办理存、贷款和资金收付活动的基础。单位银行结算账户按用途分为基本存款账户、一般存款账户、专用存款账户、临时存款账户。个体工商户凭营业执照以字号或经营者姓名开立的银行结算账户纳入单位银行结算账户管理。

1. 基本存款账户

基本存款账户是存款人因办理日常转账结算和现金收付需要而开立的银行结算账户。单位银行结算账户的存款人只能在银行开立一个基本存款账户。基本存款账户是存款人办理日常转账结算和现金收付的账户。存款人的工资、奖金等现金的支取，只能通过基本存款账户办理。

（1）开户条件

下列存款人，可以申请开立基本存款账户：企业法人，非法人企业（如具有营业执照的企业集团下属的分公司），机关、事业单位，团级（含）以上军队、武警部队及分散执勤的支（分）队，社会团体，民办非企业组织（如不以盈利为目的的民办学校、福利院、医院等），异地常设机构，外国驻华机构，个体工商户，居民委员会、村民委员会、社区委员会，单位设立的独立核算的附属机构（如单位附属独立核算的食堂、招待所、幼儿园等），其他组织。

（2）开户证明文件

存款人申请开立基本存款账户，应向银行出具下列证明文件原件，不得以复印件代替：企业法人应出具企业法人营业执照正本；非法人企业应出具企业营业执照正本；机关和实行预算管理的事业单位应出具政府人事部门或编制委员会的批文或登记证书和财政部门同意其开户的证明；非预算管理的事业单位应出具政府人事部门或编制委员会的批文或登记证书；军队、武警团级（含）以上单位以及分散执勤的支（分）队应出具军队军级以上单位财务部门、武警总队财务部门的开户证明；社会团体应出具社会团体登记证书，宗教组织还应出具宗教事务管理部门的批文或证明；民办非企业组织应出具民办非企业登记证书；外地常设机构应出具其驻在地政府主管部门的批文；外国驻华机构应出具国家有关主管部门的批文或证明；外资企业驻华代表处、办事处应出具国家登记机关颁发的登记证；个体工商户应出具个体工商户营业执照正本；居民委员会、村民委员会、社区委员会应出具其主管部门的批文或证明；独立核算的附属机构应出具其主管部门的基本存款账户开户登记证和批文；其他组织应出具政府主管部门的批文或证明；营业执照注册地与经营地不在同一行政区域（跨省、市、县）

需要开立基本存款账户的，除出具上述有关证明文件外，还须出具注册地人民银行分支行未在注册地开立基本账户的书面证明；存款人为从事生产、经营活动纳税人的，还应出具税务部门颁发的税务登记证（未办理税务登记证的，先由开户单位凭《开立单位银行结算账户申请书》到税务部门办理后，再报人民银行核准）。

（3）账户的使用

基本存款账户是存款人的主办账户，存款人日常经营活动的资金收付及其工资、奖金和现金的支取，应通过该账户办理。如该账户由注册验资的临时存款账户转入的，存款人即可办理收付款业务；如由其他银行转入或由一般存款账户转入的，该账户应自正式开户之日起三个工作日后，方可办理付款业务。

2. 一般存款账户

一般存款账户是存款人在基本存款账户以外的银行借款转存、与基本存款账户的存款人不在同一地点的附属非独立核算单位开立的账户。存款人可以通过本账户办理转账结算和现金缴存，但不能办理现金支取。

（1）开户条件

同时满足下列条件的存款人可以申请开立一般存款账户：存在借款或其他结算需要；在本营业机构无基本存款账户。

（2）开户证明文件

存款人申请开立一般存款账户，应向银行出具其开立基本存款账户规定的证明文件、基本存款账户开户登记证和下列证明文件：存款人因向银行借款需要，应出具借款合同；存款人因其他结算需要，应出具有关证明。

（3）账户的使用

一般存款账户用于办理存款人借款转存、借款归还和其他结算的资金收付。一般存款账户可以办理现金缴存，但不得办理现金支取。如由借款转存开立的一般存款账户，存款人即可办理收付款业务；如因其他结算需要开立的，该账户应自正式开立之日起三个工作日后，方可办理付款业务。

3. 专用存款账户

专用存款账户是存款人按照法律、行政法规和规章，对其特定用途资金进行专项管理和使用而开立的银行结算账户。

（1）开户条件

对下列资金的管理与使用，存款人可以申请开立专用存款账户：基本建设资金，更新改造资金，财政预算外资金，粮、棉、油收购资金，证券交易结算资金，期货交易保证金，信托基金，金融机构存放同业资金，政策性房地产开发资金，单位银行卡备用金，住房基金，社会保障基金，收入汇缴资金和业务支出资金。具体是指基本存款账户存款人附属的非独立核算单位或派出机构发生的收入和支出资金，党、团、工会设在单位的组织机构经费，其他需要专项管理和使用的资金。

（2）开户证明文件

存款人申请开立专用存款账户，应向银行出具其开立基本存款账户规定的证明文件、基本存款账户开户登记证和下列证明文件：基本建设资金、更新改造资金、政策性房地产开发资金、住房基金、社会保障基金，应出具主管部门批文；财政预算外资金，应出具财政部门的证明；粮、棉、油收购资金，应出具主管部门批文；单位银行卡备用金，应按照中国人民银行批准的银行卡章程的规定出具有关证明和资料；证券交易结算资金，应出具证券公司或证券管理部门的证明；期货交易保证金，应出具期货公司或期货管理部门的证明；金融机构存放同业资金，应出具其证明；收入汇缴资金和业务支出资金，应出具基本存款账户存款人有关的证明；党、团、工会设在单位的组织机构经费，应出具该单位或有关部门的批文或证明；合格境外机构投资者在境内从事证券投资时，其开立人民币特殊账户应出具国家外汇管理部门的批复文件，开立人民币结算资金账户时，应出具证券管理部门的证券投资业务许可证；其他按规定需要专项管理和使用的资金，应出具有关法规、规章或政府部门的有关文件。

（3）账户的使用

专用存款账户用于办理各项专用资金的收付，账户的使用必须符合以下规定：单位银行卡账户的资金必须由其基本存款账户转账存入，该账户不得办理现金收付业务；财政预算外资金、证券交易结算资金、期货交易保证金和信托基金专用存款账户不得支取现金。基本建设资金、更新改造资金、政策性房地产开发资金、金融机构存放同业资金账户需要支取现金的，应在开户时报中国人民银行当地分支行批准，中国人民银行当地分支行应根据国家现金管理的规定审查批准。粮、棉、油收购资金、社会保障基金、住房基金和党、团、工会经费等专用存款账户支取现金应按照国家现金管理的规定办理；收入汇缴账户除向其基本存款账户或预算外资金财政专用存款账户划缴款项外，只收不付，不得支取现金。业务支出账户除从其基本存款账户拨入款项外，只付不收，其现金支取必须按照国家现金管理的规定办理。合格境外机构投资者在境内从事证券投资开立的人民币特殊账户和人民币结算资金账户纳入专用存款账户管理，不得支取现金。人民币特殊账户资金不得用于放款或者提供担保。人民币结算资金账户核算的资金必须是合格境外机构投资者的受托财产。合格境外机构投资者人民币特殊账户的收入范围包括：结汇资金、卖出证券所得价款、现金股利、活期存款利息、债券利息。其支出范围包括：买入证券支付价款（含印花税、手续费等）、境内托管费和管理费、购汇资金（用于汇出本金及收益）。专用存款账户应自正式开立之日起三个工作日后方可办理付款业务。

4. 临时存款账户

临时存款账户是存款人因临时需要并在规定期限内使用而开立的银行结算账户。存款人可以通过此账户办理转账结算和根据国家现金管理的规定办理现金收付业务。

（1）开户条件

下列存款人可以申请开立临时存款账户：设立临时机构（如工程指挥部、筹备领导小组、摄制组等）；异地临时经营活动（如建筑施工及安装单位等）；注册验资。

（2）开户证明文件

存款人申请开立临时存款账户，应向银行出具下列证明文件：临时机构应出具其驻在地主管部门同意设立临时机构的批文；异地建筑施工及安装单位应出具其营业执照正本或其隶属单位的营业执照正本、施工及安装地建设主管部门核发的许可证或建筑施工及安装合同及基本存款账户开户登记证；异地从事临时经营活动的单位应出具其营业执照正本、临时经营地工商行政管理部门的批文及基本存款账户登记证；注册验资资金应出具工商行政管理部门核发的企业名称预先核准通知书或有关部门的批文。

（3）账户的使用

临时存款账户用于办理临时机构以及存款人临时经营活动发生的资金收付。临时存款账户应根据有关开户证明文件确定的期限或存款人的需要确定其有效期限。存款人在账户的使用中需要延长期限的，应在有效期限内向开户银行提出申请，并由开户银行报中国人民银行当地分支行核准后办理展期。临时存款账户的有效期最长不得超过两年。临时存款账户支取现金，应按照国家现金管理的规定办理。注册验资的临时存款账户在验资期间只收不付，注册验资资金的汇缴人应与出资人的名称一致。临时存款账户应自正式开立之日起三个工作日后，方可办理付款业务。因注册验资需要开立的临时存款账户转为基本存款账户，当日即可使用。

第一节　单位活期存款开立账户

本交易为已经开立客户号的客户预开一个存款账户。预开账户交易提交系统后，系统自动产生账号，并自动登记开销户登记簿，但不计息。首次存入存款时，系统自动激活该账户，开始计息。

流程图示：新客户因为需要开立客户号和使用重空——印鉴卡，所以开立账户业务需要完成三个交易码的操作；老客户只需要预留印鉴，所以开立账户业务只需要完成两个交易的操作。

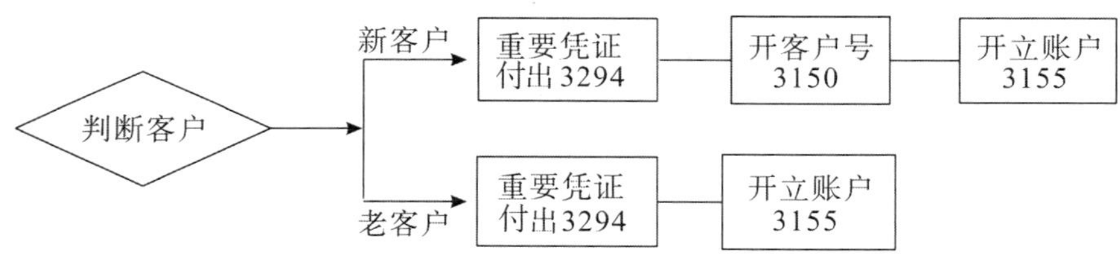

柜员必须严格按交易操作流程逐一完成各交易码的操作，才能完整地完成一个开户业务。

一、开客户号

本交易为对公存款新客户开立客户号，建立客户信息档案。

授权限制：无需授权。

操作入口：柜员输入交易码 3150 可直接进入，也可在单位存款模块，选择 开客户号 进入。如图 7.1：

图 7.1

（1）客户名称：营业执照上名称全称录入，个人户按照有效身份证明录入。

（2）企业性质：个人独资企业、合伙企业、有限责任公司、股份有限公司、国有独资公司。

（3）证件类别：营业执照、身份证及其他。公司户必须选择营业执照，个人户选择身份证，其他如事业单位、机关团体单位等选择其他。

（4）证件号码：根据证件类别录入相应营业执照号码，身份证号码。

（5）地址、主管机构、企业代码、贷款证号、开户证号、隶属集团、注册地、注册年限、注册号、注册资金、注册日期、邮政编码、联系人、联系电话、法定代表人、法定代表人身份证。

注意：

（1）以上项目的选择和输入均根据案例提示的信息来完成。

（2）客户名称、证件号码为必输入项。

（3）完成录入后，点击执行，如果填错，可选择重填。

二、开立账户

柜员输入交易码 3155 可直接进入，也可在单位活期存款模块，选择单位活期开户进入。如图 7.2：

图 7.2

（1）输入证件号码：系统自动显示客户号，并在界面上方显示客户信息。

（2）输入账户名称。

（3）开户登记证编号为非必输项。

（4）选择币种：可选人民币、美元、日元、英镑、港币、欧元，系统默认为人民币。

（5）选择账户类型：基本户、一般户、专用户、临时户、其他。

注意：

（1）以上项目的选择和输入均根据案例提示的信息来完成。

（2）证件号码、账户类型、账户名称为必输入项。

（3）完成录入后，点击执行，如果填错，可选择重填。

备注：

系统自动产生开户日期，并登记开销户登记簿，并将账户状态设为正常；产生交易流水号。

第二节　单位现金存款

本交易可用于激活预开账户和续存的业务，本交易支持同城通存通兑业务。

授权限制：存/取款超过 5 万元人民币或等值外币，必须经过授权。“授权人”、“授权人密码”两项需由授权柜员输入。如需授权业务，而未经授权直接提交执行，系统会作出警告提示。

操作入口：柜员输入交易码 3156 可直接进入，也可在单位活期存款模块，选择单位活期存款进入。如图 7.3：

图 7.3

（1）输入账号：系统自动在界面上方显示该账户信息，并自动显示开户行机构号。

（2）输入金额。

注意：

（1）以上项目的选择和输入均根据案例提示的信息来完成。

（2）账号和金额为必输入项。

（3）完成录入后，点击执行，如果填错，可选择重填。

备注：

系统根据交易码是否现金/转账与是否通存通兑来产生会计分录；系统自动登记现金收入登记簿，并增加经办柜员的钱箱现金对应币种的数量。

该业务发生后，业务经营部门的会计分录：

非通存通兑业务

借：现金

　贷：活期存款/临时存款——××单位

通存通兑业务

借：现金

　贷：同城通存通兑款项——本代他收

第三节　单位现金取款

本交易处理客户提取现金业务，支持同城通存通兑业务。

授权限制：存/取款超过5万元人民币或等值外币，必须经过授权。“授权人”、“授权人密码”两项需由授权柜员输入。如需授权业务，而未经授权直接提交执行，系统会作出警告提示。

操作入口：柜员输入交易码3157可直接进入，也可在单位活期存款模块，选择 单位活期取款 进入。如图7.4：

图7.4

（1）输入账号：系统自动在界面上方显示该账户信息，并自动显示开户行机构号。

（2）在凭证号码处输入现金支票号码。

（3）输入金额。

注意：

（1）以上项目的选择和输入均根据案例提示的信息来完成。

（2）账号和金额为必输入项。

（3）完成录入后，点击 执行 ，如果填错，可选择 重填 。

备注：

系统自动识别取款日期，产生交易流水号。系统根据交易码是否现金/转账，是否通存通兑来产生会计分录，系统自动登记“现金付出日记簿”，并减少经办柜员的钱箱对应币种的数量。

该业务发生后，业务经营部门的会计分录：

非通存通兑业务

借：活期存款

　贷：现金

通存通兑业务

借：同城通存通兑款项——本代他付

　贷：现金

第四节　本所内转账

本交易处理同一网点内存款账户间的转账业务，同时激活预开账户，本交易支持同城通存通兑业务。

授权限制：转账金额超过 10 万元人民币或等值外币，必须经过授权。“授权人”、“授权人密码”两项需由授权柜员输入。如需授权业务，而未经授权直接提交执行，系统会作出警告提示。

操作入口：柜员输入交易码 3158 可直接进入，也可在单位活期存款模块，选择 本所内转账 进入。如图 7.5：

图 7.5

（1）输入转出和转入账号：系统自动显示账户名称 。

（2）在凭证号码处输入转账支票号码。

（3）输入转账金额。

注意：

（1）以上项目的选择和输入均根据案例提示的信息来完成。

（2）账号和金额为必输入项。

（3）完成录入后，点击[执行]，如果填错，可选择[重填]。

备注：

系统自动识别取款日期，产生交易流水号。系统根据交易码是否现金/转账，是否通存通兑来产生会计分录。

会计分录：

借：活期存款——转出账户

　贷：活期存款——转入账户

第五节　单位单户结息

本交易处理账户销户前对单个计息账户进行利息结算。临时存款户不计息，可直接取款销户。本交易不支持通存通兑。

授权限制：无需授权。

操作入口：柜员输入交易码 3161 可直接进入，也可在单位活期存款模块，选择[单户结息]进入。如图 7.6。

输入结清账号，系统自动显示结清账户名称。

注意：

（1）以上项目的选择和输入均根据案例提示的信息来完成。

（2）账号为必输入项。

（3）完成录入后，点击[执行]，如果填错，可选择[重填]。

备注：

结清日期系统可自动识别，产生交易流水，并将账户状态改变为结清。系统自动结息，登记利息支出和存款账户借、贷方账务。只有计息科目账户才需要做结息处理。

会计分录：

借：利息支出

　贷：活期存款

图 7.6

第六节　单位账户销户

本交易处理“单户结息”完成后，将账户余额结为零，进行销户，关闭账户。

流程图示：由于账户销户首先要做单个账户的结息，因此本业务要完成两个交易码的操作。

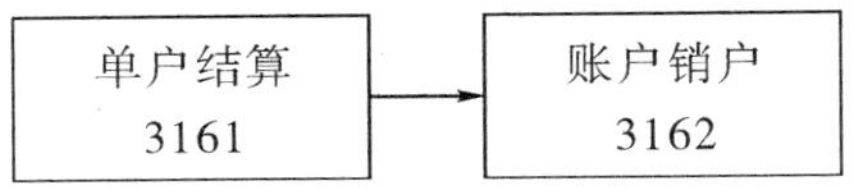

柜员必须严格按交易操作流程逐一完成各交易码的操作，才能完整地完成一个开户业务。

授权限制：必须授权。“授权人”、“授权人密码”两项需由授权柜员输入。如需授权业务，而未经授权直接提交执行，系统会作出警告提示。

操作入口：柜员输入交易码 3162 可直接进入，也可在单位活期存款模块，选择单位活期销户进入。如图 7.7：

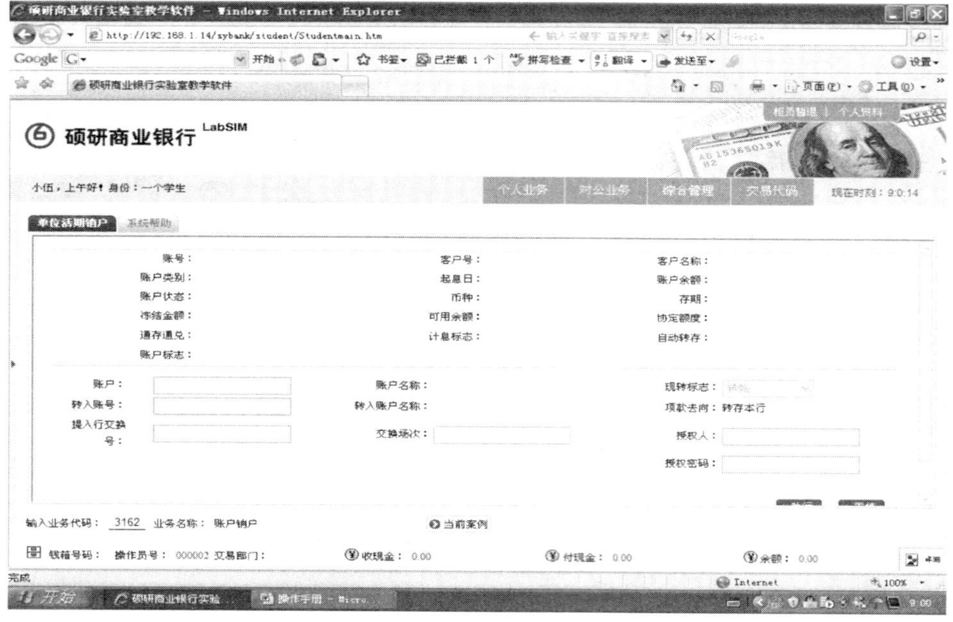

图 7.7

（1）输入销户账号，系统自动显示账户名称，并在界面上方显示该账户信息。

（2）如果销户后的账户余额转入本行存款账号，则输入转入账号，系统自动转入账户名称。

（3）选择款项去向：转存本行/转存他行，如果销户后的账户余额转入本行存款账号，则必须选择转存本行，如果销户后的账户余额转入他行，则必须选转存他行。

（4）提入行交换号、交换场次：如果款项去向选“转存他行”，则必须输入。

注意：

（1）以上项目的选择和输入均根据案例提示的信息来完成。

（2）账号为必输入项。

（3）完成录入后，点击执行，如果填错，可选择重填。

备注：

系统自动为该账户状态改为销户，自动登记“开销户登记簿”、“重要空白凭证登记簿”，产生交易流水号。

会计分录：

收：待销毁重要凭证

第八章　单位贷款业务实验

贷款是指贷款人向借款人提供资金形成的债权，向借款人发放贷款是商业银行资金运用的主要途径，贷款利息收入是银行收益的主要组成部分。银行贷款分为信用贷款、担保贷款（包括保证贷款、抵押贷款、质押贷款）、票据贴现、票据承兑、其他贷款（包括贷款承诺、备用信用证、信用保函等表内和表外资产业务）。

基本规定：

（1）短期贷款利率由借贷双方按商业原则确定，可在合同期内，按月、按季调整，也可以采取固定利率方式确定。

（2）中长期贷款利率由借贷双方按照商业原则确定，在合同期内按月、按季、按年调整，如遇中央银行法定利率调整，在调整日后的第一个结息日的次日开始执行新的贷款利率，执行利率 = 法定（基准）利率 ×（1 + 浮动利率）。会计部门根据信贷部门利率变动通知，在系统中作相应调整。

（3）贷款展期，期限累计计算。累计期限达到新的利率期限档次时，自展期之日起，按展期日挂牌的同档次利率计息。达不到新的期限档次时，按原贷款利率计息。

（4）人民币逾期贷款、呆滞贷款、呆账贷款按照罚息利率计收罚息，遇罚息利率调整分段计息。

（5）承兑汇票垫款执行罚息利率，按照日利率 5‱计收。其他逾期垫款、呆滞垫款、呆账垫款按照合同规定的垫款利率计收。

（6）贷款欠息按相应的贷款本金利率计收复利，并随着贷款本金利率的调整而调整。

第一节　单位贷款发放开户

本交易处理根据信贷部门的借款借据的提示，为客户开立贷款账户，发放贷款的业务。

授权限制：必须授权。“授权人”、“授权人密码”两项需由授权柜员输入。如需授权业务，而未经授权直接提交执行，系统会作出警告提示。

操作入口：柜员输入交易码 3178 可直接进入，也可在单位贷款模块，选择 贷款发放开户 进入。如图 8.1：

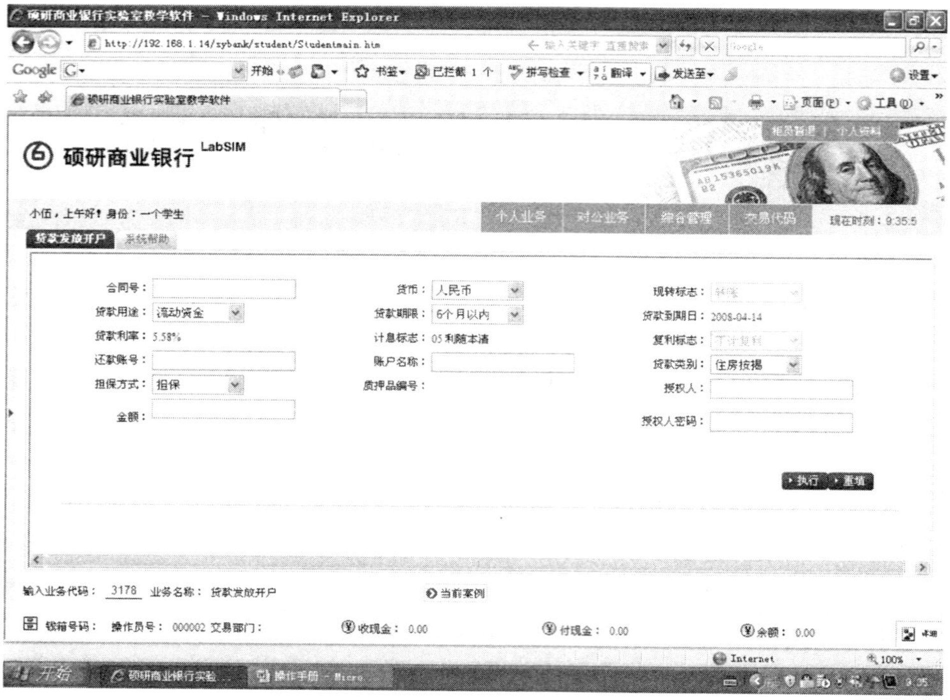

图 8.1

（1）输入合同号。

（2）选择贷款期限，系统根据所选项自动显示贷款到期日、贷款利率和计息标志。

（3）输入还款账号，账户名称自动显示。

（4）选择担保方式：信用、保证、抵押（默认值）、质押。

（5）输入贷款金额。

（6）选择贷款类别：可选工业短期贷款、商业短期贷款、建筑业短期贷款、农业短期贷款、乡镇企业短期贷款、三资企业短期贷款、私营个体短期贷款、其他短期贷款、技术改造贷款、基本建设贷款、银团联合贷款、其他中长期贷款、住房开发贷款、委托贷款。

（7）选择贷款用途：流动资金、固定资产、借新还旧、其他。

（8）选择货币：人民币、美元、日元、英镑、港币、欧元，系统默认为人民币。

注意：

（1）以上项目的选择和输入均根据案例提示的信息来完成。

（2）质押品编号为非必输入项。

（3）完成录入后，点击执行，如果填错，可选择重填。

备注：

系统自动产生开户日期、放贷日期和交易流水，并将贷款账户状态设为正常贷款，登记开销户登记簿。

会计分录：

借：有关贷款科目——××单位

　贷：××存款——××单位

第二节　单位贷款还款

本交易处理客户提前/到期偿还贷款的业务。

授权限制：必须授权。“授权人”、“授权人密码”两项需由授权柜员输入。如需授权业务，而未经授权直接提交执行，系统会作出警告提示。

操作入口：柜员输入交易码 3179 可直接进入，也可在单位贷款模块，选择 贷款还款 进入。如图 8.2：

图 8.2

（1）输入贷款账号，系统自动显示账户名称，并在界面上方显示该贷款账号的信息。

（2）输入偿还本金。

注意：

（1）以上项目的选择和输入均根据案例提示的信息来完成。

（2）贷款账号为必输项。

（3）完成录入后，点击执行，如果填错，可选择重填。

备注：

系统自动产生还款日期和交易流水，如果是贷款全部结清（即归还全部本金和所有利息），系统自动登记开销户登记簿。

（1）单位主动全部提前还款

会计分录：

借：××存款——××单位（还款凭证）

　贷：有关贷款科目——××单位（还款凭证）

借：××存款——××单位贷款利息（利息清单）

　贷：利息收入（利息清单）

（2）单位主动部分提前还款

会计分录：

借：××存款——部分本金（还款凭证）

　贷：有关贷款科目——部分本金（还款凭证）

借：××存款——部分或全部利息（利息清单）

　贷：利息收入（利息清单）

第三节　单位贷款展期

本交易是处理根据信贷部门贷款展期协议的提示，将贷款进行展期的业务。贷款逾期后不得操作此项交易。

授权限制：必须授权。“授权人”、“授权人密码”两项需由授权柜员输入。如需授权业务，而未经授权直接提交执行，系统会作出警告提示。

操作入口：柜员输入交易码3181可直接进入，也可在单位贷款模块，选择贷款展期进入。如图8.3：

图 8.3

（1）输入贷款账号，系统自动显示展期前到期日，展期金额，并在界面上方显示该账户信息。

（2）选择展期期限，系统自动显示展期后到期日及展期利率。

（3）输入协议编号。

注意：

（1）以上项目的选择和输入均根据案例提示的信息来完成。

（2）贷款账号，展期期限为必输项。

（3）完成录入后，点击[执行]，如果填错，可选择[重填]。

备注：

（1）只要贷款形态还处于正常，就可以展期，且展期日必须大于到期日。

（2）同一个贷款账号展期在规定期限内可多次进行展期。

一年（含一年）以内短期贷款展期期限不能超过原贷款期限（按实际天数计算）；一年以上五年以内（含五年）中期贷款展期期限不能超过原贷款期限的一半（按实际天数计算）；五年以上长期贷款展期期限不能超过三年。展期利率从上一个到期日开始执行。

第九章　对公结算业务

第一节　商业汇票

商业汇票是出票人签发的，委托付款人在指定日期无条件支付确定的金额给收款人或者持票人的票据。

贴现是指商业汇票的持票人将未到期的商业汇票转让给银行，银行按票面金额扣除贴现息后，将余额支付给持票人的票据融资行为。

基本规定：

（1）凡在银行开立存款账户的法人以及其他组织，必须具有真实的交易关系或债权债务关系，才能使用商业汇票。

（2）商业汇票根据付款人（即承兑人）的不同可分为银行承兑汇票和商业承兑汇票。

（3）银行承兑汇票是指银行为承兑人的商业汇票。商业承兑汇票是指由银行以外的付款人承兑的商业汇票。

（4）商业汇票的承兑人为付款人。

（5）商业汇票的付款期限最长不得超过 6 个月。其中：定日付款的汇票付款期限自出票日起计算，并在汇票上记载具体的到期日；出票后定期付款的汇票付款期限自出票日起按月计算，并在汇票上记载；见票后定期付款的汇票付款期限自承兑或拒绝承兑日起按月计算，并在汇票上记载。

（6）商业汇票的提示付款期限为自汇票到期日起 10 天，持票人应在提示付款期限内通过开户银行委托收款或直接向付款人提示付款；对异地委托收款的，持票人可匡算邮程，提前通过开户银行委托收款。超过提示付款期限提示付款的，持票人开户银行不予受理。

（7）签发商业汇票必须记载下列事项，欠缺记载事项之一的，商业汇票无效：①表明“商业承兑汇票”或“银行承兑汇票”的字样；②无条件支付的委托；③确定的金额；④付款人名称；⑤收款人名称；⑥出票日期；⑦出票人签章。

（8）商业承兑汇票可以由付款人签发并承兑，也可以由收款人签发交由付款人承兑。

（9）商业承兑汇票丧失由失票人向承兑人挂失。

（10）银行承兑汇票应由在承兑银行开立存款账户的存款人（即出票人）签发。

（11）办理银行承兑汇票要按照票面金额向出票人收取5‱的手续费。

（12）根据承担贴现付息人的不同可分为持票人付息票据贴现和买方或协议付息票据贴现。前者指办理贴现时由持票人承担贴现利息，银行按照票面金额扣除贴现利息后，将余额付给持票人的票据融资行为。后者指由买方全部承担或买卖双方共同承担并支付贴现利息，卖方（即持票人）可全额获得商业汇票票面金额的票据融资行为。

（13）贴现的期限从其贴现之日起至汇票到期日止，实付贴现金额按票面金额扣除贴现日至汇票到期日前的利息计算。承兑人在异地的（同城交换区以外），贴现的期限以及贴现利息的计算应另加3天的划款时间。计算方法是：

贴现利息＝汇票金额×贴现天数×（月贴现率/30天）

（14）持票人付息票据贴现的实付贴现金额＝汇票金额－贴现利息，买方或协议付息票据贴现的实付贴现金额＝汇票金额。

（15）办理买方或协议付息票据贴现业务时，买方或买卖双方承担的贴现利息包括主动付息和银行扣息两种方式。主动付息是指付息人直接向银行提供付息资金或主动将付息资金划入银行指定的账户；银行扣息是指银行根据买卖双方的付息承诺，在指定的账户中扣收利息。采用银行扣息时，付息人必须在贴现银行开立账户，并授权开户银行根据票据贴现利息直接借记该账户。

一、承兑银行承兑汇票

本交易处理客户签发商业汇票向银行申请承兑的业务。

流程图示：由于本交易涉及承兑保证金存款，售出商业汇票，收取手续费及对收入银行承兑汇票表外核算等，因此本业务需要完成四个交易码的操作。柜员必须严格按交易操作流程逐一完成各交易码的操作，才能完整地完成一个开户业务。

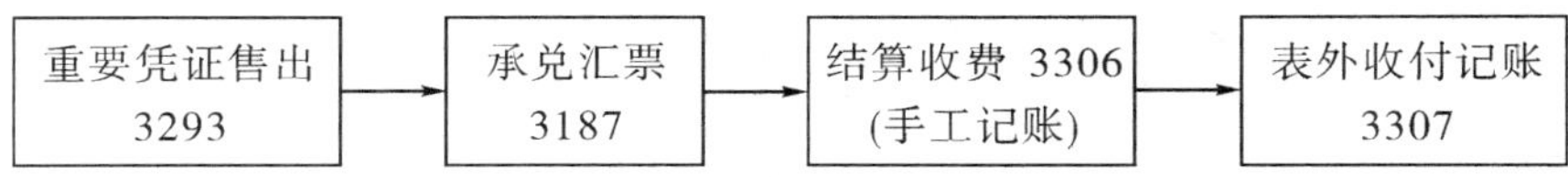

授权限制：必须授权。授权人和授权人密码需由主管柜员输入。如未经授权直接提交执行，系统会作出警告提示。

操作入口：柜员输入交易码3187可直接进入，也可在商业汇票业务模块，选择[汇票承兑]进入。如图9.1：

图 9.1

(1) 输入承兑协议编号、汇票金额、到期日、收款人账号和户名、收款人开户行。

(2) 输入出票人账号，系统自动显示出票人名称。.

(3) 凭证号码由系统根据上一步操作的重要凭证售出（3293）自动获取。

注意：

(1) 以上项目的选择和输入均根据案例提示的信息来完成。

(2) 承兑协议编号，汇票金额为必输项。

(3) 完成录入后，点击执行，如果填错，可选择重填。

备注：

系统自动计表外科目账，产生承兑日期和交易流水。

会计分录：

借：××存款——出票人存款户或现金

　贷：手续费收入

收：银行承兑汇票

二、商业汇票贴现

本交易处理持票人持未到期商业汇票（一般为银行承兑汇票）到开户行办理贴现的业务。

流程图示：由于本业务涉及对贴现票据的表外核算，因此必须完成两个交易码的操作。

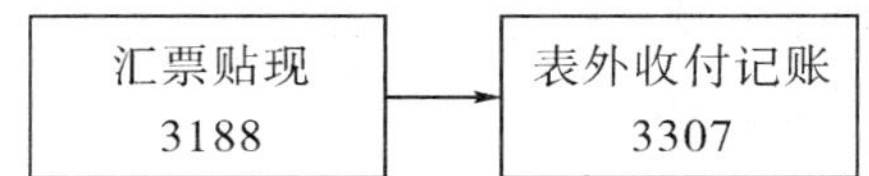

柜员必须严格按交易操作流程逐一完成各交易码的操作，才能完整地完成一个开户业务。

授权限制：必须授权。授权人和授权人密码需由主管柜员输入。如未经授权直接提交执行，系统会作出警告提示。

操作入口：柜员输入交易码 3188 可直接进入，也可在商业汇票业务模块选择 汇票贴现 进入。如图 9.2：

图 9.2

（1）贴现利息、实付贴现金额：由系统自动计算并显示。

（2）邮程天数：默认为 10 天。

注意：

（1）以上项目的选择和输入均根据案例提示的信息来完成。

（2）贴现合同号、汇票号码、汇票金额、出票日期、到期日期和持有票人账号为必输项。

（3）完成录入后，点击 执行 ，如果填错，可选择 重填 。

备注：

（1）做此交易时，系统会根据输入的贴现科目自动开立贴现账户。

（2）对应账号必须为在本行开的活期户或内部账。

（3）根据票据的具体内容正确输入。

（4）贴现票据票面不能超过1 000万，期限不能超过6个月作为条件限制贴现。

（5）必须在票据到期日之前执行。

会计分录：

借：银行承兑汇票贴现或商业承兑汇票贴现

　贷：××存款——贴现申请人户

　　　利息收入——银行承兑汇票贴现

　　　或利息收入——商业承兑汇票贴现

收：已贴现商业汇票

第二节　同城票据结算

票据交换是指在当地人民银行规定的票据交换地区内，各银行之间每日按规定时间在指定地点进行代收代付票据的交换和资金清算的经济行为。

基本规定：

（1）同城票据交换应设专人办理，交换的凭证不得积压、延误，并严密交接手续。

（2）同城票据交换员不得同时办理会计记账业务。

（3）票据交换员不得兼任票据清算员，不得掌管交换章和票据交换凭证。

（4）交换章与票据清算凭证不得一人保管。

（5）票据交换员与清算员应建立凭证交接登记。

一、同城结算票据提出

（一）提出借方录入

本交易处理柜员将用于同城票据交换的提出借方票据录入，借方票据系本行客户为收款人的票据。本交易不进行账务处理。

授权限制：必须授权。授权人和授权密码需由复核的主管柜员输入。如未经授权，直接提交执行，系统会作出警告提示。

操作入口：柜员输入交易码3191可直接进入，也可在同城票据提出业务模块，选择[提出借方录入]进入。如图9.3：

图 9. 3

（1）输入收款人账号，系统自动显示收款人姓名。

（2）选择提入行行名，系统自动显示提入行交换号。

（3）输入凭证号码和金额。

（4）选择提出票据来源：他行支票、他行汇票、信汇电汇、其他。

注意：

（1）以上项目的选择和输入均根据案例提示的信息来完成。

（2）收款人账号、金额和提入行为必输项。

（3）完成录入后，点击[执行]，如果填错，可选择[重填]。

备注：

系统不进行账务处理，系统自动登记提出借方登记簿。

（二）提出贷方录入

本交易处理柜员将用于同城票据交换的提出贷方票据录入，贷方票据系本行客户为付款人的票据。本交易不进行账务处理。

授权限制：必须授权。授权人和授权密码需由复核的主管柜员输入。如未经授权直接提交执行，系统会作出警告提示。

操作入口：柜员输入交易码 3192 可直接进入，也可在同城票据提出业务模块，选择[提出贷方录入]进入。如图 9. 4：

图 9.4

（1）输入付款人账号，系统自动显示付款人姓名。

（2）选择提入行行名，系统自动显示提入行交换号。

（3）选择提出票据来源：他行进账单。

（4）输入金额。

注意：

（1）以上项目的选择和输入均根据案例提示的信息来完成。

（2）付款人账号、金额和提入行为必输项。

（3）完成录入后，点击执行，如果填错，可选择重填。

备注：

系统不进行账务处理，系统自动登记提出贷方登记簿。

（三）提出汇总记账

票据提出时（即交换员去票据清算所进行票据交换后），柜员选择此交易，系统进行提出借方和贷方业务的批量入账。

授权限制：必须授权。授权人和授权密码需由复核的主管柜员输入。如未经授权直接提交执行，系统会作出警告提示。

操作入口：柜员输入交易码 3193 可直接进入，也可在同城票据提出业务模块，选择提出汇总记账进入。如图 9.5：

图 9.5

此操作为系统自动进行会计核算和统计汇总信息。

备注：

会计分录：

提出借方

借：同城交换清算——清算户提出借方

　贷：同城交换清算——暂收户

借：同城交换清算——暂收户

　贷：单位活期存款

提出贷方

借：单位活期存款

　贷：同城交换清算——清算户提出贷方

二、同城结算票据提入

（一）提入借贷方录入

本交易处理柜员将用于同城票据交换的提入借贷方票据录入，提入借方票据系本行客户为付款人的票据，提入贷方票据为本行客户为收款人的票据。本交易不进行账务处理。

授权限制：必须授权。授权人和授权密码需由复核的主管柜员输入。如未经授权直接提交执行，系统会作出警告提示。

操作入口：柜员输入交易码3196可直接进入，也可在同城票据提入业务模块，选择[提入录入]进入。如图9.6：

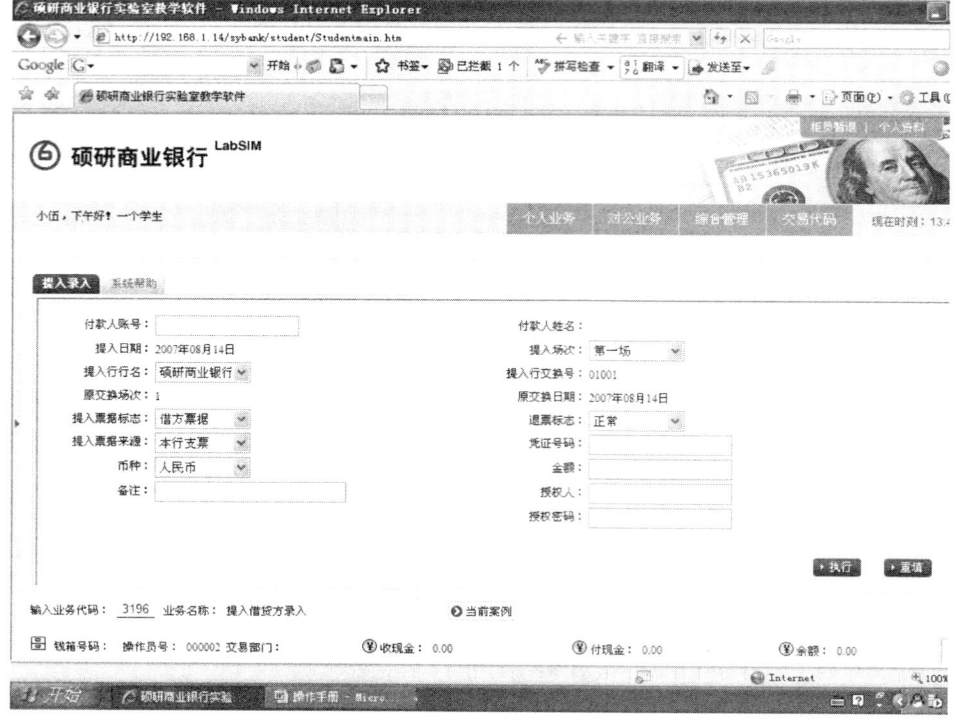

图9.6

（1）输入收/付款人账号，系统自动显示收/付款人户名。

（2）选择提出行，系统自动显示该提出行的交换号。

（3）选择提入票据标志：借方票据/贷方票据。

（4）选择退票标志：正常，实物退入；系统默认为正常。

（5）选择提入票据来源：本行支票、本行汇票、信汇电汇、本行进账单。

（6）输入凭证号码。

注意：

（1）以上项目的选择和输入均根据案例提示的信息来完成。

（2）收/付款人账号、金额和提出行为必输项。

（3）完成录入后，点击[执行]，如果填错，可选择[重填]。

备注：

非账务性交易，系统自动登记“同城提入借、贷方登记簿”。

（二）提入汇总记账

本交易处理待柜员把提入业务全部录入后，进行正常提入票据的汇总记账。

授权限制：必须授权。授权人和授权密码需由复核的主管柜员输入。如未经授权直接提交执行，系统会作出警告提示。

操作入口：柜员输入交易码3197可直接进入，也可在同城票据提入业务模块，选择 提入汇总记账 进入。如图9.7：

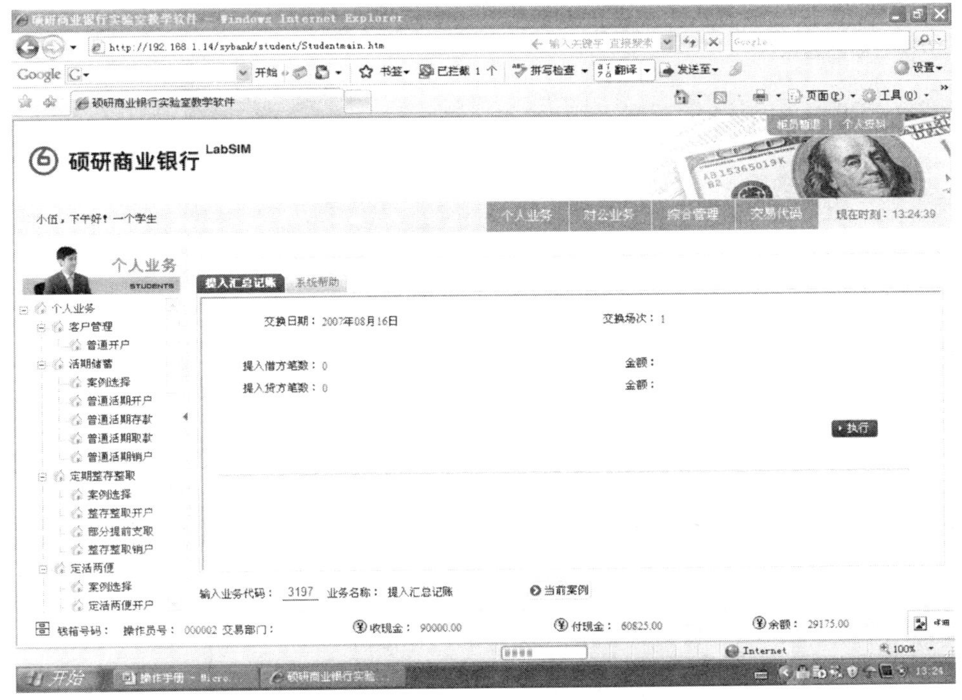

图9.7

此操作为系统自动进行会计核算和统计汇总信息。

会计分录：

提入借方

借：单位活期存款

　贷：同城交换清算

提出贷方

借：同城交换清算

　贷：单位活期存款

三、清差划拨

在完成一场交换的提出、提入票据处理后做资金清算。由于同城交换在做业务时其汇差反映在同城清算科目，而系统清算在同城交换汇差分户科目，所以在系统自动清处算时，需进行这两个科目的对转，将同城清算收付金额轧差后划转到同城交换汇差分户科目里。

授权限制：无需授权。

操作入口：柜员输入交易码3198可直接进入，也可选择 清差划拨 进入。如

图 9.8：

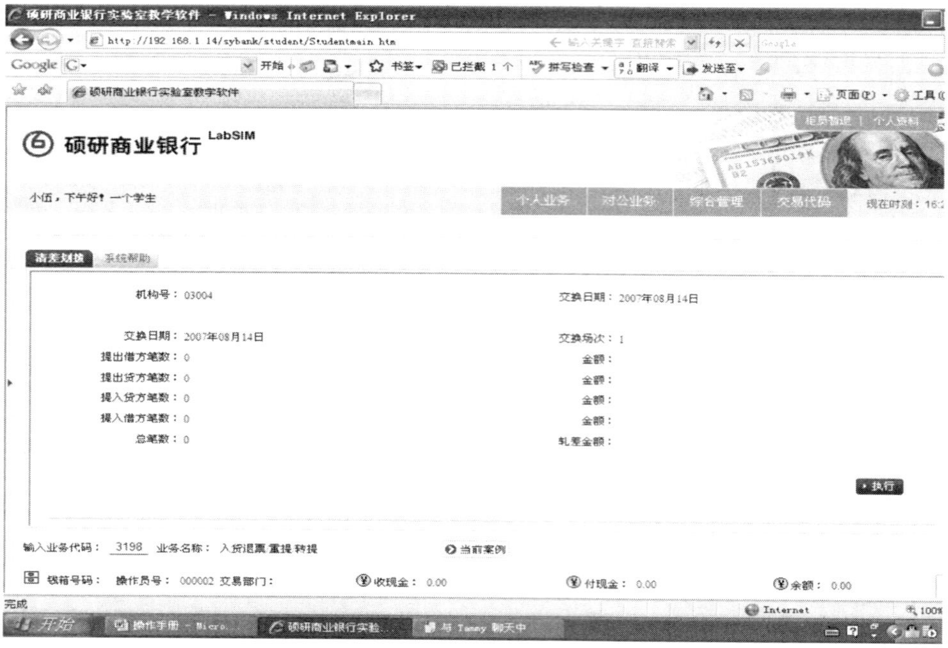

图 9.8

此操作为系统自动进行会计核算和统计汇总信息。

备注：

（1）提出借方：本场提出代付 + 本场提出的以前场次提入代付退票（本行收款）。

（2）提出贷方：本场提出代收 + 本场提出的以前场次提入代收退票（本行付款）。

（3）提入借方：本场提入代付 + 本场提入的以前场次提出代付退票（本行付款）。

（4）提入贷方：本场提入代收 + 本场提入的以前场次提出代收退票（本行收款）。

（5）总笔数：所有提出提入笔数之和。

（6）轧差金额：提出借方 + 提入贷方 - 提出贷方 - 提入借方。

笔数和金额必须根据交换员提供的数据录入，执行后若与系统内数据相符则完成清算。不符系统会做出相应提示，调整后重新清算。

贷差的会计分录：

借：同城清算

　贷：同城交换汇差分户

借差的会计分录：

借：同城交换汇差分户

　贷：同城清算

第三节　电子汇兑业务

电子汇总往来主要是通过银行的计算机网络实现跨辖区的联行往来业务的处理。

基本规定：

（1）发报行是电子汇兑业务的发生行，负责联行往来业务的处理。发报行根据原始有效的会计凭证，准确及时地向分中心传送往账数据，是确保联行往来核算正确进行的基础。发报行与收报行均为电子汇兑业务的经办行。

（2）电子汇兑往账的业务处理范围：

借报业务：解付银行汇票、内部资金划拨等。

贷报业务：汇兑、委托收款（商业汇票）、托收承付、内部资金划拨等。

（3）柜员在受理客户提交的异地汇款凭证时，根据客户的要求分加急和普通处理，属于加急业务的则在汇款凭证填写“加急”字样。

（4）电子汇兑的接收行负责电子汇兑来账的处理工作。收报行准确及时地办理转账，是保证全国电子汇兑往来正确进行的关键。

一、电子汇兑往账业务

（一）汇款录入

本交易处理客户现金/转账的汇款业务，本交易不记账收费，按汇票金额1%收取手续费，最低1元，最高不超过50元。

流程图示：由于本业务涉及汇款收取手续费，因此必须完成两个交易码的操作。

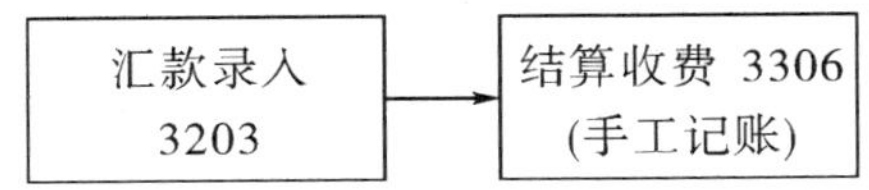

柜员必须严格按交易操作流程逐一完成各交易码的操作，才能完整地完成一个开户业务。

复核加押：复核加押和密押需由复核的主管柜员输入。如未经复核加押，直接提交执行，系统会作出警告提示。

复核加押：由主管柜员输入柜员号。

密押：由主管柜员输入编制的密押（6位）。

操作入口：柜员输入交易码3203可直接进入，也可在电子汇兑往来——往账业务模块中，选择[转账汇款录入]进入。如图9.9：

图 9.9

（1）输入付款人和收款人账号，系统自动显示付款人和收款人名称，并在界面上方自动显示付款人账户信息。

（2）选择汇划方式：邮划、电划，系统默认为电划。

（3）代理付款行行名：自动显示本机构名称。

（4）选择处理级别：加急、普通，系统默认为普通。

（5）选择款项内容：货款、手续费、票款、利息、其他。

（6）收款人身份证号：如果是现金汇款，则必须输入收款人的身份证号。

注意：

（1）以上项目的选择和输入均根据案例提示的信息来完成。

（2）付款人和收款人账号，金额为必输项。

（3）完成录入后，点击[执行]，如果填错，可选择[重填]。

备注：

本交易只是完成汇款的录入，未进行会计核算，其会计核算由汇总记账（3205）交易，系统自动批量入账。

（二）单边录入

本交易处理转汇、退汇、往账重发、手续费、利息、委托收款、托收承付、内部资金划拨等业务。本交易不记账。

流程图示：由于本业务涉及汇款收取手续费，因此必须完成两个交易码的操作。

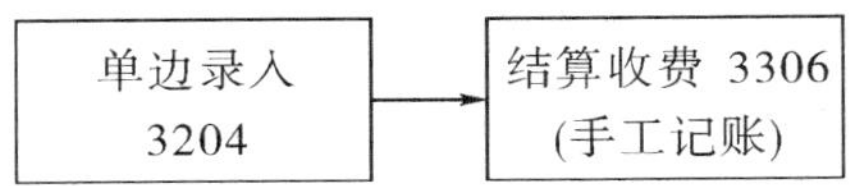

柜员必须严格按交易操作流程逐一完成各交易码的操作，才能完整地完成一个开户业务。

复核加押：复核加押和密押需由复核的主管柜员输入。如未经复核加押，直接提交执行，系统会作出警告提示。

复核加押：由主管柜员输入柜员号。

密押：由主管柜员输入编制的密押（6 位）。

操作入口：柜员输入交易码 3204 可直接进入，也可在电子汇兑往来——往账业务模块，选择单边录入进入。如图 9.10：

图 9.10

（1）输入付款人和收款人账号，系统自动显示付款人和收款人名称，并在界面上方自动显示付款人账户信息。

（2）选择汇划方式：邮划、电划，系统默认为电划。

（3）选择处理级别：加急、普通，系统默认为普通。

（4）选择款项内容：货款、手续费、票款、利息、其他。

（5）输入凭证号码：银行承兑汇票号码。

（6）输入金额。

注意：

（1）以上项目的选择和输入均根据案例提示的信息来完成。

（2）付款人和收款人账号、金额为必输项。

（3）完成录入后，点击执行，如果填错，可选择重填。

备注：

本交易只是完成汇款的录入，未进行会计核算，其会计核算由汇总记账（3205）交易，系统自动批量入账。

（三）汇总记账

本交易处理柜员日终对录入的往账，并经复核加押并发送后，进行统一汇总记账。

授权限制：必须授权。授权人和授权人密码需由主管柜员输入。如未经授权，直接提交执行，系统会作出警告提示。

操作入口：柜员输入交易码3205可直接进入，也可在电子汇兑往来——往账业务模块，选择汇总记账进入。如图9.11：

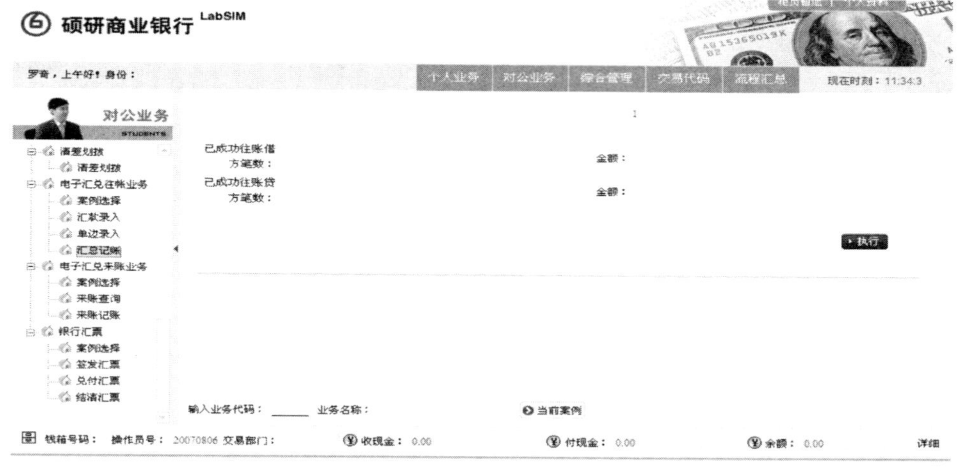

图9.11

此操作为系统自动进行会计核算和统计汇总信息。

备注：

系统自动将已设置为“已发送”状态的报单，自动进行记账。

会计分录：

借：现金

　贷：应解汇款及临时存款——现金汇款户

借：应解汇款及临时存款——现金汇款户

　贷：电子汇兑往账

会计分录：

借：××存款

　贷：电子汇兑往账

二、电子汇兑来账业务

（一）来账查询

本交易可查询到系统接收的来账情况。

授权限制：无需授权。

操作入口：柜员输入交易码3209可直接进入，也可在电子汇兑往来——来账业务模块，选择来账查询进入。如图9.12：

图9.12

机构号不用输入，自动显示。

备注：

系统自动登记所有来账报单的顺序号，以便柜员按顺序号来逐笔记账。

（二）来账记账

本交易处理柜员按查询到的来账报单清单和补充报单将每笔来账录入后，由核押柜员核押后，提交系统自动记账。

流程图示：本业务首先需要进行来账查询，然后才能逐笔录入，因此必须完成两个交易码的操作。

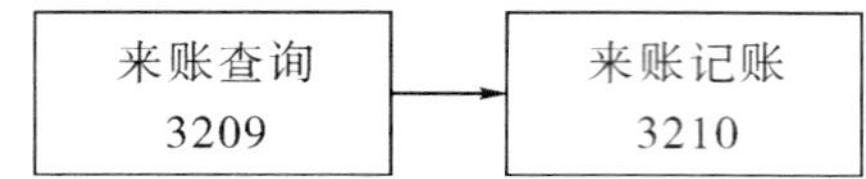

复核加押：复核加押和密押需由复核的主管柜员输入。如未经复核加押直接提交执行，系统会作出警告提示。

复核加押：由主管柜员输入柜员号。

密押：由主管柜员输入编制的密押（6 位）。

操作入口：柜员输入交易码 3210 可直接进入，也可在电子汇兑往来——来账业务模块，选择[来账记账]进入。如图 9.13：

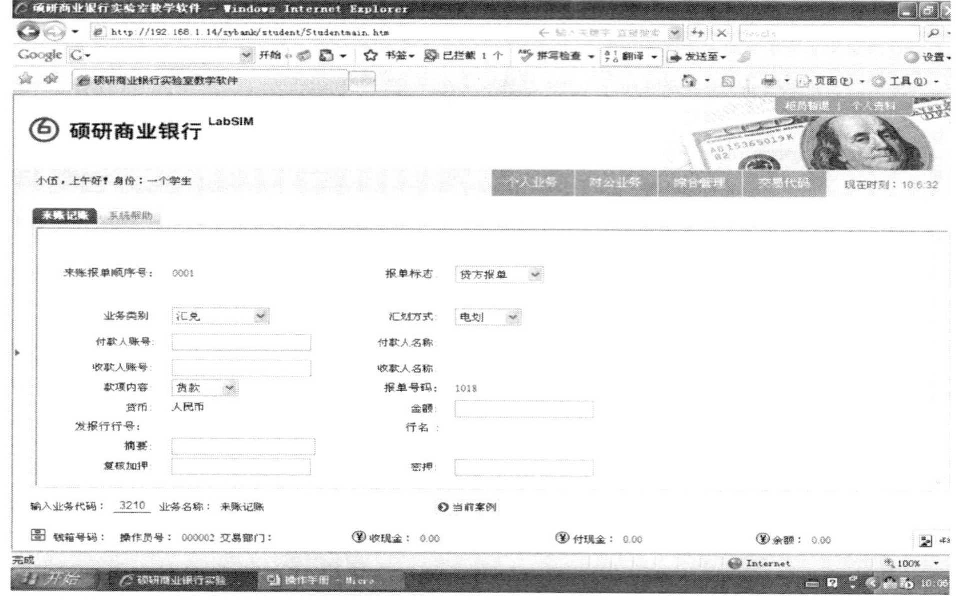

图 9.13

（1）输入付款人和收款人账号，系统自动显示付款人和收款人名称。

（2）选择报单类型：借方报单、贷方报单。

（3）选择汇划方式：邮划、电划，系统默认为电划。

（4）发报行行名、行号由系统自动完成清分后，自动显示。

（5）输入金额。

注意：

（1）以上项目的选择和输入均根据案例提示的信息来完成。

（2）付款人和收款人账号、金额为必输项。

（3）完成录入后，点击[执行]，如果填错，可选择[重填]。

备注：

如果有密押的，密押一栏要显示，则核押状态默认为未核押，待复核柜员核押后，此状态改为已核押，提交后，系统自动记账。

会计分录：

借：电子汇兑来账

　贷：××存款（或：同城交换清算）

收付款均为个人的现金汇款。

会计分录：

借：电子汇兑来账

　贷：应解汇款及临时存款

支取现金时的会计分录：

借：应解汇款及临时存款

　贷：现金

第四节　银行汇票

银行汇票是出票银行签发的，由其在见票时按实际结算金额无条件支付给收款人或持票人的票据。银行汇票的出票银行为银行汇票的付款人。

基本规定：

（1）单位和个人各种经济活动款项的结算，均可使用银行汇票。申请人和收款人均为个人，并且代理付款地为银行已设有机构的地区，可以为申请人签发现金银行汇票。

（2）银行汇票的提示付款期限自出票日起 1 个月（按对月对日计算，遇法定休假日顺延）。持票人超过付款期限提示付款的，代理付款行不予受理。

（3）转账银行汇票可以背书转让，银行汇票的背书转让以不超过出票金额的实际结算金额为准；填明“现金”字样的银行汇票不得背书转让，区域性银行汇票仅限于在本区域内背书转让。

（4）未填明实际结算金额或实际结算金额超过出票金额的，银行不予受理；实际结算金额不得更改，更改实际结算金额的银行汇票无效。

（5）持票人向银行提示付款时，必须同时提交银行汇票和解讫通知，缺少一联，银行不予受理。

（6）填明“现金”字样和代理付款行的银行汇票丧失，可以由失票人通知付款人或者代理付款行挂失止付。

（7）签发银行汇票必须记载下列事项，欠缺记载下列事项之一的，银行汇票无效。

①表明“银行汇票”的字样；②无条件支付的（承诺）委托；③出票金额；④付款人名称；⑤收款人名称；⑥出票日期；⑦出票人签章。

（8）经批准签发由工商银行代理兑付转账银行汇票的机构，应使用“委托工行清算汇票款”科目。分行会计部在“存放同业款项”科目下设立“存放国有商业银行”科目，核算辖内机构签发代理兑付银行汇票的资金移存。

（9）收费：办理银行汇票工本费0.28元，手续费1元。

一、银行汇票的签发

本交易处理通过现金或转账方式向客户签发银行汇票的业务。

流程图示：由于该业务涉及重要空白凭证——银行汇票的付出及工本费和手续费的收取，因此必须完成三个交易码的操作。

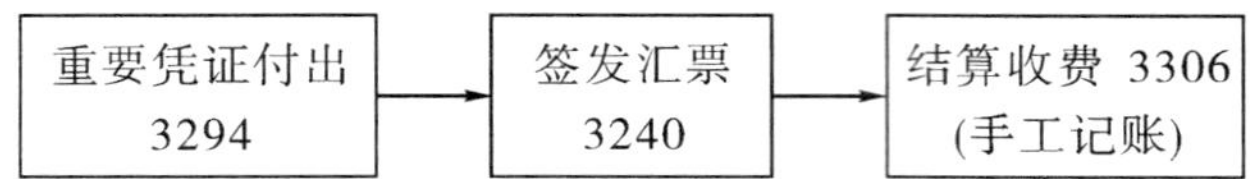

柜员必须严格按交易操作流程逐一完成各交易码的操作，才能完整地完成一个开户业务。

复核加押：复核加押和密押需由复核的主管柜员输入。如未经复核加押直接提交执行，系统会作出警告提示。

复核加押：由主管柜员输入柜员号。

密押：由主管柜员输入编制的密押（6位）。

操作入口：柜员输入交易码3240可直接进入，也可在银行汇票业务模块，选择[签发汇票]进入。如图9.14。

（1）输入申请人账号，系统自动显示申请人名称，并在界面上方显示该账户信息。

（2）输入申请人账号和申请人名称。

（3）凭证号码：系统根据上一步操作的凭证付出（3294），自动获取。

（4）输入金额。

注意：

（1）以上项目的选择和输入均根据案例提示的信息来完成。

（2）申请人账号，金额为必输项。

（3）完成录入后，点击[执行]，如果填错，可选择[重填]。

备注：

银行自动产生签发银行汇票的日期和交易流水，并登记现金收付登记簿，增加经办柜员的钱箱对应的货币的数量。登记重要空白凭证登记簿，减少经办柜员领用的银行汇票数量。

图 9.14

现金签发业务

会计分录：

借：现金

　贷：汇出汇款

转账签发业务

会计分录：

借：××存款——申请人户

　贷：汇出汇款

二、银行汇票的兑付

本交易处理对持票人交来的由系统内和系统外签发的银行汇票的解付。

复核：复核人和复核人密码需由复核的主管柜员输入。如未经复核加押直接提交执行，系统会作出警告提示。

操作入口；柜员输入交易码 3241 可直接进入，也可在银行汇票业务模块，选择兑付汇票进入。如图 9.15：

图 9.15

（1）输入汇票号码、汇票日期和汇票金额。

（2）输入持票人账号，系统自动显示持票人账号，并在界面上方自动显示该账户信息。

（3）输入出票人账号和户名。

（4）输入实际兑付金额，可以等于或小于汇票金额。

（5）身份证和密押非必输入项。

注意：

（1）以上项目的选择和输入均根据案例提示的信息来完成。

（2）汇票号码、汇票日期、持票人账号、金额为必输项。

（3）完成录入后，点击执行，如果填错，可选择重填。

备注：

（1）转账银行汇票——持票人在本行开户

借：电子汇兑往账

贷：单位活期存款——持票人户

（2）转账银行汇票——持票人未在本行开户

借：电子汇兑往账

贷：应解汇款及临时存款

三、银行汇票的结清

本交易处理本行签发的银行汇票的结清。

复核：复核人和复核人密码需由复核的主管柜员输入。如未经复核加押直接提交执行，系统会作出警告提示。

操作入口：柜员输入交易码 3242 可直接进入，也可在银行汇票业务模块，选择 结清汇票 进入。如图 9. 16：

图 9. 16

（1）输入汇票号码，系统自动显示票面金额、币种。

（2）输入出票人账号，系统自动显示出票人户名，并在界面上方显示该账户信息。

（3）输入结算金额。

注意：

（1）以上项目的选择和输入均根据案例提示的信息来完成。

（2）汇票号码、出票人账号、结算金额为必输项。

（3）完成录入后，点击 执行，如果填错，可选择 重填。

备注：

系统自动产生结清日期和交易流水。

a. 汇票全额解讫的业务

b. 汇票有多余款的业务

借：汇出汇款

　贷：电子汇兑来账

　　单位活期存款——申请人账户

如果申请人未在本行开立账户，则

借：汇出汇款

　贷：电子汇兑来账

　　应解汇款及临时存款

第四篇
商业银行综合管理篇

商业银行综合管理篇的主要内容包括综合业务管理、查询业务管理以及报表管理和打印三大模块。

第十章　综合业务管理实验

第一节　柜员管理

总行可对本银行系统内各个机构的柜员进行新增和删除，主要适用于分组实验情况。

实验操作步骤，如图 10.1。

（1）点击新增，选择除状态外的其他项目，即完成对一个机构柜员的新增，然后点击保存。

（2）如果要删除，在柜员列表中，选中某条信息，点击删除。

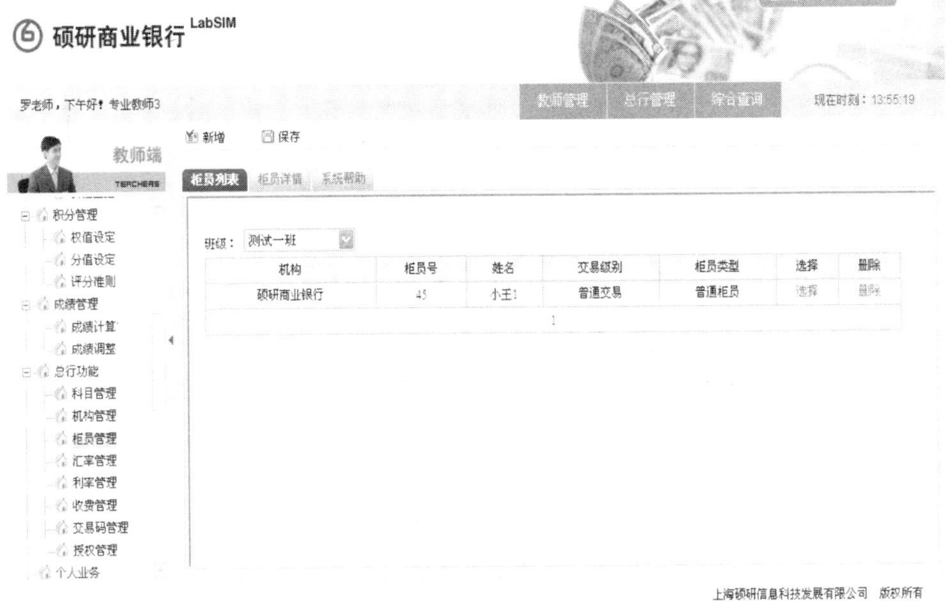

图 10.1

第二节　尾箱管理

尾箱管理用于对本柜员尾箱中的钱箱和票箱进行核清。实验操作步骤如图 10.2。

（1）柜员输入交易码 3279 可直接进入，也可在综合管理——尾箱管理模块里，选择尾箱核对进入。

（2）输入柜员号和尾箱号。

（3）选择尾箱类型：钱箱或票箱。

（4）查看界面下方的钱箱详情，根据查看到的上日余额、本日发生额和本日余额完成钱箱和票箱核对的要素输入。

（5）柜员在下班前和尾箱交接前必须使用本功能将尾箱内物品核清。

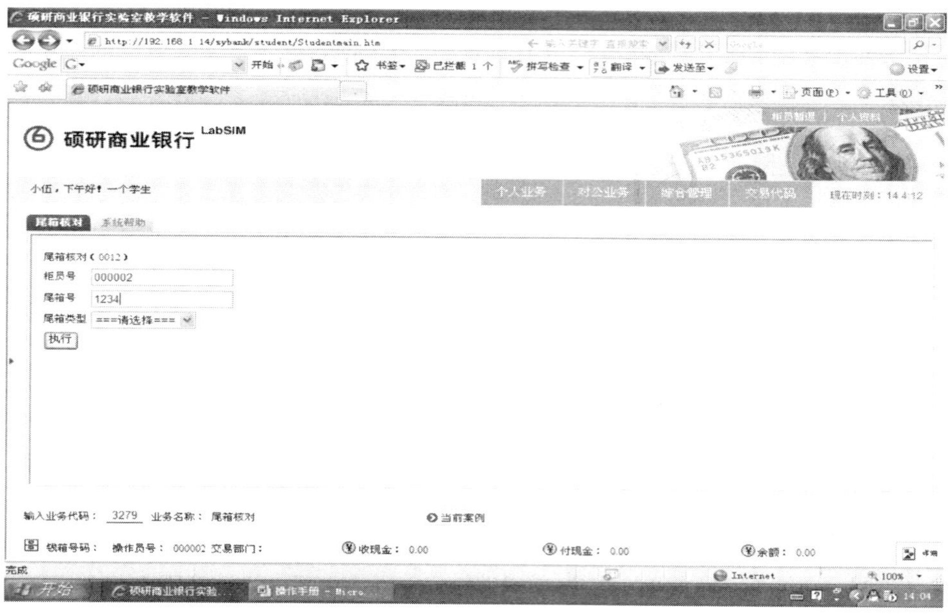

图 10.2

第三节　现金管理

一、现金出库

本交易处理两项业务：一是临柜柜员凭“现金出库票”向金库管库员从金库中领取现金，属每日工前准备；二是出纳柜员缴存现金，属日间操作业务。临柜柜员的现金出库是系统内交易；出纳柜员缴人行现金是系统外交易。

实验操作步骤，如图 10.3。

（1）柜员输入交易码 3282 可直接进入，也可在综合管理——现金管理模块里，选择现金出库进入。

（2）尾箱号由柜员签到时分配所得，必须记住。

（3）尾箱必须属于出库柜员，否则系统提示："尾箱不属于柜员或出纳柜员"。

（4）可在界面下方的钱箱信息中查看到柜员自己尾箱现金的变动情况，点击钱箱详细信息可查看详情。

（5）如果当日出库现金用完，可再次出库。

图 10.3

二、现金入库

本交易处理两项业务：一是临柜柜员日终将超出尾箱限额的现金部分（实验中规定为两万元）缴入金库；二是出纳柜员从人行存款准备金账户领回现金。

实验操作步骤，如图 10.4。

（1）柜员输入交易码 3281 可直接进入，也可在综合管理——现金管理模块里，选择现金入库进入。

（2）选择货币号：人民币、美元、港币、英镑、欧元、日元。

（3）输入金额：从界面下方钱箱详细信息中查看到钱箱余额，柜员根据尾箱限额管理，上交超限额部分。

（4）尾箱限额一般为两万元。

图 10.4

第四节　重要空白凭证管理

重要空白凭证是指编有顺序号码、无面额的经银行（或其他金融机构）或单位填写金额，签章后即具有支付效力的空白凭证，包括：存单、存折、支票、本票、汇票、信用卡限额结算凭证、电子汇兑报单、债券收款单证、外汇兑换水单及其他重要空白凭证等。

基本规定：

（1）印制。重要空白凭证由总行统一印制（一般会计凭证也由总行统一印制）。属区域内使用的重要空白凭证，由各分行在当地人民银行指定厂家印制。

（2）出入库管理。出库时，分行会计部及营业部门须凭上级调拨单或重要凭证出库通知单办理，并登记“重要空白凭证/有价单证保管使用登记簿”。出入库时，须经双人逐一核点。营业部门须在分行会计部预留印鉴，预留印鉴为部门公章及指定的领取专人印鉴，领用时需双人办理，出具重要凭证出库通知单，介绍信及领用人工作证或身份证。

（3）调拨。重要空白凭证在使用过程中出现短缺，可将该凭证种类和所需数量书面上报总行，总行根据需要在各分行间进行调拨。调出行凭总行调拨单办理调拨事宜，调拨单为调出、调入行的出、入库依据，第三联由调出行上报总行。未经总行批准，各分行相互间不得调用重要空白凭证。

（4）保管。

① 重要空白凭证的保管严格执行“证印分管，证押分管”的原则。

② 重要空白凭证由分行会计部设库指定专人管理，并建立“重要空白凭证/有价单证保管使用登记簿”，入库时，凭供货单位发票或上级调拨单清单验收入库。

③ 重要空白凭证入库时，需经双人逐一核点，凭证均应按顺序号排列存放、发放。

④ 专管人员工作调动时，由会计主管另行指定专人，同时在会计主管的监督下办理清点库存和移交工作。

⑤ 重要空白凭证票样由会计部门登记“印章及重要物品保管、使用、交接登记簿”，入库保管。

（5）使用。

①经办人员签发、出售重要空白凭证时，应进行销号控制，内部使用和对外出售不允许跳号。

②属于银行签发的重要空白凭证，严禁由客户签发，并不得预先加盖印章。属于客户签发的严禁由银行代为签发。

③使用计算机打印重要空白凭证时，只能在原有重要空白凭证上填空打印，不得自行打印凭证格式。

④柜员午休或临时离开，重要空白凭证应装箱加锁入保险柜保管。

⑤每日营业终了，进行账实核对无误后，将重要空白凭证装箱入库保管。

⑥发现多、缺、漏页，错号等情况，应将差错部分留查，不得发售使用，并保持原包装封签由经办员和会计主管签章证明后，及时与上级行联系。经厂家确认后，出具书面证明加盖单位公章，会计部门以此为依据做作废处理，单位证明作表外科目传票的附件。

⑦不准将空白重要凭证预先加盖公章。

（6）销毁。

①开户单位清户时，须将剩余的支票等重要空白凭证全部交回开户银行登记注销，银行当面切角作废，登记“待销毁登记簿”。因遗失和未交回重要空白凭证而产生的一切经济损失由领用单位自负。

②对停止使用的重要空白凭证，应作切角作废标记，造具清单，经主管领导批准后由分行会计部集中销毁，销毁清单作表外科目附件。

③使用中作废的储蓄卡及填错的重要空白凭证要作切角作废标记，作当日表外科目付出处理，将作废的凭证附后备查。作废的储蓄卡应造具清册（一式三联）连同废卡一并交会计部门，经专人验收并加盖接收人章及接收部门公章，返回两联营业部门，一联由移交部门专人永久保管，一联作当天表外付出凭证附件。

一、凭证出库

临柜柜员把重要空白凭证从业务大库中领入各自的票箱。实验操作步骤，如图 10.5：

图 10.5

(1) 柜员输入交易码 3291 可直接进入，也可在综合管理——重要空白凭证管理模块里，选择凭证出库进入。

(2) 选择凭证种类：可选

活期存折

一本通

整整存单

定活存单

零整存折

国库券收款凭证

转账支票

现金支票

单位定期存款开户证实书

汇票委托书

商业承兑汇票

电子联行电划贷方报单

银行承兑汇票

银行汇票

存款证明书

印签卡

(3) 凭证的起始号码由系统自动生成：实验中，每种凭证每次出库系统自动分配 20 份，1 份假定价格为 1 元。

(4) 尾箱号由柜员签到时分配所得，必须记住。

(5) 尾箱必须属于出库柜员，否则系统提示："尾箱不属于柜员或出纳柜员"。

(6) 可在界面下方的钱箱信息中查看到柜员自己尾箱中重空的变动情况，点击钱箱详细信息可查看详情。

(7) 如果当日出库凭证用完，可再次出库。

二、重要凭证售出

本交易由柜员向客户发售支票等重要单证。支票必须整本出售。

授权限制：必须授权。授权人和授权密码需由复核的主管柜员输入。如未经授权直接提交执行，系统会作出警告提示。

实验操作步骤，如图 10.6。

(1) 柜员输入交易码 3293 直接进入，也可在重要空白凭证模块选择重发凭证售出进入。

(2) 如果是用现金购买支票，则不用输入客户账号和户名。

(3) 选拔凭证种类：转账支票/现金支票/银行承兑汇票，系统自动分配一本现金/转账支票，即规定 25 份为一本。不能单张发售，但其他可单份售出。

(4) 凭证种类，现转标志为必输项。

(5) 完成录入后，点击执行，如果填错，可选择重填。

图 10.6

三、重要凭证付出

本交易处理柜员对领入的尾箱中的重要凭证对客户付出。

授权限制：必须授权。授权人和授权密码需由复核的主管柜员输入。如未经授权直接提交执行，系统会作出警告提示。

实验操作步骤，如图 10.7。

（1）柜员输入交易码 3294 直接进入，也可在重要空白凭证模块选择重发凭证付出进入。

（2）选择凭证种类，系统自动分配凭证号码和数量，实验中，每种凭证每次付出一份，一份为假定价格 1 元。

（3）凭证种类，现转标志为必输项。

（4）完成录入后，点击执行，如果填错，可选择重填。

图 10.7

四、重要凭证注销

本交易将客户购买的凭证在客户没有使用的情况下遇到凭证损坏或其他情况下使之不可以使用的情况下做注销。注销成功的凭证将在柜员票箱登记簿中消失，转入凭证核销登记簿。

凭证注销与相关账户状态无关，账户处于任何状态下都可以注销凭证。由于是注销已经出售给客户的凭证，因此本交易不记录注销凭证对应表外账。

授权限制：必须授权。授权人和授权密码需由复核的主管柜员输入。如未经授权直接提交执行，系统会作出警告提示。

实验操作步骤，如图 10.8。

(1) 柜员输入交易码 3297 可直接进入，也可在重要空白凭证模块，选择凭证注销进入。

(2) 输入要注销该支票的客户账号、账户户名。

(3) 输入凭证的起始号码：8 位数字，即凭证种类标志 + 6 位顺序号，如 02000001，起始号码必须连续。

(4) 凭证种类，现转标志为必输项。

(5) 完成录入后，点击执行，如果填错，可选择重填。

(6) 输入非可出售凭证时，最终系统会提示："客户票据登记簿不存在该凭证记录"。

(7) 注销的凭证的凭证号码：必须是已经出售给客户但还未使用的凭证。否则如果输入的凭证被使用系统提示："该凭证被使用"；如果输入的凭证不存在，则系统提示："客户票据登记簿中无该凭证记录"；如果输入的凭证已经挂失，则系统提示："该凭证已挂失"。

(8) 如果柜员操作成功，系统提示：注销成功。凭证一经注销后该凭证就再也不可以使用。

图 10.8

第十一章 查询业务管理

第一节 登记簿查询

登记簿查询包括钱箱、票箱的查询（钱箱和票箱归属于尾箱，是尾箱核算的两种类型）、授权/复核的查询、挂失/解挂的查询、现金收付查询、开销户的查询。

一、钱箱登记簿查询

本交易可查询本机构或某个柜员的钱箱的收付结余情况。实验操作步骤如图 11.1。

（1）柜员输入交易码 3342 可直接进入，也可在综合管理——登记簿查询模块，选择钱箱登记查询进入。

（2）柜员输入查询条件后，点击查询，系统显示查询结果。

（3）查询限制：柜员只能查询到自己的钱箱信息。

（4）一个尾箱包括钱箱和票箱两块内容。

图 11.1

二、票箱登记簿查询

本交易可查询本机构或某个柜员的票箱的收付结余情况。实验操作步骤如图 11.2。

(1) 柜员输入交易码 3343 可直接进入，也可在综合管理——登记簿查询模块，选择[票箱登记查询]进入。

(2) 柜员输入查询条件后，点击[查询]，系统显示查询结果。

(3) 查询限制：柜员只能查询到自己的票箱信息。

(4) 一个尾箱包括钱箱和票箱两块内容。

图 11.2

三、柜员授权登记簿查询

本交易查询本机构的授权记录和电子汇兑的复核记录。实验操作步骤如图 11.3。

(1) 柜员输入交易码 3344 可直接进入，也可在综合管理——登记簿查询模块，选择[柜员授权查询]进入。

(2) 柜员输入查询条件后，点击[查询]，系统显示查询结果。

(3) 查询限制：柜员只能查询到本机构当日的授权和复核的记录。

图 11.3

四、挂失/解挂登记簿查询

本交易查询本机构客户挂失和解挂的记录。实验操作步骤如图 11.4。

（1）柜员输入交易码 3348 可直接进入，也可在综合管理——登记簿查询模块，选择挂失解挂查询进入。

（2）柜员可直接点击查询，可查询本机构所有的查询结果。

（3）查询限制：柜员只能查询到本机构当日的挂失和解挂的记录。

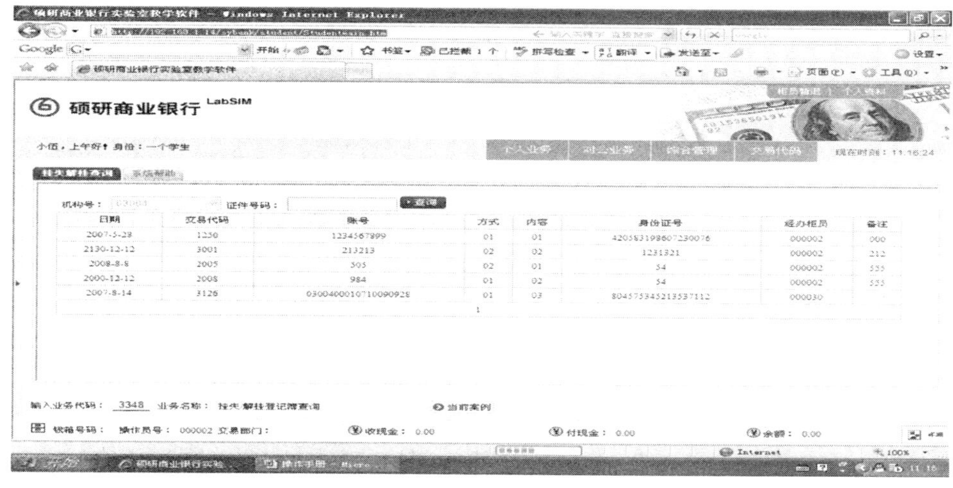

图 11.4

五、冻结/解冻登记簿查询

本交易查询本机构客户冻结/解冻的记录。实验操作步骤如图 11.5。

（1）柜员输入交易码 3349 可直接进入，也可在综合管理——登记簿查询模块，选择冻结解冻查询进入。

（2）柜员可直接点击查询，可查询本机构所有的查询结果。

（3）查询限制：柜员只能查询到本机构当日的冻结/解冻的记录。

图 11.5

六、现金收付登记簿查询

本交易查询本机构现金收付情况。实验操作步骤如图 11.6：

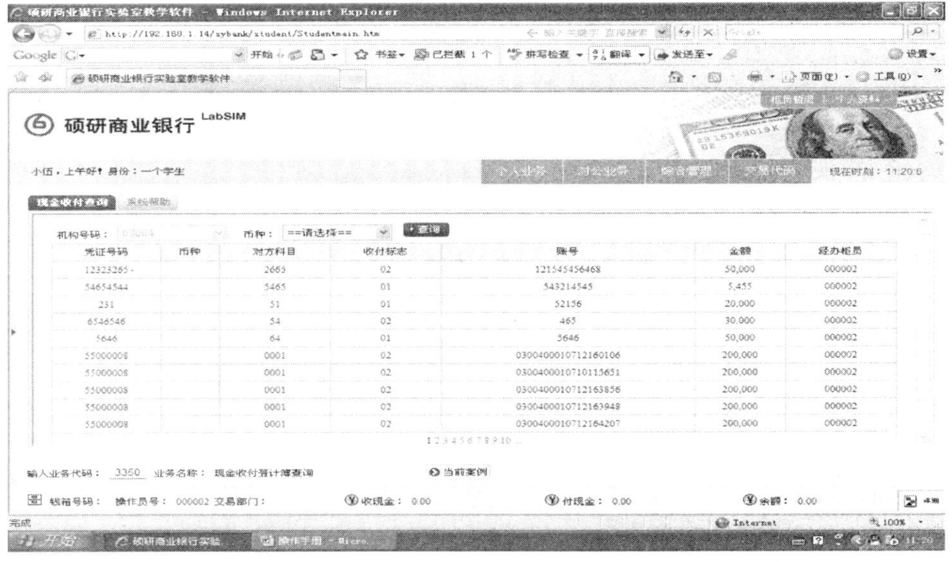

图 11.6

（1）柜员输入交易码3350可直接进入，也可在综合管理——登记簿查询模块，选择[现金收付查询]进入。

（2）柜员可直接点击[查询]，可查询本机构所有的查询结果。

（3）查询限制：柜员只能查询到本机构当日的现金收付的记录。

七、开销户登记簿查询

本交易查询账户的开销户信息。实验操作步骤，如图11.7。

（1）柜员输入交易码3351可直接进入，也可在综合管理——登记簿查询模块，选择[开销户查询]进入。

（2）柜员可直接点击[查询]，可查询本机构所有的查询结果。

（3）查询限制：柜员只能查询到本机构当日的开销户的记录。

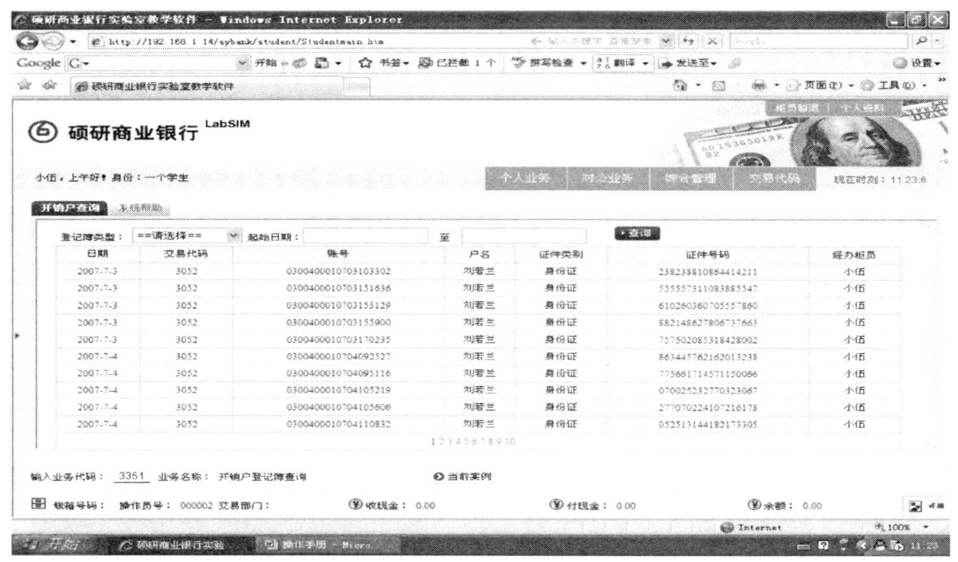

图11.7

第二节　标准数据查询

标准数据主要是指本机构的一些基本的内部管理数据，包括：科目字典、机构信息、交易代码、柜员信息、利率信息、联行名册、交换行名册、出纳限额的信息。

一、科目字典查询

本交易查询科目设置的详细信息。实验操作步骤如图11.8。

（1）柜员输入交易码3353可直接进入，也可在综合管理——标准数据查询模块，选择科目字典查询进入。

（2）查询条件：输入单个查询条件或多个查询条件进行组合查询。

（3）查询限制：柜员只能查询到本机构的科目设置的信息。

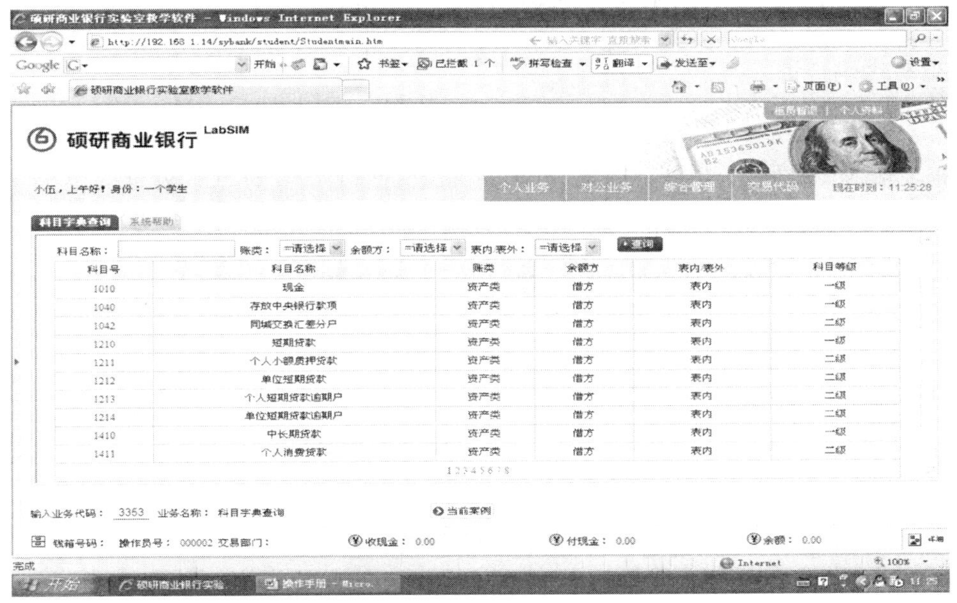

图 11.8

二、机构信息查询

系统帮助本交易查询同一银行系统内各机构的详细信息。实验操作步骤如图 11.9：

图 11.9

(1) 柜员输入交易码 3354 可直接进入，也可在综合管理——标准数据查询模块，选择机构信息查询进入。

(2) 查询条件：输入单个查询条件或多个查询条件进行组合查询。

(3) 查询限制：柜员只能查询到本银行的机构设置的信息。

三、交易代码查询

本交易查询交易代码的设置信息。实验操作步骤如图 11. 10。

柜员输入交易码 3355 可直接进入，也可在综合管理——标准数据查询模块，选择交易码查询进入。

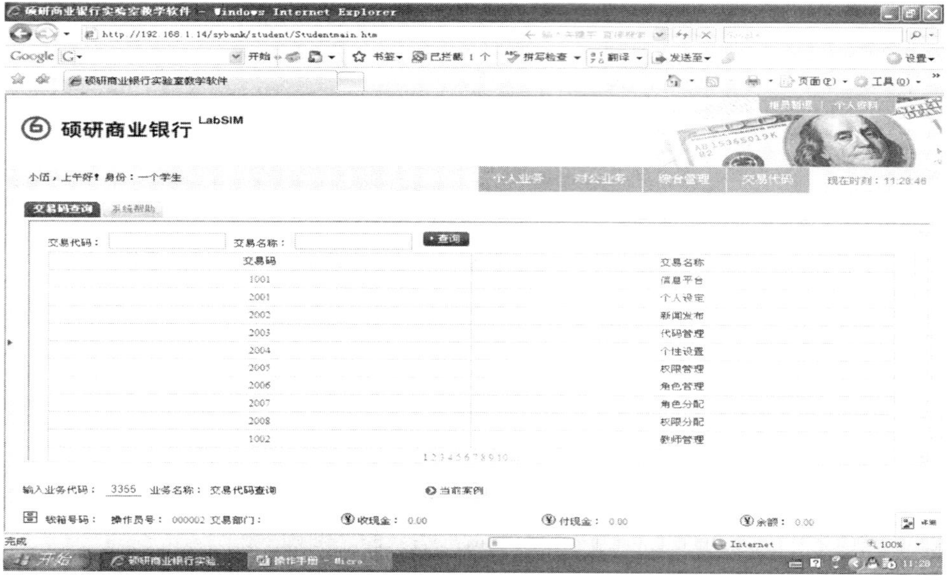

图 11. 10

四、柜员信息查询

本交易查询本机构的柜员信息。实验操作步骤如图 11. 11。

(1) 柜员输入交易码 3356 可直接进入，也可在综合管理——标准数据查询模块，选择柜员信息查询进入。

(2) 查询条件：输入单个查询条件或多个查询条件进行组合查询。

(3) 查询限制：柜员只能够查询到本机构的柜员的信息。

图 11.11

五、利率信息查询

本交易查询利率的信息。参考利率表可参见附录一和附录二。实验操作步骤如图 11.12。

（1）柜员输入交易码 3357 可直接进入，也可在综合管理——标准数据查询模块，选择[利率表查询]进入。

（2）查询条件：输入单个查询条件或多个查询条件进行组合查询。

（3）查询限制：无。

业务种类	货币	存期	年利率%	生效日期
活期存款	人民币	活期	0.72	2007-5-23
个人整存整取	人民币	三个月	15	2007-8-30
个人整存整取	人民币	半年	2.61	2007-5-28
个人整存整取	人民币	一年	3.06	2007-5-28
个人整存整取	人民币	二年	3.69	2007-5-28
个人整存整取	人民币	三年	4.41	2007-5-28
个人整存整取	人民币	五年	4.95	2007-5-28
零存整取	人民币	一年	2.07	2007-5-28
零存整取	人民币	三年	2.61	2007-5-28

图 11.12

六、联行名册查询

本交易查询系统内各机构联行行号的信息。实验操作步骤如图 11.13。

（1）柜员输入交易码 3358 可直接进入，也可在综合管理——标准数据查询模块，选择联行名册查询进入。

（2）查询条件：输入单个查询条件或多个查询条件进行组合查询。

（3）查询限制：无。

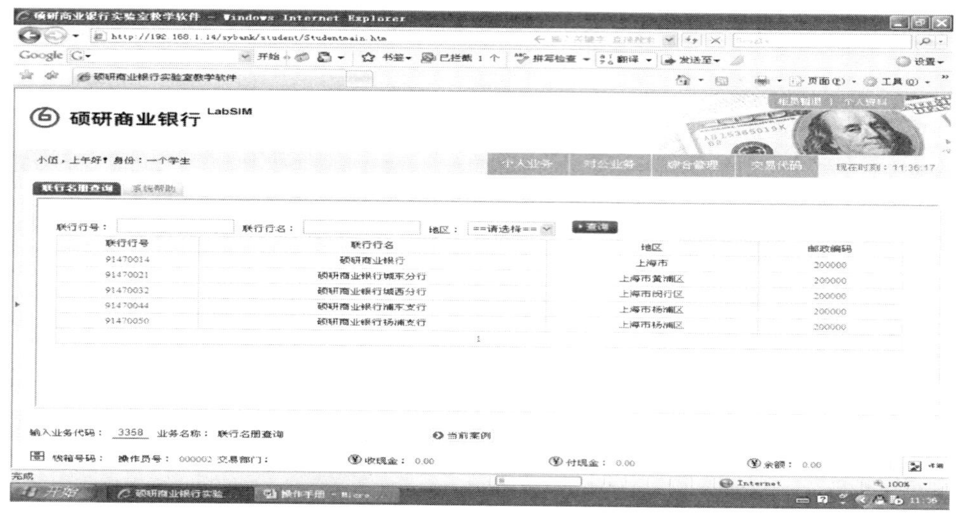

图 11.13

七、交换行名册查询

本交易查询系统内各机构同城交换号的信息。实验操作步骤如图 11.14。

（1）柜员输入交易码 3359 可直接进入，也可在综合管理——标准数据查询模块，选择交换行查询进入。

（2）查询条件：输入单个查询条件或多个查询条件进行组合查询。

（3）查询限制：无。

交换行号	联行行名
010010014	硕研商业银行
020020021	硕研商业银行城东分行
020030032	硕研商业银行城西分行
030040044	硕研商业银行浦东支行
040050053	硕研商业银行杨浦支行

图 11.14

八、出纳限额查询

本交易查询不同规模的机构网点对出纳限额的设置情况。实验操作步骤如图 11.15：

业务种类	机构规模	柜员类型									
		普通柜员		事中授权柜员		主管柜员		大库出纳柜员		往账复核柜员	
		最低额度	最高额度	最低额度	最高额度	最低额度	最高额度	最低额度	最高额度	最低额度	最高额度
现金存款	大型网点	5000	100000	5000	100000	5000	500000	5000	100000	0	0
	中型网点	5000	80000	5000	80000	5000	300000	5000	100000	0	0
	小型网点	5000	50000	5000	50000	5000	100000	5000	100000	0	0
现金取款	大型网点	5000	50000	50000	500000	50000	500000	50000	500000	0	0
	中型网点	5000	50000	50000	500000	50000	500000	50000	500000	0	0
	小型网点	5000	50000	50000	500000	50000	500000	50000	500000	0	0
转账	大型网点	5000	300000	300000	2000000	100000	2000000	2000000	5000000	0	0
	中型网点	5000	200000	200000	1500000	100000	2000000	2000000	5000000	0	0
	小型网点	5000	100000	100000	1000000	100000	2000000	2000000	5000000	0	0

图 11.15

（1）柜员输入交易码 3360 可直接进入，也可在综合管理——标准数据查询模块，选择出纳限额查询进入。

（2）查询条件：输入单个查询条件或多个查询条件进行组合查询。

（3）查询限制：无。

九、汇率查询

本交易查询不同币种的兑换汇率。实验操作步骤如图 11.16。

（1）柜员输入交易码 3361 可直接进入，也可在综合管理——标准数据查询模块，选择汇率信息查询进入。

（2）查询条件：输入单个查询条件或多个查询条件进行组合查询。

（3）查询限制：无。

图 11.16

十、费率查询

本交易查询各种收费项目的费率信息。查询国内结算业务收费标准可参考附录三。实验操作步骤如图 11.17。

（1）柜员输入交易码 3362 可直接进入，也可在综合管理——标准数据查询模块，选择收费项目查询进入。

（2）查询条件：输入单个查询条件或多个查询条件进行组合查询。

（3）查询限制：无。

图 11.17

第三节　当日交易查询

当日交易查询主要包括柜员交易流水及账户交易流水的查询。

一、柜员交易查询

本交易可查询本机构各柜员当日的交易流水情况。实验操作步骤如图 11.18。

（1）柜员输入交易码 3333 可直接进入，也可在综合管理——当日交易查询模块，选择[柜员交易查询]进入。

（2）柜员输入查询条件后，点击[查询]，系统显示查询结果列表，可到标准数据查询——科目字典查询中找到科目号。

（3）查询条件：输入单个查询条件或多个查询条件进行组合查询。

（4）查询限制：柜员只能查询到本人当日的交易流水信息。

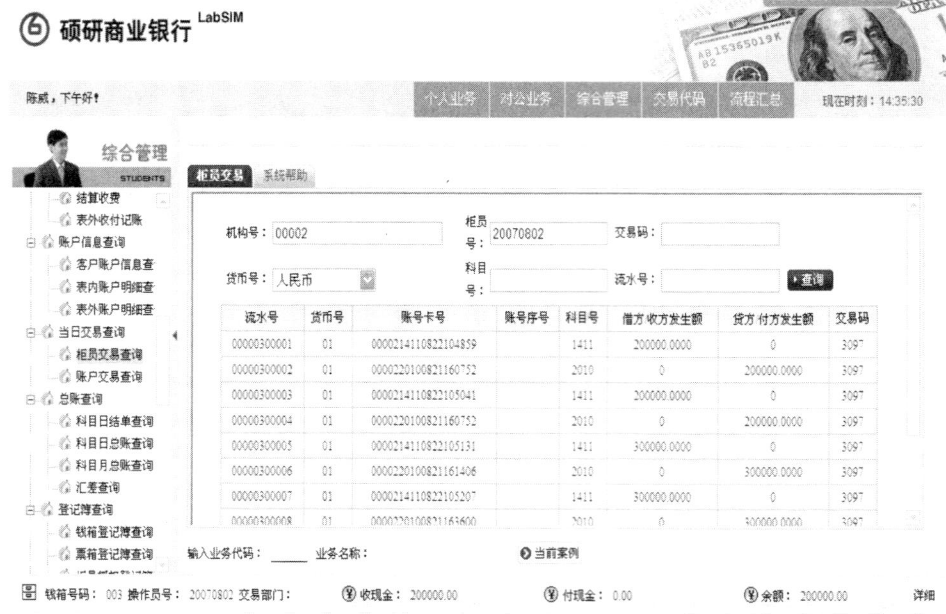

图 11.18

二、账户交易查询

本交易可查询本机构账户当日的交易情况。实验操作步骤如图 11.19：

图 11.19

（1）柜员输入交易码 3334 可直接进入，也可在综合管理——当日交易查询模块，选择账户交易查询进入。

（2）柜员输入查询条件后，点击查询，系统显示查询结果列表。

（3）可到标准数据查询——科目字典查询中找到科目号。

（4）查询条件：输入单个查询条件或多个查询条件进行组合查询。

（5）查询限制：柜员只能查询到本人当日的交易流水信息。

第四节　账户信息查询

账户信息查询主要包括某一客户账户的信息和表内账户明细信息。

一、客户账户信息查询

本交易查询某个客户号下所有的存贷款账户进行综合和明细查询。实验操作步骤如图 11. 20。

柜员输入交易码 3329 可直接进入，也可在综合管理——账户信息查询模块，选择客户账户信息查询进入。

图 11. 20

二、表内账户明细信息查询

本交易可查询表内账户明细信息。实验操作步骤如图 11. 21。

（1）柜员输入交易码3330可直接进入，也可在综合管理——账户信息查询模块，选择<u>表内账户明细查询</u>进入。

（2）柜员输入查询条件后，点击<u>查询</u>，系统显示查询结果列表，点击某条信息后的<u>选择</u>，可查询到客户账户明细信息。

（3）可到标准数据查询——科目字典查询中找到科目号。

（4）查询条件：输入单个查询条件或多个查询条件进行组合查询。

图11.21

第五节　总账查询

总账查询主要包括科目日结单、科目日总账、科目月总账及汇差信息。

一、科目日结单查询

本交易可查询当日各科目日结情况。实验操作步骤如图11.22。

（1）柜员输入交易码3336可直接进入，也可在综合管理——总账查询模块，选择<u>科目日结单查询</u>进入。

（2）柜员输入查询条件后，点击<u>查询</u>，系统显示查询结果。

（3）可到标准数据查询——科目字典查询中找到科目号。

（4）查询条件：输入单个查询条件或多个查询条件进行组合查询。

（5）查询限制：柜员只能查询到本人当日的科目日结信息。

图 11.22

二、科目日总账查询

本交易可查询当日各科目总账的情况。实验操作步骤如图 11.23。

（1）柜员输入交易码 3337 可直接进入，也可在综合管理——总账查询模块，选择科目日总账查询进入。

（2）柜员输入查询条件后，点击查询，系统显示查询结果。

（3）可到标准数据查询——科目字典查询中找到科目号。

（4）查询条件：输入单个查询条件或多个查询条件进行组合查询。

（5）查询限制：柜员只能查询到本机构当日的科目总账信息。

图 11.23

三、科目月总账查询

本交易可查询当月各科目总账的情况。实验操作步骤如图 11.24：

图 11.24

（1）柜员输入交易码 3338 可直接进入，也可在综合管理——总账查询模块，选择科目日总账查询进入。

（2）柜员输入查询条件后，点击查询，系统显示查询结果。

（3）可到标准数据查询——科目字典查询中找到科目号。

（4）查询条件：输入单个查询条件或多个查询条件进行组合查询。

（5）查询限制：柜员只能查询到本机构当月的科目总账信息。

四、汇差查询

本交易可查询机构的汇差情况。实验操作步骤如图 11.25。

（1）柜员输入交易码 3339 可直接进入，也可在综合管理——总账查询模块，选择汇差查询进入。

（2）柜员输入查询条件后，点击查询，系统显示查询结果。

（3）可到标准数据查询——科目字典查询中找到科目号。

（4）查询条件：输入单个查询条件或多个查询条件进行组合查询。

（5）查询限制：柜员只能查询到本机构当日的汇差科目信息。

图 11.25

第十二章　报表管理和打印

第一节　一般余额表

本交易打印每日日结后生成的账户余额表，以作为历史资料保存。实验操作步骤如图 12.1。

（1）柜员输入交易码 3367 可直接进入，也可在综合管理——报表打印和预览模块，选择一般余额表进入。

（2）如果没有连打印机，则可将打印内容导入 Excel 预览。

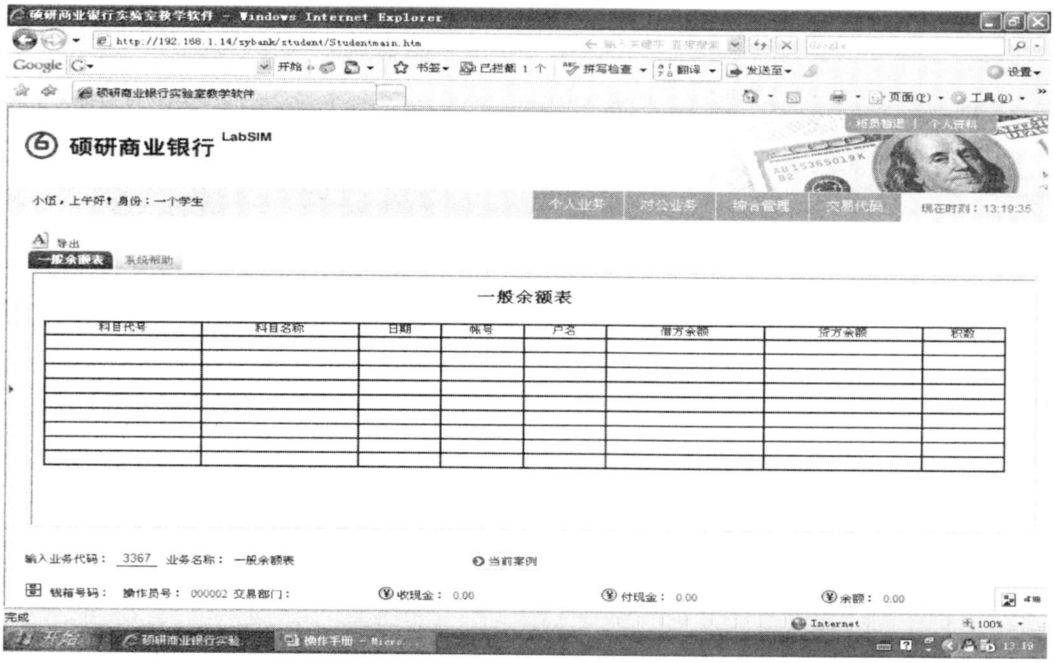

图 12.1

第二节　计息余额表

本交易打印每日日结后生成的计息余额表，以作为历史资料保存。实验操作步骤如图 12.2。

(1) 柜员输入交易码 3368 可直接进入，也可在综合管理——报表打印和预览模块，选择计息余额表进入。

(2) 如果没有连打印机，则可将打印内容导入 Excel 预览。

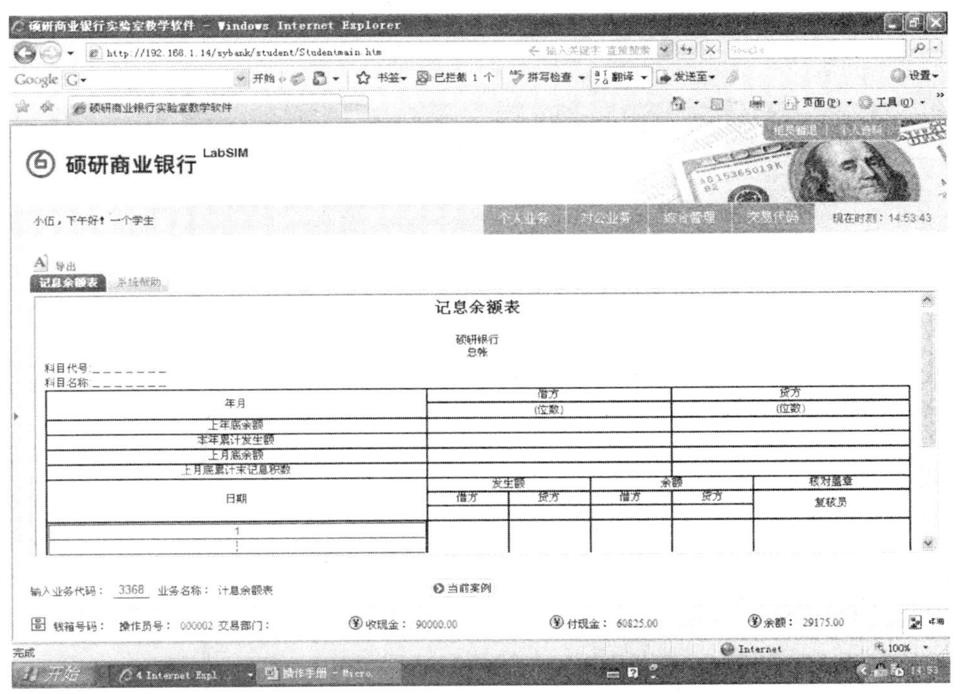

图 12.2

第三节　科目日计表

本交易在处理完成后，次日打印上日的科目日计表。实验操作步骤如图 12.3。

(1) 柜员输入交易码 3372 可直接进入，也可在综合管理——报表打印和预览模块，选择客户结账单进入。

(2) 如果没有连打印机，则可将打印内容导入 Excel 预览。

图 12.3

第四节　利润表

本交易在批处理完成后，次日打印利润表。实验操作步骤如图 12.4。

（1）柜员输入交易码 3373 可直接进入，也可在综合管理——报表打印和预览模块，选择[利润表]进入。

（2）如果没有连打印机，则可将打印内容导入 Excel 预览。

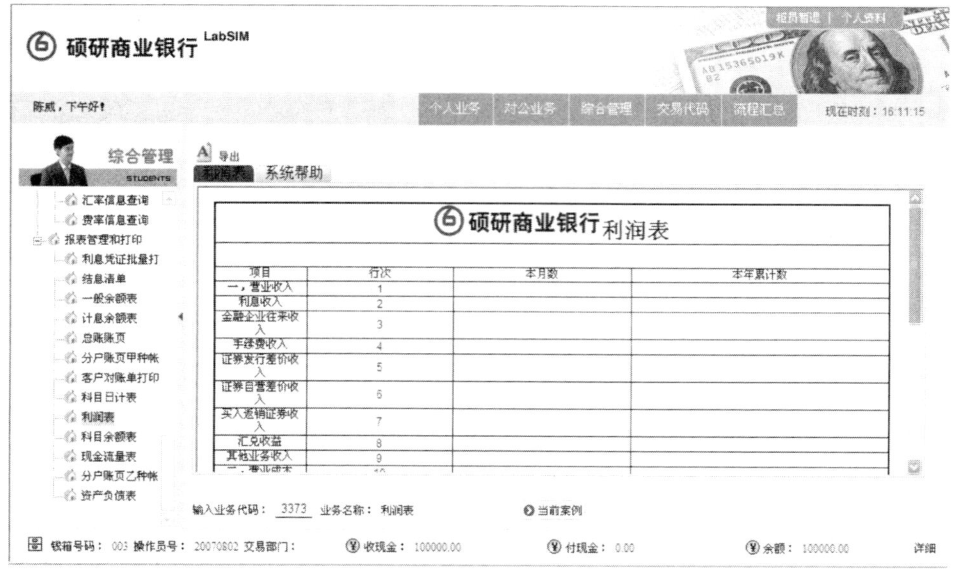

图 12.4

第五节　现金流量表

在批处理完成后，次月打印现金流量表。实验操作步骤如图 12.5。

(1) 柜员输入交易码 3376 可直接进入，也可在综合管理——报表打印和预览模块，选择现金流量表进入。

(2) 如果没有连打印机，则可将打印内容导入 Excel 预览。

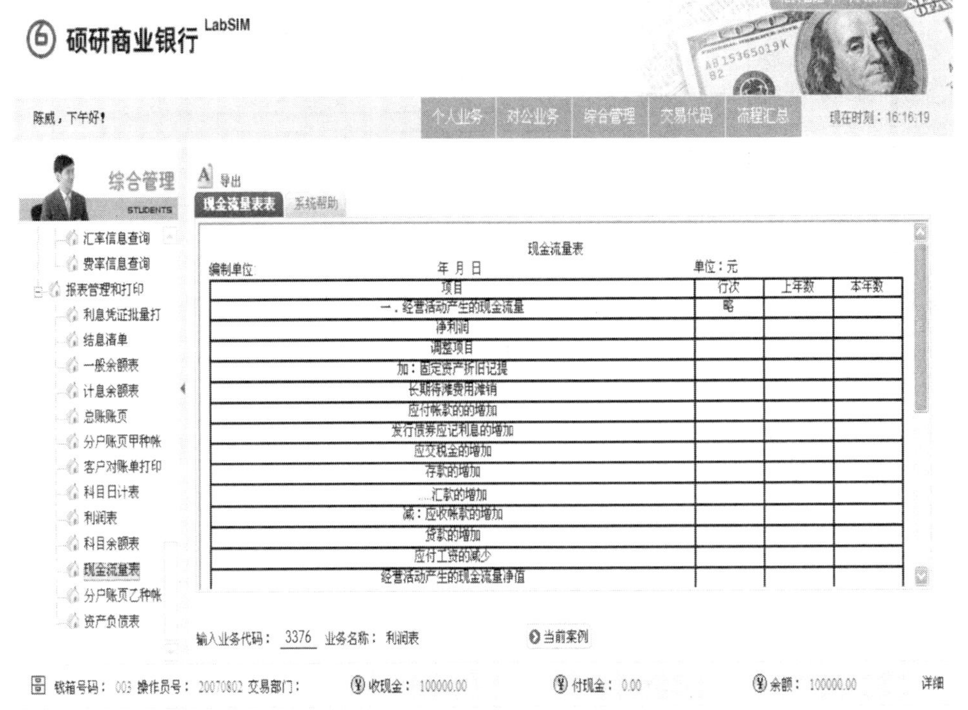

图 12.5

第六节　资产负债表

在批处理完成后，次日打印资产负债表。实验操作步骤如图 12.6。

(1) 柜员输入交易码 3378 可直接进入，也可在综合管理——报表打印和预览模块，选择资产负债表进入。

(2) 如果没有连打印机，则可将打印内容导入 Excel 预览。

硕研商业银行 LabSIM
陈威，下午好！
个人业务
对公业务
综合管理
交易代码
流程汇总
现在时刻：16:3:16
综合管理
STUDENTS
出纳限额查询
汇率信息查询
费率信息查询
报表管理和打印
利息凭证批量打印
结息清单
一般余额表
计息余额表
分户账页甲种帐
客户对账单打印
日计表-资产负债表
月计利润表
日计期末各科目余额
月计现金流量表
分户账页乙种帐
月计表资产负债表
导出
资产负债表
系统帮助
硕研商业银行资产负债表
资产 行次 年初数 期末数 负债及所有者权益 行次 年初数 期末数
流动资产 略 流动负债
现金及银行存款 短期存款
贵金属 短期储蓄存款
存放中央银行款项 财政性存款
存放同业款项 向中央银行借款
存放联行款项 同业存放款项
拆放同业 联行存放款项
拆放金融性公司 同业拆入
短期贷款 金融性公司拆入
应收进出口押汇 应解汇款
应收帐款 汇出汇款
减：坏帐准备 委托存款
输入业务代码：
业务名称：
当前案例
钱箱号码：003
操作员号：20070802
交易部门：
收现金：100000.00
付现金：0.00
余额：100000.00

图 12.6

附录一 业务交易代码查询表

个人业务交易代码查询表

·客户管理			
普通开户（3050）			
·活期储蓄			
普通活期开户（3055）	普通活期存款（3056）	普通活期取款（3057）	普通活期销户（3058）
·定期整存整取			
整存整取开户（3060）	部分提前支取（3061）	整存整取销户（3062）	
·定活两便			
定活两便开户（3052）	定活两便销户（3053）		
·零存整取			
零存整取开户（3064）	零存整取存款（3065）	零存整取销户（3066）	
·存本取息			
存本取息开户（3068）	存本取息取息（3069）	存本取息销户（3070）	
·个人通知存款			
通知存款开户（3072）	部分支取（3073）	通知存款销户（3074）	
·个人消费贷款			
贷款开户发放（3097）	部分提前还款（3099）	全部还款（3100）	
·个人小额质押贷款			
贷款开户发放（3102）	部分提前还款（3103）	全部提前还款（3104）	
·代理国债			
债券发售（3119）	债券兑付（3120）		
·外币兑换			
现钞兑换（3122）	旅行支票兑换（3123）		
·个人特殊业务			
开立个人存款证明（3125）	挂失（3126）	解挂（3127）	冻结（3128 ）
解冻（3129 ）			

对公业务交易代码查询表

· 单位开户			
开客户号（3150）			
· 单位活期存款业务			
开立账户（3155）	现金存款（3156）	现金取款（3157）	本所内转账（3158）
单户结息（3161）	账户销户（3162）		
· 单位贷款			
贷款发放开户（3178）	贷款还款（3179）	贷款展期（3181）	
· 商业银行汇票			
承兑银行承兑汇票（3187）	商业汇票贴现（3188）		
· 同城结算票据提出			
提出借方录入（3191）	提出贷方录入（3192）	提出款项汇总记账（3193）	
· 同城结算票据提入			
提入借贷方录入（3196）	提入汇总记账（3197）		
· 清差划拨			
清差划拨（3198）			
· 电子汇兑往账业务			
汇款录入（3203）	单边录入（3204）	汇总记账（3205）	
· 电子汇兑来账业务			
来账查询（3209）	来账记账（3210）		
· 银行汇票			
签发汇票（3240）	兑付汇票（3241）	结清汇票（3242）	

综合管理业务交易代码查询表

· 柜员管理			
柜员签到（3266）	柜员签退（3268）	柜员轧账（3270）	机构轧账（3271）
机构签到（3274）	机构签退（3275）		
· 尾箱管理			
尾箱核对（3279）			
· 现金管理			
现金入库（3281）	现金出库（3282）		
· 重要空白凭证业务			
重要凭证售出（3293）	重要凭证付出（3294）	重要凭证注销（3297）	重要凭证出库（3291）
· 手工记账			
结算收费（3306）	表外收付记账（3307）		
· 账户信息查询			
客户账户信息查询（3329）	表内账户明细查询（3330）	表外账户明细查询（3331）	
· 当日交易查询			
柜员交易查询（3333）	账户交易查询（3334）		
· 总账查询			
科目日结单查询（3336）	科目日总账查询（3337）	科目月总账查询（3338）	汇差查询（3339）
· 登记簿查询			
钱箱登记簿查询（3342）	票箱登记簿查询（3343）	柜员授权登记簿查询（3344）	挂失/解挂登记簿查询（3348）
冻结/解冻登记簿查询（3349）	现金收付登记簿查询（3350）	开销户登记簿查询（3351）	

·表准数据查询			
科目字典查询（3353）	机构信息查询（3354）	交易代码查询（3355）	柜员信息查询（3356）
利率信息查询（3357）	联行名册查询（3358）	交换行名册查询(3359)	出纳现额查询（3360）
汇率信息查询（3361）	费率信息查询（3362）		
·报表管理和打印			
利息凭证批量打印（3364）	结息清单（3365）	一般余额表（3367）	计息余额表（3368）
总账账页（3369）	分户账页甲种账（3370）	客户对账单打印（3371）	科目日计表（3372）
利润表（3373）	科目余额表（3375）	现金流量表（3376）	分户账页乙种账（3377）
资产负债表（3378）			

附录二　业务品种利率及其计算

1. 金融机构人民币基准利率表——存款利率表（2012－7－6）

种　　类	年利率（%）
一、城乡居民及单位存款	
（一）活期	0. 35
（二）定期	
1. 整存整取	
三个月	2. 60
半年	2. 80
一年	3. 00
二年	3. 75
三年	4. 25
五年	4. 75
2. 零存整取、整存零取、存本取息	
一年	3. 1
三年	3. 30
五年	3. 50
3. 定活两便	按一年以内定期整存整取同档次利率打 6 折
二、协定存款	1. 31
三、通知存款	
一天	0. 95
七天	1. 49

2. 金融机构人民币基准利率表——贷款利率（2012－7－6）

种　　类	年利率（%）
一、短期贷款	
六个月（含）	5.60
一年（含）	6.00
二、中长期贷款	
一至三年（含）	6.15
三至五年（含）	6.40
五年以上	6.55
三、贴现	在再贴现利率基础上，按不超过同期贷款利率（含浮动）加点

3. 业务品种利息计算公式

（1）活期储蓄

应税利息＝存款累计计息积数×支取日挂牌公告的活期存款日利率。

代扣税金－代扣利息税＝应税利息×20%（税率）

税后利息＝应税利息－代扣税金

（2）整存整取

应税利息＝本金×存期×相应存期的整存整取定期储蓄存款利率

代扣税金－代扣利息税＝应税利息×20%（税率）

税后利息＝应税利息－代扣税金

注：存期按对年对月计算，对月按30天计算，对年按360天计算。

（3）定活两便

应税利息＝本金×存期×相应存期的整存整取储蓄定期存款利率×60%

代扣税金－代扣利息税和税后利息的计算同上。

存期说明同上。

（4）零存整取

应税利息＝存款累计计息积数×相应存期的零存整取储蓄日利率

代扣税金－代扣利息税和税后利息的计算同上。

存期说明同上。

（5）存本取息

每次支取利息公式＝（本金×存期×利率）÷取息次数

提前支取时应付利息＝本金×存期×活期利率

提前支取前已付利息＝每次实付利息×次数

本息合计=本金+提前支取应付利息+提前支取前已付利息

代扣税金-代扣利息税和税后利息的计算同上。

存期说明同上。

(6) 个人通知存款

应税利息=本金×存期×相应档次的个人通知存款利率

代扣税金-代扣利息税和税后利息的计算同上。

存期说明同上。

(7) 教育储蓄

利息计算公式同零存整取，但利率适用整存整取利率

教育储蓄实行利率优惠。一年期、三年期教育储蓄按开户日同期同档次整存整取定期储蓄存款利率计息；六年期按开户日五年期整存整取定期储蓄利率计息。到期支取并免征利息所得税，逾期支取的，超过原定存期部分，按支取日活期储蓄利率计息，逾期利息征收利息税。

(8) 个人支票

利息计算同活期储蓄。

(9) 活期一本通

利息计算同活期储蓄。

(10) 定期一本通

利息计算同整整储蓄。

(11) 个人小额质押贷款

利息=计息积数×月利率÷30，其中计息积数按实际天数计算，算头不算尾

(12) 按揭贷款

①等额本息偿还法

每月偿还贷款本息金额=[本金×月利率×(1+月利率)^还款月数]÷[(1+月利率)^还款月数-1]

②等额本金偿还法

当月偿还贷款本息金额=贷款本金/贷款期月数+（本金-已归还本金累计金额）×月利率

(13) 教育助学贷款

一年以内的同小额质押贷款，一年以上的同按揭贷款。

(14) 国债

同整存整取，但不扣除计算利息所得税。

(15) 单位活期存款

同活期储蓄存款。

(16) 单位定期/通知存款

同整存整取/个人通知存款。

(17) 单位短期贷款

同小额质押贷款。

(18) 单位中长期贷款

定期结息法：贷款利息 = 累计贷款计息积数 × 日利率

利随本清法：贷款利息 = 贷款本金 × 贷款天数 × 日利率

附录三 业务品种计息标志列表

业务品种	计息标志	其他计息说明
活期储蓄	2－记季息	活期储蓄存款在存入期间如遇利率调整，按结息日挂牌公告的活期存款利率计付利息。未到结息日销户，按销户日挂牌公告的活期存款利率计付利息。存期计算，从存入日开始计息至支取日的前一天为止。
定活两便	2－记季息	1. 存期按对年对月计算，对月按 30 天计算，对年按 360 天计算。 （1）存期不满三个月的，按实际天数计付活期利息； （2）存期在三个月以上（含三个月），不满半年的，按支取日整存整取定期储蓄存款三个月的存款利率打六折计息，打六折后低于活期存款利率时，按活期存款利率计息； （3）存期在半年以上（含半年），不满一年的，按支取日整存整取定期储蓄存款六个月的存款利率打六折计息； （4）存款在一年以上的（含一年），无论存期多长，均按支取日整存整取一年期定期储蓄存款利率打六折计息。 2. 预提应付利息同活期储蓄存款，计提利率按存入日至季度结息日的期限挂靠相应档次的现行利率标准执行。
整存整取	2－记季息	
零存整取	2－记季息	存期内每月必须以约定的固定金额存入，中途如有漏存，应在次月补齐，未补者视同违约，对违约后存入的部分，支取时按活期利率计息。
存本取息	2－记季息	支取利息的时间计算应是月对月、日对日进行计算；根据客户的存期和约定支取利息的次数计算。提前支取本金按定期存款提前支取的规定计算存期内的利息，已分次付出的利息要全部扣回。
个人通知存款	2－记季息	通知存款不论实际存期多长，利率按客户提前通知的期限长短和支取日挂牌公告的相应利率和实际存期计算，利随本清。通知存款如遇以下情况，按活期存款利率计息： （1）实际存期不足通知期限的； （2）未提前通知而支取的； （3）已办理通知手续而提前或逾期支取的； （4）支取金额不足或超过约定金额的不足或超过部分； （5）支取金额不足最低支取金额的。 通知存款如已办理通知手续而不支取或在通知期限内取消通知的，通知期限内不计息。

（续）

业务品种	计息标志	其他计息说明
教育储蓄	2－记季息	教育储蓄实行利率优惠。一年期、三年期教育储蓄按开户日同期同档次整存整取定期储蓄存款利率计息；六年期按开户日五年期整存整取定期储蓄利率计息，并免征利息所得税。 教育储蓄的储户支取时，能提供正在接受非义务教育的学生身份证明（高中和高中以上学校出具的书面证明）的，存期内利息免征利息税。 只能全额提前支取，并按实际存期和开户日同期同档次整存整取定期储蓄利率计息；逾期支取的，超过原定存期部分，按支取日活期储蓄利率计息，逾期利息征收利息税。
个人小额质押贷款	5－利随本清	对于逾期的小额质押贷款，在一个月以内，从逾期日起按中国人民银行规定的逾期贷款罚息利率计收罚息。对于逾期超过一个月的，银行有权处理储户作质押的储蓄存单，用于抵偿贷款本息。 对于储户用存本取息存单作质押的，银行从贷款日起停止支付利息。 质押的存单在存期内，仍按原利率计息；作质押的存单未到期而用于抵偿贷款本息时，银行对存单用于偿还贷款本息部分的款项按提前支取支付利息，但银行对质押后剩余的款项，仍按原利率和存期开具新存单；对已到期的存款在存期内按原定利率计息，逾期部分按活期利率计息。 储户提前还贷，按实际贷款天数计算贷款利息。
按揭贷款	1－计月息	贷款不到期可以全部或部分提前归还，提前归还全部贷款本息的，贷款行根据实际贷款期限档次相对应的利率计算归还本金的利息，已计收的贷款利息不再退还。 法定利率调整后，贷款行应根据剩余本金、调整后的原期限档次利率水平、剩余还款期按原公式重新计算等额偿还法扣借款人余期每期偿还本息额。 如借款人当日账上不足支付应还款额时，贷款行应将借款人当期欠缴的本金和利息分别转入逾期贷款和应收利息，并按规定计收罚息和复利。 分期归还贷款一般按“等额本息偿还法”或“等额本金偿还法”计算每期还款额。
教育助学贷款	一年以内： 5－利随本清 一年以上： 1－计月息	贷款期限在一年以内的到期一次还本付息，利随本清。期限在一年以上的贷款，贷款本息须采取按季（月）偿还，一般首期还款须从贷款支用的次月（季）起按月（季）偿还贷款本息教育助学贷款可以随时部分或全部提前偿还，贷款利息按实际使用天数计收，利率执行合同约定利率。
国债计息	2－计季息	同整存整取。
单位活期存款	2－计季息	同活期储蓄。
单位定期/通知存款	2－计季息	同整存整取/个人通知存款。
单位短期贷款	2－计季息	

附录四 结算收费表

支付结算收费列表

单位：元

收费项目 收算种类		手续费（每笔）	邮电费（每笔）				备注
			邮费		电报费		
			普通	快件	普通	加急	
银行汇票		1.00	0.50	2.50			
银行承兑汇票		按票面金额 0.5‰					
汇兑	信汇	0.50	0.50	2.50			电汇用途超过3个字的，超过的字数按每字收费标准加收电报费。
汇兑	电汇	0.50			5.85	11.70	汇兑的转汇，其费用可以向转汇人收取现金，也可以从款项中扣除，并出具收费收据。
托收承付	邮寄划回	1.00	1.00	5.00			委托承付，委托收款按往返邮程收费，如附寄的单证过多，按邮局的标准加收超重邮费。如发生全额拒付或无款支付，对已收取的电报费应扣除邮费后退给客户。
委托收款	电报划回	1.00	0.50	2.50	5.85	11.70	多次划款和单独记扣滞纳金的，由承付行按规定标准向付款人收取邮费和电报费。
本票		0.60					使用清分机的本票、支票收取手续费1元。
支票		0.60					
单位主动查询	信件查询	0.50	0.50	2.50			指不是因银行工作差错造成的未收到款项，查询如以查复的，应按规定标准收取邮费或电报费。
单位主动查询	电报查询	0.50			5.85	11.70	
未在银行开户的个人汇款和办理银行汇票	5 000元以下	按票面金额 1%					不足1元的收取1元。
未在银行开户的个人汇款和办理银行汇票	5 000元（含）以上	50.00					
退汇	信件退汇	0.50	0.50	2.50			汇款退汇，其费用可以向汇款人收取现金，也可以从款项中扣取，并出具收费收据。
退汇	电报退汇	0.50			5.85	11.70	

（续）

收费项目 收算种类		手续费（每笔）	邮电费（每笔）				备注
			邮费		电报费		
			普通	快件	普通	加急	
挂失	符合挂失规定的汇票、本票、支票	按票面金额1‰					不足5元，收取5元。银行汇票，挂失止付人要求通知对方行的，应另收邮费或电报费。

注：

1. 转汇的汇出行收汇的信汇、电汇邮电费按100%，手续费按50%付给转汇行。

2. 邮电部门规定的邮电费附加，由银行按附加标准向客户收取。如遇邮电部门调整收费标准，各行可相应调整银行邮电费的收费标准。

3. 信用卡的收费种类和标准另行规定。

4. 通过人民电子联行和商业银行行内电子汇兑系统办理异地汇划的收费标准，按照《国家计委、中国人民银行关于制定电子汇划收费标准的通知》执行。

支付结算业务介绍

单位：元

收费项目 收算种类		手续费（每笔）	邮电费（每笔）				备注
			邮费		电报费		
			普通	快件	普通	加急	
银行汇票		1.00	0.50	2.50			
银行承兑汇票		按票面金额0.5‰					
汇兑	信汇	0.50	0.50	2.50			电汇用途超过3个字的，超过的字数按每字收费标准加收电报费。
	电汇	0.50			5.85	11.70	汇兑的转汇，其费用可以向转汇人收取现金，也可以从款项中扣除，并出具收费收据。
托收承付	邮寄划回	1.00	1.00	5.00			委托承付，委托收款按往返邮程收费，如附寄的单证过多，按邮局的标准加收超重邮费。如发生全额拒付或无款支付，对已收取的电报费应扣除邮费后退给客户。
委托收款	电报划回	1.00	0.50	2.50	5.85	11.70	多次划款和单独记扣滞纳金的，由承付行按规定标准向付款人收取邮费和电报费。
本票			0.60				使用清分机的本票、支票收取手续费1元。
支票			0.60				

（续）

收算种类＼收费项目		手续费（每笔）	邮电费（每笔）				备注
			邮费		电报费		
			普通	快件	普通	加急	
单位主动查询	信件查询	0.50	0.50	2.50			指不是因银行工作差错造成的未收到款项，查询如以查复的，应按规定标准收取邮费或电报费。
	电报查询	0.50			5.85	11.70	
未在银行开户的个人汇款和办理银行汇票	5 000 元以下	按票面金额 1%					不足 1 元的收取 1 元。
	5 000 元（含）以上	50.00					
退汇	信件退汇	0.50	0.50	2.50			汇款退汇，其费用可以向汇款人收取现金，也可以从款项中扣取，并出具收费收据。
	电报退汇	0.50			5.85	11.70	
挂失	符合挂失规定的汇票、本票、支票	按票面金额 1‰					不足 5 元，收取 5 元。银行汇票，挂失止付人要求通知对方行的，应另收邮费或电报费。

注：

1. 转汇的汇出行收汇的信汇、电汇邮电费按 100%，手续费按 50% 付给转汇行。

2. 邮电部门规定的邮电费附加，由银行按附加标准向客户收取。今后如遇邮电部门调整收费标准，各行可相应调整银行邮电费的收费标准。

3. 信用卡的收费种类和标准另行规定。

4. 通过人民电子联行和商业银行行内电子汇兑系统办理异地汇划的收费标准，按照《国家计委、中国人民银行关于制定电子汇划收费标准的通知》执行。

参考文献

［1］商业银行实验教学平台操作手册（内部资料）．上海硕研信息科技发展有限公司，2012－9．

［2］商业银行综合业务案例验教学实验软件实验指导书（内部资料）．上海硕研信息科技发展有限公司，2012－9．

［3］云晓晨．银行网点标准化服务培训（礼仪篇）［M］．北京：中国经济出版社，2013．

［4］王梅，等．商业银行业务实验教程［M］．北京：经济科学出版社，2012．

［5］钱红华．商业银行会计双重实验教程作［M］．北京：中国财政经济出版社，2012．

［6］宋刊．商业银行经营模拟实训［M］．北京：中国人民大学出版社，2012．

［7］陈世文，杨天平，龚永青．商业银行综合柜台业务实训［M］．广州：华南理工大学出版社，2012．

［8］董瑞丽．商业银行综合柜台业务［M］．第二版．北京：中国金融出版社，2012．

［9］邹勇，魏萍．现代银行英语实务英汉对照［M］．成都：西南财经大学出版社，2012．

［10］张瑞．商业银行会计综合实训［M］．北京：国防工业出版社，2011．

［11］云晓晨．银行礼仪与网点标准化服务培训［M］．北京：中国金融出版社，2011．

［12］刘俊．银行服务礼仪［M］．北京：中国金融出版社，2011．

［13］汪卫芳，徐冯璐．银行临柜英语［M］．杭州：浙江大学出版社，2011．

［14］郑鹏．商业银行柜面业务实训［M］．北京：中国财政经济出版社，2010．

［15］宋锐．计算器与点钞技能实训［M］．北京：电子工业出版社，2010．

［16］李昭蓉．银行礼仪用语［M］．北京：中国金融出版社，2010．

［17］王晓芳．商业银行综合柜员实训［M］．北京：清华大学出版社，2009．

［18］张琳．银行礼仪——张琳谈服务行为规范［M］．北京：中国金融出版社，2009．

［19］徐敬泽．银行窗口服务礼仪［M］．厦门：鹭江出版社，2009．

［20］汪卫芳．商业银行柜面英语口语［M］．北京：中国金融出版社，2008．

[21] 刘晓潮. 商业银行综合业务实验 [M]. 北京：经济科学出版社，2008.

[22] 刘晓潮. 商业银行信贷及国际结算实验 [M]. 北京：经济科学出版社，2008.

[23] 武飞. 商业银行综合柜员岗位实训 [M]. 上海：上海财经大学出版社，2006.

[24] 王弦洲. 商业银行综合业务实验教程 [M]. 北京：中国金融出版社，2006.

[25] 李晓秋，王家申. 计算技术与点钞——财务金融基本技能 [M]. 成都：西南财经大学出版社，2006.

[26] 刘双红. 商业银行综合柜台业务 [M]. 北京：经济科学出版社，2010.

[27] 郑红梅. 模拟银行综合实训 [M]. 北京：清华大学出版社，2007.

[28] 钟云燕. 模拟银行实验 [M]. 上海：上海财经大学出版社，2008.

[29] 温晓，王榕. 商业银行实务 [M]. 成都：西南财经大学出版社. 2001.